THE PATH TO A SUPERPOWER
Milestone Documents in American History

超级大国
是怎样炼成的

影响美国历史走向的经典文献

刘植荣 编译

江西人民出版社
Jiangxi People's Publishing House
全国百佳出版社

前 言

美国国家档案管理局（NARA）评选出的“美国里程碑式历史文献100篇”，每篇文献都是美国1776年到1965年近两百年历史上的里程碑，对美国历史进程产生巨大影响。1965年以后的文献之所以没有被选录，是因为在短时期内很难判断文献的历史价值。美国公民还在这100篇历史文献里投票选出“美国历史上最重要的10篇文献”，从第一名到第十名依次是:《独立宣言》《美国宪法》《权利法案》《购买路易斯安那条约》《解放奴隶宣言》《美国宪法第十九条修正案》《美国宪法第十三条修正案》《葛底斯堡演讲》《民权法案》《社会保障法案》。

本书收录的48篇文献（不含《〈独立宣言〉赞》），其中47篇出自“美国里程碑式历史文献100篇”，“美国历史上最重要的10篇文献”中除《民权法案》外均被本书全文翻译收录。美国生效的宪法修正案共有27条，但上榜“美国里程碑式历史文献100篇”的只有16条，包括《权利法案》里的第一至第十条修正案、第十三至第十七条修正案、第十九条修正案。本书收录的《波茨坦公告》未上榜“美国里程碑式历史文献100篇”，但本书编译者认为，美国、英国和中国三国领导人在1945年7月26日联合发布的《波茨坦公告》（苏联8月9日加入）对加强同盟国的团结，敦促日本无条件投降，尽快结束第二次世界大战极为重要。本书除《联邦司法法案》和《马伯里诉麦迪逊案》因篇幅过长有所删节外，其他文献均全文翻译，未做任何删节。《联合国宪章》是该宪章汉语版的全文照录，《波茨坦公告》是中国第二历史档案馆的《中英美三国波茨坦宣言》汉语抄本，《朝鲜停战协定》是 1953 年 7 月 28 日《人民日报》公布的汉语版。本书除《美国宪法修正案》按修正案序号集中排在《美国宪法》后外，其他各篇文献均按年代顺序编排。

编译者选录的这 48 篇文献，涵盖宪法法案、政治制度、公民权利、社会福利、国计民生、军事战争、国际关系、发明创造、反独裁暴政等多个领域，编译者加了大量脚注，以帮助读者顺利阅读，深刻理解这些塑造美国梦的文献。通过这些文献，我们大致可以了解美国是如何建国的，美国这样一个新生弱小的国家是如何在欧洲列强的夹缝里生存的，又是如何壮大起来一跃成为世界头号强国的，美国梦的本质是什么。美国 SAT 考试从 2016 年起在阅读材料里加入《独立宣言》《美国宪法》《权利法案》等重要历史文献，考查学生对“天赋人权”“民主自由”“社会契约”等美国核心价值观的认知程度，本书对 SAT 考生也有一定的帮助。

美国学者普遍认为，《独立宣言》是美国梦的根基。《独立宣言》的价值主要体现在它提出了“以人为本”的治国思想，规定了政府与人民的关系，认为所有的人都是平等的，都享有与生俱来的不可剥夺的基本权利，包括生命权、自由权和追求幸福的权利，人民组建政府就是为了捍卫这些权利；政府权力的合法性来自人民授权，没有人民授权的政府权力是非法的；当政府侵犯人的基本权利时，人民有权推翻它，重新建立政府。这些理念成为美国宪法乃至世界很多国家宪法的基础，使《独立宣言》成为人类宪政史上一座永放光芒的灯塔。综观跨越 190 年历史的美国里程碑式文献，几乎每篇都与《独立宣言》一脉相承。

美国梦能把来自世界各地、各民族、各肤色、各宗教信仰、各文化传统的人融合起来，使之相互尊重、互相关爱，并鼓励每个人努力实现自己的梦想，并使美国从近乎原始状态的荒野上迅速崛起，这值得我们花点精力来解读这个梦。

“不自由，毋宁死”是美国大革命的口号，美国建国后一直把自由视为生命，本书“自由”这个字眼出现了二百多次。美国历史上几次大的购地条约中，都有保障所购土地居民的自由的条款，例如，《购买路易斯安那条约》第三条就规定："被割让领地上的居民应转为合众国公民，并让他们尽快获得联邦宪法规定的合众国公民应享受的所有权利、特权和豁免权；同时，要保留并捍卫他们的自由权利、财产权利和宗教信仰权利。"

美国内战爆发后的两年多时间里，北方一直处于劣势，联邦政府起初的战争宣传只是捍卫完整的联邦，而人民只想生活得幸福，不管什么"联邦"与"联盟"。《解放奴隶宣言》的发布使北方的战争宣传增加了"为自由而战"，从而使战争获得道德上的正义，被宣布自由了的奴隶逃离南方加入北方军，这极大地削弱了南方联盟的经济基础，让北方军实力大增，并最终获得内战的胜利。

第二次世界大战期间，富兰克林·罗斯福总统在国会发表了著名的《四大自由》的演讲，号召美国人民全力投入战时生产，这一切都是为了建立一个人类最基本的言论自由、宗教信仰自由、享受社保的自由和不受威胁的自由这"四大自由"的美好未来。这"四大自由"也成为《联合国宪章》的主要精神。"四大自由"的提出极大地鼓舞了美国人民乃至世界人民战胜法西斯的斗志。

根据《租借法案》，美国为英联邦和其他 35 个国家提供了 501 亿美元（约合 2015 年的 8000 亿美元）的作战物资供应，壮大了世界反法西斯同盟的力量。接受援助最多的是英联邦 314 亿美元，接下来是苏联 113 亿美元，法国排第三 32 亿美元，中国排第四 16 亿美元。英国首相温斯顿·丘吉尔把《租借法案》誉为是"历史上最圣洁的法案"。

政治的本质就是建立并维护一个好政府，处理好政府与人民的关系。那么，什么是好政府？林肯总统在《葛底斯堡演讲》中提出的"民有、民治、民享的政府"就是好政府。孙中山在解释他提出的"三民主义"时多次提到林肯的这句名言。1917 年 2 月 21 日，他在《民权初步》序里写道："美国总统林肯氏有言曰：'民之所有，民之所治，民之所享。'此之谓民国也。"1924 年，他在发表《三民主义》的演讲中进一步阐释说："我们三民主义的意思，就是民有、民治、民享；这个民有、民治、民享的意思，就是国家是人民所共有，政治是人民所共管，利益是人民所共享。"

《联邦主义者文集第五十一号》深刻论述了直接民主和代议制民主的区别，驳斥了“大国人多不能搞民主”的荒谬观点。

《北弗吉尼亚军队投降协议》让人感慨万千，反政府军投降了，这些武装叛乱分子竟没受到任何骚扰就自由回家了，还带走了属于自己的马匹和武器。投降协议签字后，政府军鸣炮庆祝，政府军总司令格兰特马上下令禁止说：“反叛分子现在又是我们的同胞了，不庆祝他们的失败才是我们最好的喜悦表达方式。”而反政府军总司令李将军回到自己的军营对士兵们说：“孩子们，我已经为你们尽了最大努力，你们现在可以回家了。如果你们也能像当士兵一样当个好公民，你们会过上好日子的。我将永远为你们而骄傲。再见了！愿上帝保佑你们。”说完，这个叛军总司令骑上马，逍遥地回家当校长去了。打了4年的内战，死伤一百多万人，投降协议一签，大家就像散集一样纷纷回家了，正如林肯总统所讲：“包扎好国家的战争创伤，照顾好参战人员以及战死者的遗孀和孤儿，尽一切努力实现并捍卫同胞之间以及美国和世界各国的公平正义和持久和平。”

世界上没有完美无缺的制度，美国虽然在1776年为自由宣布独立，但直到1865年才给奴隶自由，直到1870年才明确赋予黑人男子投票权，直到1920年才规定各州不得剥夺妇女的选举权。随着时间的推移，随着人类自我认识的不断提高，人类文明也在不断进步，社会制度也在不断完善。但进步的前提是，要认识到自己的错误。

《排华法案》是美国历史上第一个也是唯一一个针对某一族裔的限制移民法案。第二次世界大战期间，中国与美国结为同盟，1943年2月，宋美龄在美国国会发表了声情并茂的演讲，要求废除《排华法案》。1943年12月17日，罗斯福总统签署法案废除《排华法案》。他说：“国会和个人一样，也会犯错误。我们要有足够的勇气承认过去的错误，并加以改正。”美国参议院和众议院还分别于2011年10月6日和2012年6月18日全票通过一项法案，为1882年的《排华法案》等歧视华人法律表示歉意。

关于《1964年民权法案》在这里需要交代一下。美国在1957、1960、1964、1965和1968年颁布过5个民权法案，但《1964年民权法案》被认为是其中最重要的一个。2014 年，美国还发行了《1964 年民权法案》签署 50 周年纪念银币，面值 1 美元。纪念币中央为 3 名民运游行人员，一男子扛的标语牌上写着“WE SHALL OVERCOME”（我们必将取胜）。纪念币的上下边缘分别是美国硬币上必有的“LIBERTY”（自由）和“IN GOD WE TRUST”（我们信仰上帝）。奥巴马总统在《1964 年民权法案》签署 50 周年纪念集会上表示，平等不仅仅是没有压迫，还需要有经济机会，使人们能够获得体面的工作、体面的工资以及医疗保障，这些都是值得争取的公民权利。

林肯总统1862年9月22日宣布的《解放奴隶宣言》(1863年1月1日生效）是内战期间的权宜之计，它只在反叛州和地区废除奴隶制，直到 1865 年 12 月 6 日生效的《美国宪法第十三条修正案》才在全国废除奴隶制。1868 年 7 月 9 日生效的《美国宪法第十四条修正案》赋予过去的奴隶完全平等的公民权利；1870 年 2 月 3 日生效的《美国宪法第十五条修正案》进一步保障了黑人的选举权。至此，在联邦层面上法律赋予黑人等有色人种与白人完全平等的公民权。但个别过去的蓄奴州仍出台法令限制黑人行使公民权，如路易斯安那州在 1890 年出台法律禁止黑人与白人在同一车厢乘车。

为争取平等的公民权，以马丁·路德·金为代表的民权领袖们领导的非暴力抵抗运动对美国社会造成极大的震动。1963 年 6 月 6 日，肯尼迪总统发表电视讲话，呼吁全国行动起来，确保所有美国人不分种族享有平等的权利。接着，肯尼迪总统建议国会针对公民权利立法。肯尼迪总统 1963 年 11 月 22 日遇刺身亡后，美国国会加快了民权立法进程，并于 1964 年 7 月 2 日通过《1964 年民权法案》，几个小时后约翰逊总统签署了该法案。该法案禁止在公共场所、司法程序、投票、就业和社会救济等方面的任何歧视。《1964 年民权法案》是对《1957 年民权法案》和《1960 年民权法案》的广泛修订，为此，大量引用了这两个民权法案的条目，如果翻译《1964 年民权法案》就必须在注释里列出那些引用的法案条文读者方能理解整个法案，加之本法案本身就要排 70 个页面，这样，《1964 年民权法案》翻译成汉语加注释估计要排 100 个页面，篇幅太大，为此，本书没有收录该法案。

文献是历史的节点，是国家发展的里程碑；它不是过去的坟墓，而是未来的灯塔。文献勾勒出国家的发展轨迹；文献研究可把握国家的发展脉搏。法国哲学家雅克·德里达认为，文献看似是对过去的记忆保存，但它实际上是关于未来的问题。他说："一个重要的民主化指标是历史文献的建构、掌控、取得、诠释，有多少开放的参与空间。"

文献映照历史真相，而真相是判断价值的基础。孔子说："夏礼，吾能言之，杞不足征也；殷礼，吾能言之，宋不足征也。文献不足故也。足，则吾能征之矣。"孔子的意思是，夏代的礼我能讲得出，但是杞国不足以为证；殷代的礼我能讲得出，但是宋国不足以为证。这是因为杞、宋两国文献不足的原因，如果文献足，我就能引以为证了。历史的价值在于让我们更审慎地思考、更深刻地总结，纠正错误，发扬成绩。否则，掩盖历史真相，歪曲、捏造历史事实，文过饰非，那就是背弃光明，走向黑暗。列宁对此警告说："忘记过去就意味着背叛。吹牛撒谎是道义上的灭亡，它势必引向政治上的灭亡。"

从本书收录的这些历史文献可以看出，自由、平等、公正、民主、法治、和谐、诚信、友善等是美国梦的构成要素，而这些也恰恰是我们的核心价值观。他山之石，可以攻玉。我们不闭门造车，但也不能闭门做梦。我们没必要凡事都要"摸着石头过河"，我们完全可以借鉴成功国家的历史经验，共享世界文明成果，正如国家主席习近平 2013 年 6 月 7 日访问美国时说："中国梦与美国梦是相通的。"

因为本书篇目浩繁，历史久远，加之编译者才疏学浅，编译起来颇费精力。江西人民出版社的余晖编辑对我推迟交稿给予理解，并对我的编译工作给予极大的鼓励和支持，在此衷心感谢。

刘植荣

目 录

1 独立宣言
Declaration of Independence

9 附：《独立宣言》赞
In Favor of a Declaration of Independence

13 美国国徽设计原稿
Original Design of the Great Seal of the United States

16 最终和平条约
Definitive Treaty of Peace

22 美国宪法
Constitution of the United States of America

40 权利法案
Bill of Rights

45 美国宪法第十三条修正案
13th Amendment to the United States Constitution

47 美国宪法第十四条修正案
14th Amendment to the United States Constitution

50 美国宪法第十五条修正案
15th Amendment to the United States Constitution

52 美国宪法第十六条修正案
16th Amendment to the United States Constitution

54 美国宪法第十七条修正案
17th Amendment to the United States Constitution

56 美国宪法第十九条修正案
19th Amendment to the United States Constitution

58 联邦主义者文集第十号
The Federalist: No.10

65 联邦主义者文集第五十一号
The Federalist: No.51

69 华盛顿首任总统就职演讲
President Washington's First Inaugural Speech

73 联邦司法法案
Federal Judiciary Act

82 轧棉机发明专利
Patent for the Cotton Gin

84 华盛顿总统告别演讲
President Washington's Farewell Address

100 杰斐逊总统给国会的密信
Jefferson's Secret Message to Congress

105 购买路易斯安那条约
Louisiana Purchase Treaty

116 马伯里诉麦迪逊案
Marbury v. Madison

127 门罗主义
Monroe Doctrine

131 宅基地法案
Homestead Act

136 解放奴隶宣言
Emancipation Proclamation

140 葛底斯堡演讲
Gettysburg Address

143 林肯总统连任就职演讲
President Lincoln's Second Inaugural Address

147 北弗吉尼亚军队投降协议
Surrender of the Army of Northern Virginia

150 购买阿拉斯加条约
Alaska Purchase Treaty

155 电灯泡发明专利申请
Patent Application for the Light Bulb

158 排华法案
Chinese Exclusion Act

164 彭德尔顿法案
Pendleton Act

171 谢尔曼反垄断法案
Sherman Anti-Trust Act

175 威尔逊总统的十四点计划
President Wilson's 14 Points

180 社会保障法案
Social Security Act

219 四大自由
Four Freedoms

229 租借法案
Lend-Lease Act

235 艾森豪威尔将军D日命令
General Eisenhower's Order of D-Day

238 德国军事投降书
Act of Military Surrender

243 波茨坦公告
Potsdam Declaration

246 日本投降书
Instrument of Surrender

253 联合国宪章
United Nations Charter

283 杜鲁门主义
Truman Doctrine

290 马歇尔计划
Marshall Plan

295 朝鲜停战协定
Korean Armistice Agreement

314 布朗诉托皮卡教育委员会案
Brown v. Board of Education of Topeka

322 艾森豪威尔总统告别演讲
President Eisenhower's Farewell Address

329 肯尼迪总统就职演讲
President Kennedy's Inaugural Address

334 组建和平队
Establishment of the Peace Corps

336 部分禁止核试验条约
Partial Nuclear Test Ban Treaty

340 附录：
“美国里程碑式历史文献100篇”排名

*

独立宣言①

Declaration of Independence

1776 年 7 月 4 日，大陆会议

美利坚十三个联合州一致通过的宣言：

当一个民族必须解除它与另一个民族之间已有的政治联系，并与世界各国一样，依自然法和自然神明想分离出来获得平等的国家地位时，出于对人类公意的尊重，应该宣布逼迫他们分离的原因。在处理人类事务的过程中，这很有必要。

我们认为下面这些真理是不言而喻的：造物主造出的所有的人都是平等的，并赋予他们一些不可剥夺的权利，这些权利包括生命权、自由权和追

① 1776年6月11日至18日，《独立宣言》的主要起草人托马斯·杰斐逊在费城独立厅完成了初稿，然后交给约翰·亚当斯和本杰明·富兰克林修改，7月2日杰斐逊重新誊写了手稿并提交第二次大陆会议表决，7月4日表决通过。签字时，第二次大陆会议主席约翰·汉考克首先用黑体签字，然后，其他各州代表按从最北部的新罕布什尔州到最南部的佐治亚州的顺序依次签名。

马克思对《独立宣言》给予很高的评价，认为它是人类历史上“第一个人权宣言”。《独立宣言》的价值主要体现在它提出了“以人为本”的治国思想，规定了政府与人民的关系。

根据美国国会1978年通过的法案，“独立宣言56名签字人纪念碑”1984年7月2日在首都华盛顿宪法公园落成，由56块石块砌成，象征56名签字人，石块上刻有签字人的签字、职业和籍贯。

求幸福的权利。——为了捍卫这些权利，人们建立政府，而政府权力的合法性均来自人民授权；——当任何形式的政府有损于上述之目的时，人民有权改造它或推翻它，建立新政府；——这个政府赖以存在的基础和组织权力的方式，应遵循尽最大可能增进人民安全和幸福这些原则。当然，谨慎的态度是，建立已久的政府不应因无足轻重或暂时的原因而改变，而且，历史事实证明，人类更能忍受苦难，能忍则忍，不愿通过废除他们已习惯了的管理方式来恢复自己的权利。但是，如果政府一贯滥用职权，强取豪夺，并把这作为其追求的唯一目标，这足以证明政府想把人民置于它的绝对专制统治之下，那么，人民有权也有责任推翻这样的政府，为他们未来的保障选择新的捍卫者。——这就是这些殖民地一直忍受的情况，这也是现在他们必须改变他们以前政府制度的原因。大不列颠现国王的历史，就是一部不断迫害和抢占的历史，他的所作所为的直接目的，就是在这些殖民地上建立绝对暴政。为证明这一论断正确，谨将一些证据提交给公正的世界。

他一直拒绝批准对公众福利最有效和最有必要的法律。

他禁止他的总督们通过迫在眉睫和至关重要的法律，或者让他们把这些法律束之高阁等待他的批准；可他对这些束之高阁的法律根本就置之不理。

他拒绝通过给广大地区人民自己调节的法律，除非他们放弃在立法机构里的代表权：代表权对人民来说就是生命，但对暴君来说就是大敌。

他把立法会议的地方设在偏僻的地方，设在令人不适的地方，设在距离公共档案馆很远的地方，其唯一目的就是使这些议员们鞍马劳顿，疲于奔命，以顺从他的旨意。

他屡次解散议会，因为议会强烈抗议他对人权的侵犯。

他解散议会后长时间拒绝让其他人当选议员，而不可被取消的立法权已全部归属人民行使，殖民地同时面临外有入侵、内有动乱之患。

他千方百计地阻止各邦人口增长，为此，百般阻挠外国移民归化法；拒绝通过鼓励外国人迁移这里的法律，提高新土地分配条件。

他拒绝批准建立司法机构的法律，以阻挠对司法的管理。

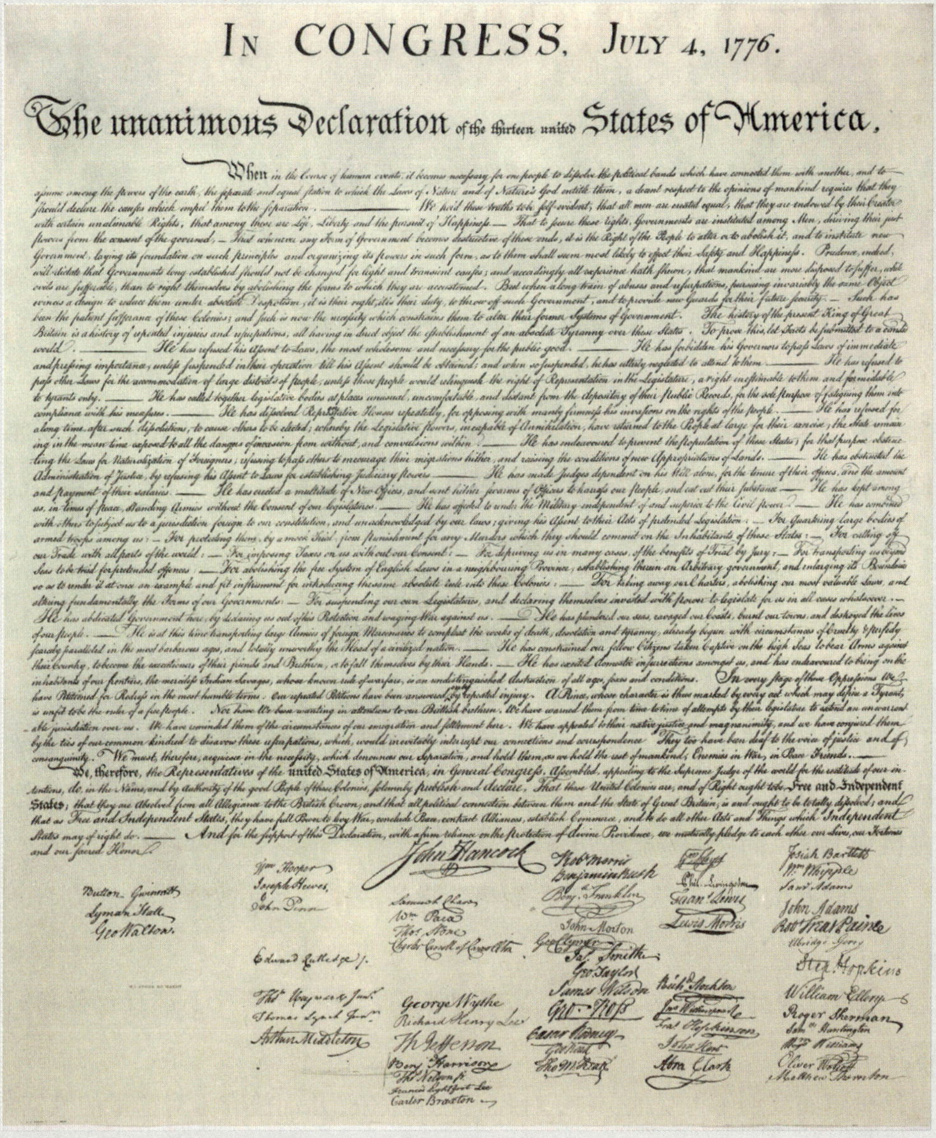
IN CONGRESS, JULY 4, 1776.

The unanimous Declaration of the thirteen united States of America,

When in the Course of human events, it becomes necessary for one people to dissolve the political bands which have connected them with another, and to assume among the powers of the earth, the separate and equal station to which the Laws of Nature and of Nature's God entitle them, a decent respect to the opinions of mankind requires that they should declare the causes which impel them to the separation. — We hold these truths to be self-evident, that all men are created equal, that they are endowed by their Creator with certain unalienable Rights, that among these are Life, Liberty and the pursuit of Happiness. — That to secure these rights, Governments are instituted among Men, deriving their just powers from the consent of the governed, — That whenever any Form of Government becomes destructive of these ends, it is the Right of the People to alter or to abolish it, and to institute new Government, laying its foundation on such principles and organizing its powers in such form, as to them shall seem most likely to effect their Safety and Happiness.

《独立宣言》印刷版本

他只凭个人意愿决定法官的任期和工资标准。

他增设了很多新政府机关，派来成群结队的官员来骚扰我们的人民，压榨民脂民膏。

他在和平时期不经我们议会的同意在这里驻扎常备军。

他设法让军队独立于文职政府，并凌驾于文职政府之上。

他与其他人合谋，无视我们的法律，把我们置于一种与我们体制格格不入的司法权下。批准他们假冒的法案如下：

在我们这里驻扎大量军队；

为了保护自己，用虚假审判包庇任何对我们这些州的居民犯下谋杀罪的凶手免受惩罚；

切断我们与世界各地的贸易；

未经过我们同意便向我们征税；

在许多案件中剥夺我们由陪审团审理的权益；

编造莫须有的罪名把我们送到海外受审；

在相邻的一个省①废除英国法律的自由体系，在那里建立了一个专制政府，并向外扩展疆界，试图立刻把它变成一个样板和恰当的工具，在这些殖民地上推广同样的专制统治；

没收我们的特许状，废除我们最珍贵的法律，彻底改变了我们政府的形式；

冻结我们自己的立法机构，宣布他们自己在任何情况下都有权替我们立法。

他宣布我们不再受他保护，对我们发动战争，从而放弃了对这里的管辖。

他在我们的领海上掠夺，侵扰我们的海岸，焚烧我们的村镇，残害我们人民的生命。

他当时运来大量外国雇佣军来实施屠杀、毁灭和暴政，而这一切早就开始，残酷和卑劣至极，让最野蛮时代也自叹不如，他根本不配做一个文

① 指加拿大的魁北克省。

明国家的元首。

他强迫在公海上捕获的我们的同胞拿起武器反对他们的祖国，屠杀他们自己的朋友和同胞，或死于自己的朋友和同胞之手。

他挑拨我们互相争斗引发内乱，并设法把残忍的印第安野蛮人引向我们边疆的居民:人们知道，印第安人在战争中不管对方的年龄、性别等情况，一律屠杀。

在这些压制的每一阶段，我们都以最谦卑的措辞请愿纠正；可我们接二连三的请愿得到的答复是接二连三的伤害。一国之君的品格被屡次打上可以说是暴君行为的烙印，则他不配做自由人民的统治者。

我们并不是没有一直提醒我们的英国同胞。我们不时警告他们，他们的立法机构对我们实施无法律依据的管辖权。我们也提醒他们，我们移居国外在此定居的状况。我们也曾向他们天生的正义和雅量诉求，恳请他们顾念我们同宗同源的份上，阻止这些非法行为，因为这会不可避免地破坏我们之间的联系与交流。面对正义和亲缘的呼声，他们照样装聋作哑。万般无奈，我们必须宣布这个非常必要的分离决定，我们对待他们就像对待其他民族一样：与我交战是敌人，与我和睦是朋友。

为此，参加大陆会议的美利坚合众国代表吁请世界至高无上的正义承认我们意图的正当性。我们，以这些殖民地善良人民的名义并经他们授权庄严地宣告:这些联合起来的殖民地是，以正当权利也应是自由和独立的州，它们彻底免除了所有效忠大不列颠国王的义务，它们与大不列颠的所有政治联系是，也应该是不复存在；作为自由、独立的州，它们拥有宣战、媾和、结盟、通商及独立国家以正当权利所采取的其他所有行动和措施的全权。为支持本宣言，我们满怀对上帝庇佑的笃信，并用我们的生命、我们的财富和我们神圣的荣誉作担保互相发誓。

（本宣言56名签字人如下：）

（第一栏）

佐治亚州：

巴顿·昆内特（Button Gwinnett，1735—1777）

莱曼·霍尔（Lyman Hall，1724—1790）

乔治·沃尔顿（George Walton，1749—1804）

（第二栏）

北卡罗来纳州：

威廉·霍普（William Hooper，1742—1790）

约瑟夫·休斯（Joseph Hewes，1730—1779）

约翰·佩恩（John Penn，1741—1788）

南卡罗来纳州：

爱德华·拉特利奇（Edward Rutledge，1749—1800）

小托马斯·海沃德（Thomas Hayward, Jr.，1746—1809）

小托马斯·林奇（Thomas Lynch, Jr.，1749—1779）

亚瑟·米德尔顿（Arthur Middleton，1742—1787）

（第三栏）

马萨诸塞州：

约翰·汉考克（John Hancock，1737—1793，第二次大陆会议主席）

马里兰州：

塞缪尔·蔡斯（Samuel Chase，1741—1811）

威廉·帕卡（William Paca，1740—1799）

托马斯·斯通（Thomas Stone，1743—1787）

卡罗顿的查尔斯·卡罗尔（Charles Carroll of Carrollton，1737—1832）

弗吉尼亚州：

乔治·威斯（George Wythe，1726—1806）

理查德·亨利·李（Richard Henry Lee，1732—1794）

托马斯·杰斐逊（Thomas Jefferson，1743—1826）

本杰明·哈里森（Benjamin Harrison，1726—1791）

小托马斯·纳尔逊（Thomas Nelson, Jr.，1738—1789）

弗朗西斯·莱特福特·李（Francis Lightfoot Lee，1734—1797）
卡特·布莱克斯顿（Carter Braxton，1736—1797）
（第四栏）
宾夕法尼亚州：
罗伯特·莫里斯（Robert Morris，1734—1806）
本杰明·拉什（Benjamin Rush，1746—1813）
本杰明·富兰克林（Benjamin Franklin，1706—1790）
约翰·莫顿（John Morton，1725—1777）
乔治·克莱默（George Clymer，1739—1813）
詹姆斯·史密斯（James Smith，1720—1806）
乔治·泰勒（George Taylor，1716—1781）
詹姆斯·威尔逊（James Wilson，1742—1798）
乔治·罗斯（George Ross，1730—1779）
特拉华州：
恺撒·罗德尼（Caesar Rodney，1728—1784）
乔治·里德（George Read，1733—1798）
托马斯·麦基恩（Thomas McKean，1734—1817）
（第五栏）
纽约州：
威廉·弗洛伊德（William Floyd，1734—1821）
菲利普·利文斯顿（Philip Livingston，1716—1778）
弗朗西斯·路易斯（Francis Lewis，1713—1802）
路易斯·莫里斯（Lewis Morris，1726—1798）
新泽西州：
理查德·斯托克顿（Richard Stockton，1730—1781）
约翰·威瑟斯彭（John Witherspoon，1723—1794）
弗朗西斯·霍普金森（Francis Hopkinson，1737—1791）
约翰·哈特（John Hart，1706—1779）

亚伯拉罕·克拉克（Abraham Clark，1726—1794）

（第六栏）

新罕布什尔州：

约西亚·巴特利特（Josiah Bartlett，1729—1795）

威廉·惠普尔（William Whipple，1731—1785）

马萨诸塞州：

塞缪尔·亚当斯（Samuel Adams，1722—1803）

约翰·亚当斯（John Adams，1735—1826）

罗伯特·提特·潘恩（Robert Treat Paine，1731—1814）

埃尔布里奇·格里（Elbridge Gerry，1744—1814）

罗得岛州：

斯蒂芬·霍普金斯（Stephen Hopkins，1707—1785）

威廉·艾勒里（William Ellery，1727—1820）

康涅狄格州：

罗杰·谢尔曼（Roger Sherman，1721—1793）

塞缪尔·亨廷顿（Samuel Huntington，1731—1796）

威廉·威廉姆斯（William Williams，1731—1811）

奥利弗·沃尔卡特（Oliver Wolcott，1726—1797）

新罕布什尔州：

马修·桑顿（Matthew Thornton，1714—1803）

附：

*

《独立宣言》赞[①]

In Favor of a Declaration of Independence

不管成功还是失败，不管活着还是死亡，更不管胜利还是毁灭，我都义无反顾地拥护《独立宣言》。

不错，开始我们并没想要独立，但是，上帝引导我们朝独立的目标走来。英国的不公逼迫我们拿起武器；她无视自己的利益和我们的福祉，顽固坚持自己的立场，我们别无选择，只有独立了。既然我们已奔向独立，拥抱了它，那为什么还要推迟宣布独立呢？是不是现在有人胆怯了，希望与英国和好？但这既不能让这个国家安全和自由，也不能给他自己安全和尊严。坐在那把椅子里的先生，你难道不是吗？坐在你旁边那位可敬的同事，他难道不是吗？你们俩的权利都被剥夺了，是注定要受到惩罚和报复的。既然对皇室的仁慈不再抱有任何幻想，在英国权威——非法的权威——依然存在的

① 本篇是时任联邦众议员的丹尼尔·韦伯斯特在1826年8月2日以约翰·亚当斯的口气发表的演讲，是假定亚当斯在1776年7月1日第二次大陆会议表决《独立宣言》时的演讲，对为什么要独立进行了言简意赅的阐述。本篇内容有不少是亚当斯的言论，韦伯斯特把这些言论进行了整理并串在了一起。约翰·亚当斯（1735—1826）是美国第一任副总统（1789—1797）和第二任总统（1797—1801），他作为马萨诸塞的代表，参加了第一届和第二届大陆会议，是《独立宣言》的撰稿人之一和签署人之一。丹尼尔·韦伯斯特（1782—1852）是美国著名政治家和演讲家，曾两次出任美国国务卿（1841—1843，1850—1852），还担任过联邦众议员和联邦参议员。林肯总统在《葛底斯堡演讲》中提到的“民有、民治、民享”的政府（Government of the people, by the people, for the people）就参照了韦伯斯特1830年1月26日发表的一篇演讲《再次回击海恩》（The Second Reply to Hayne）中对政府性质的论述，韦伯斯特在演讲中说：“人民政府，为人民建立，由人民建立，对人民负责。”（The people's government, made for the people, made by the people, and answerable to the people.）

费城独立厅内部，《独立宣言》和《美国宪法》均在这里签署

情况下，你们是什么？你们能怎么样？

假如我们推迟独立，那我们是继续战争，还是放弃战争？我们是不是就要屈从于英国议会，屈从于《波士顿港口法案》[①]，屈从于一切的一切？难道我们心甘情愿地被碾成粉末，让我们国家及其权利遭到践踏？我知道，我们不会屈服。我们永远不会屈服。当时，我们推举华盛顿去冒战争危险和政治风险时，[②]我们曾向他发誓，无论出现何种极端情况，我们都愿用我们的财产和生命来支持他。难道我们要违背自己在上帝面前发誓把最神圣的荣誉给予华盛顿这一最庄严的义务吗？

我知道，这里的每个人都宁可看到战火把土地烧焦，看到地震把家园毁掉，也不愿让发过誓的信念有丝毫损减。以我自己而言，就在12个月前的此地，我动员你们任命乔治·华盛顿为征募的或将要征募的大陆军司令，保卫美国的自由。如果我对他的支持犹豫不决或摇摆不定，那就让我眼瞎，让我耳聋，让我咬断舌头卡在喉咙。

① 1773年12月16日“波士顿倾茶事件”发生后，英国议会于1774年3月31日通过了《波士顿港口法案》，封锁波士顿港，断绝波士顿的对外通商，直到东印度公司在“波士顿倾茶事件”中的损失得到赔偿并且国王对秩序的恢复感到满意为止。

② 1776年6月14日，第二届大陆会议决定组建大陆军，马萨诸塞州的代表约翰·亚当斯提议华盛顿任大陆军总司令。1776年6月15日，大陆会议正式任命华盛顿为大陆军总司令。

所以说，战争必须继续，我们一定要将战争进行到底。既然战争必须继续，为什么我们要推迟宣布《独立宣言》呢？宣布独立会让我们强大。它让我们获得国际地位，各国就会与我们打交道，如果我们把自己当作是暴力反抗自己君主的臣民，各国就不会与我们交往。不仅如此，我认为，英国自己也宁肯在我们独立的基础上与我们媾和，而不愿撤销她通过的法案，承认她一直对我们的不公和压迫。对英国的尊严来说，承认我们独立的一些事实比屈从于反叛臣民提出的条件受到的损害要小得多。前者，她会认为这是迟早要发生的;而后者，她会认为是自己的奇耻大辱。那么，为什么，为什么，先生，我们不尽快把内战转变为国家之间的战争呢？还有，既然我们必须把战争进行到底，假如我们赢得了战争，我们为什么不把自己放在一个享有所有胜利果实的地位上呢?

假如我们失败了，我们的处境也不会更坏。但我们不会失败。我们追求的事业会创造出陆军，创造出海军。还有人民，如果我们忠诚于他们，人民就会支持我们，同时也支持了他们自己，在这场战争中谱写出壮丽的诗篇。我不介意其他民族的优柔寡断，但我知道，我们这些殖民地的人民，抵抗英国侵略的意识早已根深蒂固，是不可能被抹杀的。毫无疑问，如果我们领个头，每一块殖民地就都会跟着我们揭竿而起。

先生，《独立宣言》将鼓足人民的勇气。我们进行这场残酷、持久的征战，不能只为了向一个英国国王索回我们的特权，让他为我们做主申冤，让他恩赐给我们豁免；而是为了给人民披上完全独立的荣光，给他们重新注入生命的气息。

把《独立宣言》在军队面前宣读，军士们会剑拔弩张，为捍卫独立发出神圣的誓言，为荣耀而战，哪怕战死疆场。

把《独立宣言》在教堂里宣读，宗教界会拍手称赞，宗教自由的爱把它紧紧拥抱，决心与它并肩，为它奉献。

把《独立宣言》贴在各地的议事厅，让那些听到敌人第一声炮响的人们看到它，让那些眼见自己兄弟和儿子浴血奋战的人们看到它，不管是莱克星顿[①]、康科德[②]，还是邦克山战场[③]，让每堵墙都为支持这个宣言热烈鼓掌。

先生，我知道“谋事在人，成事在天”，今天发生的一切更让我明白，清楚地明白了这一古训。我和你们一样，也许有一天会为此后悔。也许，我们活不到真正独立的那一天；也许，我们死的时候还是殖民者；也许，我们死的时候是个奴隶；也许，我们在绞刑架上耻辱地死去。但不管怎么死，都是死！如果我的祖国需要我献身，我会按约定的时间登上祭坛，恭候奉献时刻的来临。但是，只要我还活着，那就让我有一个祖国，至少让我有一个拥有祖国的希望，这应是一个自由的国家。

然而，不管我们面临何种命运，请相信，相信这个宣言将成为历史上的不朽篇章。但它需要我们为之付出财富，为之流血牺牲，但它必将永存于世，并加倍给我们补偿。拨开当前的黑暗，我看到了未来的光明，就像天空的太阳。今天对我们来说，将是一个光辉灿烂、永垂不朽的日子。将来，即使我们安息在坟墓里，我们的孩子们也会崇敬它。每年的这一天，他们燃起篝火，张灯结彩，满怀感恩之情纪念它，欢庆它，为之泪流满面。这不是奴役屈从的眼泪，这不是悲惨痛苦的眼泪，这是欣喜若狂的眼泪，是感激不尽的眼泪，是开心欢乐的眼泪。先生，在上帝面前，我相信：是时候了。我衷心赞成宣布独立。我已做好准备，愿与《独立宣言》共存亡，为它献出我的所有一切，献出我的整个身心，献出我的所有希望。在结束演讲前，我重述开头那句话，不管成功还是失败，不管活着还是死亡，我坚决支持这个宣言。活着是这个态度，在上帝的福佑下，临终我也不改变立场。是时候了，现在就宣布独立，永远独立！

---

① 1775 年4 月19日凌晨，美国独立战争的第一枪在莱克星顿打响（这一枪至今不知是谁打的），当时英军有750人，马萨诸塞民兵有70人，战争结束后，民兵8死10伤，英军只有一人受伤。

② 1775年4月19日，英军袭击莱克星顿后，直扑康科德小镇，在那里遭民兵埋伏，147名英军被击毙。

③ 莱克星顿和康科德战斗后，英军全数撤回波士顿城内。与此同时，马萨诸塞民兵也包围了波士顿。1775年6月17日，英军攻打波士顿城外被民兵据守的邦克山，虽然占领了这一高地，但伤亡惨重，英军一共有226人阵亡，828名士兵受伤，是整场独立战争中伤亡人数最多的一次战斗。民兵伤亡较小，并继续包围波士顿。

*

美国国徽设计原稿

Original Design of the Great Seal of the United States

1776 年 7 月 4 日，大陆会议通过《独立宣言》的几个小时后，任命了一个委员会负责设计国徽。本杰明·富兰克林、托马斯·杰斐逊和约翰·亚当斯等国父们都曾提交了自己的设计图案，但由于图案过于复杂，均未被大陆会议采纳。1782 年 6 月 20 日，大陆会议通过了大陆会议秘书查尔斯·汤普森（Charles Thompson）的设计图案，该图案由费城的纹章学学生威廉·巴顿（William Barton）进行了改进。国徽设计图案被通过后，被雕刻在一个直径 2.25 英寸的黄铜柱面上。

国徽上的白头海雕是力量、勇气、自由和不朽的象征。白头海雕的双翅展开，右爪抓着象征和平的橄榄枝，左爪抓着象征武力的箭。白头海雕的头扭向右侧，象征着期望和平。白头海雕嘴叼着的绶带上写着拉丁文格言“合众为一”（E Pluribus Unum）。白头海雕上方的 13 颗五角星一起在蓝色背景里发出光环，象征着 13 个州组成的新兴主权国家。白头海雕胸前是红白条纹相间的盾牌，代表美国最初的十三个州。

美国国徽是国家主权的象征。公告、授权书、对政府高级公务员的任命及与外国签订的条约等重要文件上都要加盖国徽印章，美国政府机构和驻外使领馆等也要在建筑物上悬挂国徽或把国徽图案雕刻在建筑物上。

1782 年 9 月 16 日，美国第一次使用国徽是在允许乔治·华盛顿进行一次交换战俘谈判授权书上盖印。美国到目前为止共使用了 7 个国徽印模。

美国国徽设计原稿

现在的美国国徽

在联邦政府文件上印制美国国徽

*

最终和平条约[1]

Definitive Treaty of Peace

以最神圣的和不可分割的三位一体[2]的名义。

神圣的上帝对乔治三世国王给予最安详和最有效的同情，承上帝洪恩，大不列颠、法兰西及爱尔兰的国王，基督教信仰的保护者，不伦瑞克－吕讷堡公爵，神圣罗马帝国的大司库和选帝侯[3]，等等，和美利坚合众国，决定抛弃过去的任何错误观念和分歧，双方都希望恢复不幸破坏了的双方之间的和谐与友谊；并且，为了在互惠互利的基础上建立两国有益的和满意的交往，以促进和确保双方的永久和平与和谐，双方授权的代表于1782年11月30日在巴黎签署的令人满意的暂定条款打下了和平与和解的基础，同意将这些条款作为大不列颠国王与美利坚合众国之间和平条约的组成部分，但该条约等大不列颠和法国之间的和平条款得到批准后，大不列颠国王陛下准备把该条约相应纳入；大不列颠与法国的条约一旦被批准纳入，大不

① 1783年9月3日在巴黎签订的《最终和平条约》意味着爆发于1775年4月18日的美国独立战争正式结束。根据该条约，英国正式承认北美13个殖民地的独立建国，该条约划定的美国国界线围成的国土面积为892135平方英里。该条约标志着美国这个新兴的共和国正式得到世界的外交承认，从而展开与世界列强激烈的博弈。参加条约谈判的美国代表约翰·亚当斯、本杰明·富兰克林和约翰·杰伊展现了卓越的智慧和才华，他们足智多谋，让大英帝国的谈判代表接受美国提出的条款，捍卫了美国未来的各种利益。本杰明·富兰克林是唯一同时签署美国三份最重要的建国文献的国父，这三份文献是《独立宣言》《最终和平条约》和《美国宪法》，他为美国独立所做的贡献仅次于华盛顿。

② 指“圣父、圣子和圣灵”。

③ 德意志君主选举制度源于古日耳曼人时期的部落首领选举，任何自由人都能参与选举国王，但只有七个诸侯有投票权，其中包括三个教会诸侯和四个世俗诸侯。从1708年开始选帝侯又正式增加了两名世俗诸侯。

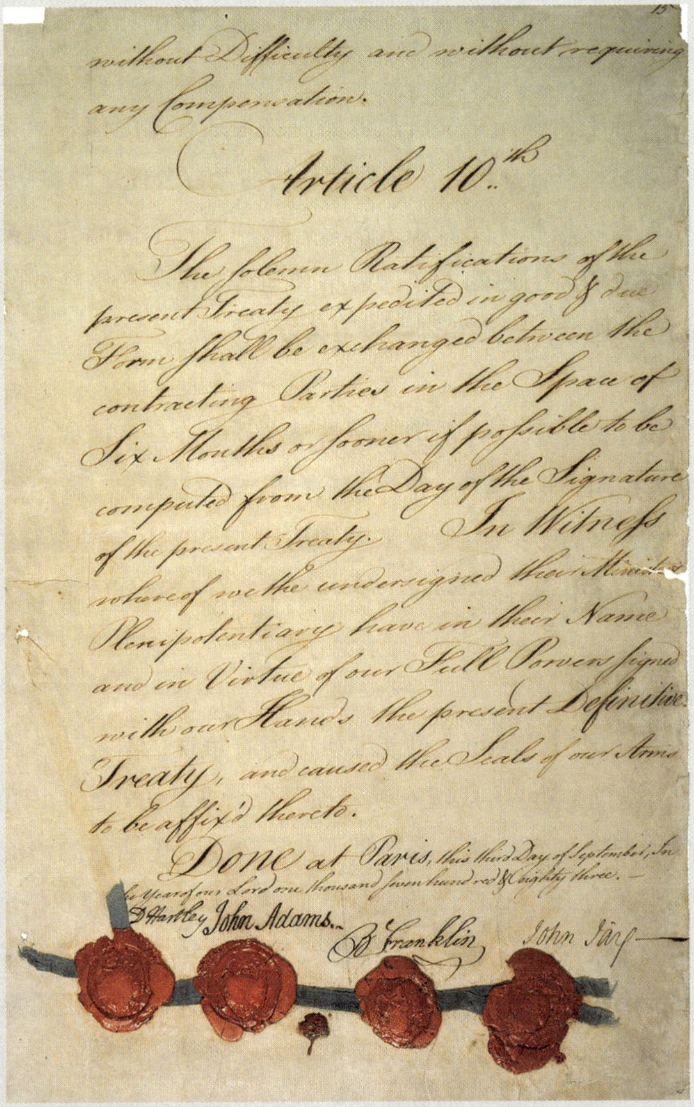

15

without Difficulty and without requiring any Compensation.

Article 10th

The solemn Ratifications of the present Treaty expedited in good & due Form shall be exchanged between the contracting Parties in the Space of Six Months or sooner if possible to be computed from the Day of the Signature of the present Treaty. In Witness whereof we the undersigned their Ministers Plenipotentiary have in their Name and in Virtue of our Full Powers signed with our Hands the present Definitive Treaty, and caused the Seals of our Arms to be affix'd thereto.

Done at Paris, this third Day of September, In the Year of our Lord one thousand seven hundred & Eighty three.

D Hartley John Adams. B Franklin John Jay

《最终和平条约》第二页

列颠国王陛下与美利坚合众国为让上述条款完全生效，本和平条约谈判代表的任命和组织如下：不列颠国王陛下的代表为大不列颠议会议员戴维·哈特利绅士。美利坚合众国的代表为约翰·亚当斯绅士，曾任美利坚合众国驻法兰西宫廷公使，曾任马萨诸塞州派往大陆会议的代表，马萨诸塞州首席大法官，美利坚合众国驻荷兰联合共和国大陆会议特命全权公使；本杰明·富兰克林绅士，曾任宾夕法尼亚州派往大陆会议的代表，宾夕法尼亚州议会议长，美利坚合众国驻法兰西宫廷特命全权公使；约翰·杰伊绅士，曾任纽约州议会议长和该州首席大法官，美利坚合众国派驻西班牙马德里皇室特命全权公使。上述四人作为起草和签订本最终和平条约的特命全权代表，经相互沟通后，同意并订立以下条款。

第一条

不列颠国王陛下承认合众国，即新罕布什尔、马萨诸塞湾、罗得岛及普罗维登斯种植园、康乃迪克、纽约、新泽西、宾夕法尼亚、特拉华、马里兰、弗吉尼亚、北卡罗来纳、南卡罗来纳和佐治亚是自由、独立的主权国家；他以及他的后代和继承者放弃对上述各州及其任何部分的管理、礼仪和领土权利。

第二条

为避免合众国边界问题上可能发生的所有争议，本条约签约双方同意并宣告以下合众国的边界的划定：从新斯科舍[①]西北角开始，该角的构成是从圣克洛伊河向北划到高地；高地把那些流入圣劳伦斯河的河流与那些汇入大西洋的河流分开，沿着该高地一直向西北画线到康涅狄格河的尽头；从这里开始沿着康涅狄格河中线向南画线到北纬45度线；从这里沿着北纬45度线向西画线到易洛魁河或叫卡坦拉基河；从这里开始沿着易洛魁河或卡坦拉基河中线画线到安大略湖；再沿着安大略湖的中线画线到安大略湖与伊利湖的交汇处；在这里沿着该交汇处的中线画线到伊利湖，再沿着伊利湖的中线画线到伊利湖与休伦湖的交汇处；在这里沿着该交汇处的中线

① 加拿大的一个省。

画线到休伦湖，再沿着休伦湖的中线画线到休伦湖与苏必利尔湖的交汇处；然后通过苏必利尔湖北部的洛伊尔岛和佛利博岛到长湖；然后沿着长湖的中线继而长湖与伍兹湖交汇处的中线画线到伍兹湖；接着从伍兹湖画线到该湖的西北陆地点，然后再向西画线到密西西比河；然后沿着密西西比河中线向南画线交于北纬 31 度线最北点；南部，从上文提到的那条交于北纬 31 度线向东画线到阿巴拉契科拉河或叫凯特霍什河的中线；接着沿着阿巴拉契科拉河或凯特霍什河与弗林特河交汇处的中线画线到圣玛丽河的河口，并从这里沿着圣玛丽河中线向南画线到大西洋；东部边界，从芬迪湾圣克鲁斯河的河口开始，沿着该河的中央线画线到该河的源头，然后再从该河的源头一直向北画线到上文所提的高地，即把那些流入圣劳伦斯河的河流与那些汇入大西洋的河流分开的高地；在芬迪湾沿岸的新斯科舍与大西洋沿岸的佛罗里达之间距合众国任何海岸 20 里格[①] 以内的所有岛屿，但那些现在或迄今一直在斯科舍省界内的岛屿除外。

第三条

双方约定，合众国人民在纽芬兰浅滩和任何其他海岸、圣劳伦斯湖湖湾以及海洋中的任何地区继续不受干扰地享有捕捞任何鱼类的权利，这些地区一直被两国居民用作渔场。合众国居民同不列颠渔民一样，有权在纽芬兰海岸自由捕捞任何鱼类（但不得在该岛上腌制或加工任何鱼类），合众国居民也同不列颠渔民一样，有权在不列颠国王陛下在美洲的所有其他领地海岸、海湾与河溪自由捕捞任何鱼类；美国渔民有权在新斯科舍、马达兰群岛与拉布拉多尚未移民的海湾、港口与河溪自由腌制或加工任何鱼类，直到上述海湾、港口与河溪有人定居为止；上述任何海湾、港口与河溪一旦有人定居，美国渔民如事先未与定居居民、领主或土地所有人达成协议，在定居地区腌制或加工任何鱼类均为非法。

第四条

双方约定，双方任何一方的债权人有权不受法律阻挠地按英镑货币的

① 里格是欧洲和美洲古老的长度单位，陆地距离定义为3英里，海洋距离定义为3海里。

完全价值追索目前仍有效的实际债务。

第五条

双方约定，大陆会议应认真劝说各州立法机构归还没收的属于英国臣民的所有房地产、权利和财产；也归还那些居住在英国国王陛下的军队驻扎地区未拿武器对抗合众国的居民的所有房地产、权利和财产。任何其他类人员可自由去合众国十三个州的任何一州的任何一个或几个地区，为不受阻挠地要求归还被没收的房地产、权利和财产，可在那里滞留十二个月。大陆会议也应认真地劝说各州，上文提到几类人的房地产、权利和财产应归还给他们，给任何人以真诚的价格（已经支付了所有款项）购买了上述房地产、权利和财产，应退款赎回。还约定，任何人在被没收的土地上拥有收益，不管是通过债务、婚约或其他方式，对他们要求恢复自己公正权利的起诉不应有任何法律阻挠。

第六条

不得再对任何由于某些原因参与了当前这场战争的人进行没收或采取任何法律诉讼，今后不得对上述之人的人身、自由或财产造成任何损失或毁坏，那些因上述原因被控拘禁的人在本条约在美国获得批准后应立即获得自由，并停止对他们的法律诉讼。

第七条

应在不列颠国王陛下与上述合众国之间、在不列颠国王陛下的臣民与合众国的公民之间建立牢固永久的和平，双方从此终止任何海上和陆地的敌对行为。释放双方所有囚犯，不列颠国王陛下将尽快从上述合众国撤走他所有的部队、要塞守军和战舰，包括合众国境内所有哨所、军营和海港，在撤离过程中不得带走任何黑人奴隶或美国居民的其他财产；在撤走部队、要塞守军和战舰时要把所有军事设施里的美国火炮留下；命令对在战争期间落入不列颠国王陛下的军官之手的属于上述任何一州或合众国任何居民的所有档案、记录、契约文件立即进行恢复，并归还给所属的州或合众国居民。

第八条

密西西比河从源头到入海口的航运，永远对大不列颠臣民和合众国公

1783年《最终和平条约》规定的美国版图及其以后的领土扩张

民自由开放。

第九条

双方约定，在本条约到达美国之前，如果属于大不列颠或属于合众国的任何地区或领地被对方武装占领，应在不设置任何障碍和进行任何索赔的情况下恢复原状。

第十条

应用合适的方式对双方庄严批准后的本条约进行换约，期限为从本条约签字之日算起的六个月或更短的期限。本条约签字人作为双方的全权代表，凭借授予我们的全权，用我们的手亲自在这份最终条约上签字并封印，以兹证明。

本条约于耶稣纪年一七八三年九月三日签署于巴黎。

D·哈特利（封印）

约翰·亚当斯（封印）

B·富兰克林（封印）

约翰·杰伊（封印）

美国宪法[①]

Constitution of the United States of America

我们合众国人民，为组成一个更完善的联邦，建立公平正义，确保国内治安，提供共同防御，增进公共福利，并保证我们及我们的子孙后代永享自由，特为美利坚合众国制定本宪法。[②]

第一条

第一款

本宪法所列所有立法权均属于合众国国会，国会由参议院和众议院组成。

第二款[③]

众议院议员由各州人民每两年选举一次产生，各州选民应具有所在州议会人数最多一院选举人所需的资格。

---

① 1787年9月17日，《美国宪法》在费城独立厅完稿后签字，出席制宪会议的55名代表（罗得岛州未派代表）中有39人在宪法上签字；另外，制宪会议的秘书威廉·杰克逊也在宪法上签字。（此后经过数个州立法机构并伴随着激烈辩论的批准过程，1788年6月21日，新罕布什尔州成为第九个接纳宪法州，该宪法开始生效。）《美国宪法》把国家权力分为立法、行政和司法三个机构，这三个机构相互独立，互相制衡。这种“三权分立”的思想源于法国著名思想家孟德斯鸠的著作《论法的精神》。《美国宪法》是世界上首部成文宪法，该宪法为后来许多国家成文宪法的制定提供了典范。

② 这段宪法序言从字面上看是制订宪法的宗旨和指导原则，但实际上是开宗明义规定了“我们人民”（We the People）是政府一切权力的来源，“我们人民”也是政府权力合法性的检验标准，即是否得到人民的同意或人民的授权。

③ 本款被《美国宪法第十四条修正案》第二款修正。

We the People of the United States, in Order to form a more perfect Union, establish Justice, insure domestic Tranquility, provide for the common defence, promote the general Welfare, and secure the Blessings of Liberty to ourselves and our Posterity, do ordain and establish this Constitution for the United States of America.

Article I

Section 1. All legislative Powers herein granted shall be vested in a Congress of the United States, which shall consist of a Senate and House of Representatives.

《美国宪法》第一页

费城独立厅，《独立宣言》
和《美国宪法》均在此签署

年满 25 岁，成为合众国公民满 7 年，并且选举时为选举州的居民①方可当选为众议员。

众议员②和直接税分配给合众国各州，各州众议员人数由各州人数决定，而各州人数为自由民数量加上其他各类人口数量的五分之三；自由民包括按规定年限服兵役的人，但不包括未被课税的印第安人。实际人口数将在合众国国会第一次会议后的 3 年内确定，之后，依法每十年重新确定人口数，具体实施另行立法规定。各州众议员人数为每三万人数不超过一名，但每州至少有一名众议员；在各州实际人数统计前，各州可选举的众议员的人数分配如下：新罕布什尔州 3 人，马萨诸塞州 8 人，罗得岛州和普罗维登斯种植园 1 人，康涅狄格州 5 人，纽约州 6 人，新泽西州 4 人，宾夕法尼亚州 8 人，特拉华州 1 人，马里兰州 6 人，弗吉尼亚州 10 人，北卡罗来纳州 5 人，南卡罗来纳州 5 人，佐治亚州 3 人。

任何一州在众议院席位出现空缺时，该州行政当局应颁布众议员选举令，以弥补此空缺。

众议院应选举议长③一名以及其他官员；弹劾权属众议院④。

第三款

合众国参议院由各州立法机构选举产生的参议员组成⑤，每州两名，任

---

① 没要求是选区的居民。

② 美国建国后，由于人口的增长，众议员人数不断增加，所以在1911年，把众议员人数限定为435名。

③ 议长在多数党众议员中选举产生。

④ 弹劾权就是罢免享有司法豁免权等特权的联邦高级公务员职务的权力。众议院相当于公诉案件中的检察官，列举被弹劾人的罪状，如果其中至少一项罪状有二分之一多数票通过，则弹劾案提交参议院审理，总统弹劾案由联邦最高法院首席大法官担任审理法庭主席，其他官职的弹劾案由副总统担任审理法庭主席。弹劾案是唯一没有陪审团审理的案件，参议院相当于陪审团，参议员充当陪审员的角色。如果参议院三分之二多数认定弹劾的某一罪名成立，则被弹劾人的职务即被罢免。弹劾属于政治审判，它只认定被弹劾人有罪，但不能判刑。官员遭弹劾后就成了普通百姓，还要就其犯罪行为接受刑事法院的审判。美国历史上共有16起弹劾案，但对总统弹劾程序只启动过两次。1867年5月26日，第17任总统安德鲁·约翰逊以“违反官员任职法”和“阴谋策划反革命叛乱”等罪名遭参议院弹劾审判，以一票之差险遭弹劾。1999年2月12日，第42任总统威廉·杰斐逊·克林顿因在其性丑闻中犯有“伪证罪”和“妨碍司法公正罪”遭参议院弹劾审判，以17票之差免遭弹劾。

⑤ 此段被1913年生效的《美国宪法第十七条修正案》修正，参议员应由各州人民直选产生。

期 6 年，每名参议员有 1 个投票权。

当第一届参议员选出后，第一次参议院会议应立即把参议员尽可能地按人数平均分成三组。第一组参议员的席位安排在任职期满 2 年后空缺，第二组参议员的席位安排在任职期满 4 年后空缺，第三组参议员的席位安排在任职期满 6 年后空缺，以便每两年有三分之一的参议员需要改选；如在州立法机构休会期间因辞职等原因造成参议员席位空缺，州行政长官可指派临时参议员补缺，直到立法机构下一次会议选出正式参议员为止。[①]

年满 30 岁，成为合众国公民满 9 年，并且选举时为选举州的居民方可当选为参议员。

合众国副总统应为参议院主席，但没有投票权；当双方票数相等时，副总统方有一投票权[②]。

参议院的其他官员均由本院选举产生[③]，包括当副总统缺席或履行合众国总统职务时的临时参议院主席。

所有弹劾案的审理权属参议院。审理弹劾案时，参议员应宣誓或作声明。当审理对合众国总统的弹劾案时，首席大法官为审判庭主席；三分之二出庭参议员认定被弹劾人有罪方可定为有罪。

弹劾案的审判，仅限于罢免职务，剥夺担任和享有合众国属下有荣誉、有责任或有薪金的任何职务的资格；但被定罪的被弹劾人仍要对自己的罪行负责，依法受到起诉、审判、判决和惩罚。

第四款

参议员和众议员选举的时间、地点和方式由各州立法机构自行规定；但是，除选举参议员的地点外，国会可在任何时间依法确定或更改此类规定。

国会每年至少开会一次，开会日期为每年第 12 月的第一个星期一[④]，依法另行指定的日期除外。

---

① 本段补足空缺部分，被1913年生效的《美国宪法第十七条修正案》修正。
② 此规定是为了打破投票僵持局面，使议案有个了断。
③ 包括武装警卫、秘书等非参议员职务。
④ 1933年生效的《美国宪法第二十条修正案》将国会开会日期改为每年1月3日。

第五款

众议院和参议院自己审查本院议员的选举、选举结果和议员资格，各院出席会议的议员人数过半即构成议事法定人数；出席会议的议员人数不足一半时，则逐日延期会议，并有权强迫缺席议员出席，强迫的方式和惩罚由各院规定。

各院规定本院议事规则，处分扰乱秩序的议员，并可经三分之二多数议员同意开除议员[①]。

各院应保持本院的会议记录，并不时予以公布，但各院认为需要保密的部分除外；各院议员对任何问题所投的赞成票和反对票应出席会议议员人数五分之一以上议员的请求，应载入会议记录。[②]

在国会开会期间，一院未经另一院同意休会不得超过 3 日以上，开会地点也不得从两院应在的开会地点移往任何其他地点。

第六款

参议员和众议员因其为国家的服务而获得报酬，报酬标准由法律规定，并由合众国财政部支付。除犯有叛国罪、刑事重罪和妨害治安罪外，在任何情况下，两院议员在出席各自议院的会议期间以及往返各自议院的途中不受逮捕；他们在各自议院发表的言论或辩论在其他任何地方不受质询。[③]

参议员或众议员在其任职期间不得出任合众国属下将有的任何职位，议员任职期间的报酬不得增加；合众国政府属下任何公职人员在其任职期间不得成为两院中任何一院的议员。[④]

第七款

所有征税的法案应首先由众议院提出；和处理其他法案一样，参议院

---

① 除开除之外的其他处罚只需过半数票通过。

② 除此之外，国会也定期公布辩论记录，辩论录像可在美国国家档案馆查阅。

③ 议员被免除履行公务期间的刑事或民事责任，他们才能打消对权力当局打击报复的恐惧，公正地行使立法权。

④ 这是“三权分立”的具体落实，立法、司法和行政三个政府机构的任何公职人员不得跨机构兼职。议员任职期间的工资不得增加，也是防止议员利用自己的职权给自己涨薪谋取私利。

可对众议院提出的征税法案提出修改意见或批准征税法案的修改案。[①]

众议院和参议院通过的每一法案在成为法律前，均应呈送合众国总统；如果总统批准法案，应在法案上签名，如果总统不批准法案，应把法案退回提出法案的议院，并附上他的异议。提出法案的议院应把总统的异议详细载入会议记录，然后对法案重新审议。如果重新审议后该院三分之二的议员同意通过法案，应将法案连同总统的异议一起送交另一议院；另一议院同样要对法案重新审议，如果另一议院也有三分之二的议员同意通过法案，则该法案即成为法律。[②]但是，在所有这样的情况下，两院的投票表决均应是赞成票和反对票，对法案投赞成票和投反对票的议员的名字应分别载入各院的会议记录。如果呈送总统的法案在送达后10天（不含星期日）内没被退回，则认定总统已签署法案，该法案即成为法律，但因国会休会无法退回，则此种情况下法案不能成为法律。

参议院和众议院通过的任何命令、决议或表决应呈送总统（关于国会休会的问题除外）；只有经总统批准后，命令、决议或表决才能生效；如果总统不批准，根据对法案成为法律的相关规定，参议院和众议院均以三分之二多数票再次通过，命令、决议或表决即生效。[③]

第八款

国会有权：

设置并征收财产税、关税、进口税和消费税[④]，用以支付合众国的国债、国防和公共福利；所有关税、进口税和消费税应在合众国内统一；

以合众国的信用举债；

---

① 一项议案要成为法律，获得两院批准是必要条件。

② 国会通过的法案总统签署后即成为法律，如果法案被总统否决，之后被国会两院均以三分之二多数票再次通过，此时无须总统签署即成为法律。从此规定可以看出，宪法分配给国会的权力远远大于总统。

③ 此规定是为了避免国会用别的名称替代“法案”而钻法律的空子，规避总统可能对法案的否决权。也就是说，除了关于国会休会的事项外，国会通过的任何法律性文件都要经总统批准后才能生效；如遭总统否决，则国会两院必须分别以三分之二多数票通过才能生效。

④ 1913年生效的《美国宪法第十六条修正案》规定，国会有权对任何来源的收入征收所得税，包括个人收入所得税和公司营业所得税。

调节与外国、合众国内部各州以及与印第安部落的贸易；

制定合众国统一的移入居民归化法规[①]和统一的破产法[②]；

铸造货币，调节本国货币和外国货币的币值，确定度量衡的标准；

对伪造合众国证券和流通货币的行为制定惩罚规定；

建立邮局和邮路；

对作者和发明者的作品和发明分别给予一定期限的专用权保护，以促进科学和有益艺术的发展[③]；

设立低于最高法院的各级法院；

确定并惩罚公海上的海盗罪与其他重罪以及违反国际法的行为；

宣战，颁发允许私人战时捕获和攻击敌方人员和物资的特许状，制定处置陆地和水域上战利品的法规；

招募并供养陆军，但用于此项的拨款期限不得超过两年；

装备并养护一支海军；

制定政府管理法规，以及地面和海上武装力量的规定；

为实施联邦法律、镇压叛乱、打击侵略招募的民兵提供给养；

为组织、武装和训练民兵提供给养，民兵以及对民兵的管理可置于合众国军队之下，但各州根据国会提出的规章保留对民兵官员的任命和民兵训练管理的权力；[④]

对某些州割让、国会接受的用于合众国政府驻地的土地（其面积不超过 10 平方英里），无论在何种情况下均行使专有立法权，国会对经州立法机构批准购买的用于军事要塞建筑、弹药库、兵工厂、造船厂以及其他必

---

① 只有联邦政府有权给予一个移入居民公民身份，州政府无此权力。

② 美国破产法包括企业法人、自然人和政府。从1937年到2012年，美国共发生了大约有640起政府破产案，包括市政府、区政府、县政府、镇政府、村政府。2013年7月18日，密歇根州底特律市政府向破产法院提交破产保护申请，债务总额为185亿美元，这是美国有史以来最大的政府破产案。

③ 本规定是对著作权和专利权的保护。

④ 美国民兵实行州与联邦政府双重领导，平时由各州管理，战时以及国内发生突发事件时，国会可调用民兵。美国国会曾三次授权总统使用民兵，第一次是1795年用于镇压暴乱；第二次是20世纪50年代废除种族歧视时实施联邦法律；第三次是20世纪60年代处置多城市爆发的民众骚乱。

要的建筑的土地也拥有同样的权力；并且

制定所有必要和适当的法律行使上述权力和依据本宪法授予合众国政府及其任何部门或官员的所有其他权力[①]。

第九款

现有各州认为适合迁居入境的人员，国会在1808年以前不得禁止，但是，对此类人员输入会每人征收不超过10美元的财产税或关税。[②]

人身保护特权[③]不得暂停，发生暴乱或对公共安全造成危害的情况除外。

不得通过任何剥夺公民权利的法案和追溯既往[④]的法律。

除按本宪法前文规定依据人口普查的比例或细目直接征税外，不得征收人头税或其他直接税。

对任何一州输出的货物不得征收包括关税在内的任何税。[⑤]

任何商贸规定或税收不得给予任何一州之港口较其他州港口优惠的政策；来往于一州的船舶不向另一州报关、清关或交关税。[⑥]

除依法拨款外，不得从国库支出任何款项；所有公款收支账目和定期报表必须经常公开。[⑦]

合众国不得授予贵族爵位；在合众国担任任何有报酬职务的公职人员或受合众国之信托的人，未经国会许可，不得接受任何国王、亲王或外国

① 这一“弹性条款”赋予国会广泛的权力，甚至可以说是“无限的权力”。

② 本条款规定了建国初期允许奴隶贸易，这主要是为了换取蓄奴各州通过宪法。

③ “人身保护特权”是对公民人身自由的保护。公民在遭到逮捕后，可要求法院立即审理逮捕是否合法，如属非法逮捕，则应立即释放被逮捕人。

④ “追溯既往”指新法律生效后，对以往按旧法律的判决重新按新法律审理定罪。

⑤ “输出的货物”包括输出到美国国内各州的货物，以及输出到世界其他国家和地区的货物，也就是说，货物出州、出口均不征税。

⑥ 国会必须公平地对待各州，不得给予任何一州特殊利益。

⑦ 国会掌控国库，美国政府的开支都要经国会审批，国会不给拨款，政府就要关门歇业。联邦政府从1977年到2013年间关门18次，平均每两年关门一次，关门时间最短的为1天，最长的为21天。在1995年联邦政府关门期间，克林顿总统只有自己掏腰包交白宫的电费。

政府的任何礼物、报酬、公职或头衔[①]。

第十款

各州不得与任何一国缔结任何条约、结盟或加入联邦；不得颁发允许私人战时捕获和攻击敌方人员和物资的特许状；不得铸造货币；不得发行信用币；不得用金银币以外的任何物品作为债务的法定偿还货币；不得通过剥夺公民权利的法案、追溯既往的法律，或削弱合同义务的法律，或授予任何贵族爵位。

未经国会批准，各州不得对进口和出口的货物征收包括关税在内的任何税，但为执行州的检查法规必须征收的除外；各州对进口和出口货物征收的包括关税在内的任何税款的净收益归属合众国国库；并且国会有权修正和监督此类法律。

未经国会同意，各州不得征收船舶吨位税；不得在和平时期拥有军队或军舰；不得与另一州或外国缔结协议或条约；不得投入战争，但在遭到现实入侵或面临迫在眉睫的危险不容延误的情况除外。

第二条

第一款

行政权属于美利坚合众国总统。总统任期 4 年[②]，总统与具有和总统同一任期的副总统的选举办法如下：

---

① 美国宪法规定公务员不得收礼，有效地预防了腐败，防止公务员利用手中的权力寻租，出卖公共利益。《联邦管理条例》规定，公务员在公务活动中收受的来自任何方面的任何礼品和奖章，都属于政府财产，必须在60天内写出报告并上交。实物礼品要上交美国总务管理局，现金礼品上交国库。对总统和副总统及其家庭成员所收受的礼品和奖章，由国家档案局保管。非公务活动从一个渠道一次接受的礼品价值不得超过20美元，一年内接受的礼品价值总额不得超过50美元。如果送礼人与公务员所在的部门有利益关系或有潜在的利益关系，则不得接受其任何礼品。美国把宴请、旅游等任何好处都按礼品计，公职人员接受宴请，只能是普通饮料、咖啡和点心，不得是正餐。如果游说联邦议员通过某项法案，则每次“公关费”不得超过50美元，且一年内的所有“公关费”不得超过100美元，违反者则构成“影响力交易罪”。

② 本条款并未规定总统连任的届数，开国总统华盛顿连任两届，富兰克林·罗斯福总统连任4届（死于第4届任期内），1951年生效的《美国宪法第二十二条修正案》规定，总统最多连任两届。

各州应按本州议会的规定指派选举人，选举人人数等于该州在国会参议员人数和众议员人数的总和①，但参议员或众议员以及在合众国政府中担任受托职务或领薪职务的人不得被指派为选举人。

选举人应分别在各自的州集合，投票选出两人，其中一人不得是与他们一样的本州居民。选举人制作他们选出的人员名单以及每个人的得票数，所有名单必须签名保证其真实性，密封后呈送合众国政府驻地，交给参议院主席。参议院主席应当着全体参议员和众议员的面开启所有这些密封文书，然后计算投票。在得票数超过选举人人数的半数的人中得票最多的一位当选为总统；如果有两人以上获得了超过选举人人数的半数的得票且获得相同的票数，则众议院应立即投票在其中选出总统；如果没有任何一人的得票超过选举人人数的半数，则众议院在名单所列得票最多的5位候选人中用同样的方式选出总统。但是，在选举总统的过程中，应以各州为单位投票，每个州拥有一个投票权；众议院选举总统的法定人数至少有三分之二的州每个州至少有一名众议员出席，并且人数超过所有州众议员总数的半数。在上述情况下选出总统后，剩下的获得选举人票数最多的人为副总统。但是，如果有两人或两人以上的人获得的选举人票数相同，则参议院通过投票从中选出副总统。②

国会决定选定选举人的日期以及选举人团投票的日期；这两个日期在合众国各州应是相同的。

---

① 根据1961年生效的《宪法第二十三条修正案》，哥伦比亚特区被分配3个选举人名额。现在选举人票为538票（100名参议员、435名众议员及哥伦比亚特区3名选举人）。由选举人选举总统是选民直选总统和国会选举总统的妥协。选举人的产生办法由各州自己规定，但现在各州选举人都由选民选举产生。48个州和哥伦比亚特区均实行“胜者通吃”制度，即把本州的所有选举人票全部给予在该州获选民票最多的总统候选人。缅因州和内布拉斯加州把两张选举人票投给在本州赢得总统选举的人，另外一张选举人票投给在本州国会选区选举中获胜的一方。总统选举投票结束开票后，选举人要到首都华盛顿组成选举人团选举总统，总统候选人需要得到最少270张选举人票方可当选。其实，这只是履行宪法程序，因为开票后即可知道谁当选总统。由于参议员每个州固定为两名，并不是按各州人数分配，这就会出现当选总统并不能总是代表大多数的情况。

② 这一条被1804年生效的《美国宪法第十二条修正案》替代。该修正案没有改变选举人团在这一程序中的地位，但选举人需要对总统和副总统人选分开进行投票，而不是只投两票来选择总统。该修正案还规定，一位选举人所投票支持的总统和副总统人选中，至少要有一位是（可以两位都是）不同州的居民，并规定，依宪法无资格担任总统的人，也无资格担任合众国副总统。

出生时即为合众国公民，或在本宪法获得批准时获得合众国公民身份，并且年满 35 周岁，在合众国居住满 14 年，方有资格担任总统一职。

如遇总统被罢免，或死亡、辞职以及丧失履行总统职责的能力，由副总统继任总统；国会应依法规定当总统和副总统均被罢免，或死亡、辞职以及丧失履行各自职责的能力时，哪一官员继任总统，继任总统的官员应按此规定履行总统职责，直到总统恢复职权或一个新总统选出后为止。[①]

总统按规定时间领取报酬，该报酬在任何一总统的任期内不得增加或减少，且在任期内不得收受合众国或任何一州给予的任何其他报酬。

总统宣誓或声明[②]后方可就职，誓词如下：

“我庄严宣誓（声明）：我要忠实履行合众国总统职务，竭尽全力，遵守、维护和捍卫合众国宪法。”[③]

第二款

总统为合众国陆军、海军以及各州应召服现役民兵的总司令；他可要求每个行政部门主官书面提出关于他们各自部门职责的意见，除弹劾案外，他有权对合众国犯罪行为给予缓刑和特赦。

总统有权缔结条约，但须征求参议院的意见并获得批准，批准条约须由参议院出席参议员中三分之二多数赞成；[④]总统任命大使、公使、领事、最高法院大法官以及本条款未列明但依法设立的合众国的其他官职同样须征求参议院的意见并获得批准；[⑤]但国会如果认为有必要，也可立法把低级

---

① 这一条被1967年生效的《美国宪法第二十五条修正案》替代。

② “声明”比“宣誓”的语气轻得多，美国历任总统除了第十四任总统富兰克林·皮尔斯1853年3月4日就职时用“声明”外，其他总统均用“宣誓”一词。

③ 副总统和其他官员的誓词由国会另行制定。

④ 参议员牢牢把持着外交权，美国与外国或国际组织签订的任何法律文件，必须经过参议院三分之二多数票批准方可生效，总统仅有权与外国或国际组织就一些不重要的事务签订“行政协议”。美国总统伍德罗·威尔逊是联合国前身国际联盟（“国联”）的主要创建者之一，由他起草的《国联盟约》在巴黎和会上通过，威尔逊总统也在盟约上签了字，为获得该盟约在参议院的批准，威尔逊总统在全国巡回演讲了37次，但始终没有得到批准，美国一直是其主导创建的“国联”的“局外人”。

⑤ 本条款只规定了总统任命官员必须向参议院提名，由参议院批准，但给了总统解除官员职务的自由裁量权。

官员的任命权授予总统一人，或授予法院，或授予政府各部首长。

如果在参议院休会期间出现职位空缺，总统有权任命官员补充所有空缺，其任期到参议员下届会议时终止。

第三款

总统应经常向国会提供国情咨文，并向国会提出他认为必要和恰当的措施供考虑；在非常时期，总统可召集两院或其中一院开会，如两院意见不一致时，总统让两院一直休会到他认为合适的时间为止；总统召见大使和其他公使；他应确保各项法律得到切实实施，任命合众国的所有军官。

第四款

合众国总统、副总统及其他所有文职官员，如果因叛国罪、贿赂罪或其他重罪和轻罪而遭弹劾和被判有罪时，应予罢免。

第三条

第一款

合众国的司法权属于最高法院[①]和国会随时命令设置的低级法院。最高法院和低级法院的法官，如果恪尽操守可一直留任，并在规定时间获得服务报酬，此项报酬在他们任职期间不得削减。[②]

第二款

司法权的权限包括一切基于本宪法、合众国法律制定的法律和衡平法以及合众国权限内缔结的条约的一切案件；涉及大使、公使和领事的一切案件；有关海事法庭和海事管辖权的一切案件；合众国为一方当事人的所有案件；两个州或两个以上的州之间的案件；一州与另一州公民之间的案件；不同州的公民之间的案件；同一州公民之间因为不同州土地转让的案件；一州或其公民与外国、外国公民或臣民之间的案件。

---

① 联邦最高法院有违宪审查权，即使是国会通过的法律，如果最高法院认为其违背了宪法精神，则可裁定该法律无效。

② 规定法官终身任职就是保障司法独立，免受司法部门上级和行政部门的干扰；法官任职期间的薪水不得削减，也是防止用减薪的手段逼法官辞职。法官只有通过弹劾才能罢免。

涉及大使、其他公使和领事的一切案件，当有一州为当事一方时，最高法院有初审管辖权。除此之外的所有其他案件，无论是法律方面还是事实方面的，最高法院有上诉案件的审理管辖权，例外及有关规定由国会制定。

除弹劾外的所有刑事案件均应由陪审团审判[①]；审判应在案发州进行；如果案件并非发生在任何一州，则国会依法指定一处或几处审判地点。

第三款

只有对合众国发动战争，或投靠、帮助、便利合众国敌人者，方构成叛国罪。任何人非经两个证人证明他的公然叛国行为，或由本人在公开法庭认罪，均不得被判叛国罪。[②]

国会有权宣布对于叛国罪的惩处，但对叛国罪犯公民权和财产权的剥夺，不得扩展到其继承权，没收的财产仅限于被没收之人自己有生之年的财产。

第四条

第一款

任何一州对其他州的公共法令、记录和司法诉讼程序应给予充分信任和尊重。国会可用一般法律规定此类法令、记录和司法诉讼程序的确认及效力。

第二款

任何一州的公民享受其他各州公民所享有的一切特权及豁免。[③]

在任何一州被控犯有叛国罪、重罪或其他罪行的人，为逃避法律惩罚而逃出该州，在另一州被捕后，逮捕州应即依被捕人逃出州行政当局的请求将其交出，以便将其转交给对该犯罪案件有司法管辖权的州。

---

① 由陪审团审判主要是限制法官的权限，确保审判的公正性，防止法官因接受当事人贿赂贪赃枉法。该规定在宪法第6—9条修正案中一再给予强调。

② 本条款把叛国罪的解释权授予国会，就是防止政府以“叛国罪”打击、报复批评政府或政府官员的异议人士，切实、有效地捍卫人权。

③ 本条款规定美国公民在国内任何一州不受歧视，各州应把外州居民视作自己州的居民，使之享受与自己州居民相同的权利，这一规定确保了公民的迁徙自由。

依据一州之法律在该州服役或服劳役的人逃往另一州时，另一州不得依据自己的法律或法规解除该人的服役或劳役，应依照有权要求其服役或服劳役的当事方的要求将其交出。①

第三款

新的一州如要加入合众国应获得国会的许可；但是，任何一州之管辖范围内不得组建新的州；任何两州或两州以上或几州的部分领土合并为一州，必须经过相关州议会和国会的批准。②

国会有权处置属于合众国的领地或其他资产，并制定关于此类事项的所有规章和条例；对本宪法中的任何条款的解释，不得侵犯合众国或任何一州的权利。

第四款

合众国确保合众国内每一州的政体均为共和制，并保卫各州免受入侵；并依州议会或州行政首长（当州议会不能召集会议时）的请求平定内部暴乱。

第五条

国会两院分别有三分之二议员认为有必要时，提出本宪法的修正案；或经全国三分之二州议会的请求，召开修宪大会提出宪法修正案。上述任何一种情况下提出的宪法修正案，经全国四分之三州的议会或四分之三的州修宪会议批准后即成为本宪法的一部分而发生全部实际效力，国会决定选用这两种批准方式中的哪一种；但 1808 年前制定的宪法修正案不得以任何形式影响本宪法第一条第九款下的第一、第四两项；未经本州同意，不得剥夺任何一州在参议院中的平等投票权。

① 本条款是针对逃跑奴隶的，现已废除。
② 新加入美国的州与已有各州享有同等法律地位。

第六条

在本宪法生效前所欠一切债务和所签订一切条约在依本宪法建立的合众国具有和《邦联条例》下的合众国同等效力。①

本宪法及为落实本宪法所制定的合众国法律，以及以合众国的名义缔结或将缔结的一切条约，均为全国最高法律；各州法官均受本宪法约束，当一州宪法和法律中的任何规定与本宪法抵触时仍是如此。②

前文提及的参议员和众议员、各州议会议员以及合众国政府和各州所有行政、司法官员必须宣誓或声明拥护本宪法；合众国任何官职或受政府之托的职位，均不得以宗教信仰作为一种任职条件。

第七条

本宪法经9个州的制宪会议批准，即足以在批准本宪法的各州之间生效。

本宪法制定于耶稣纪年1787年即美利坚合众国独立后第12年的9月17日，出席制宪大会的各州代表一致同意本宪法，我们用我们的签名以兹证明。

制宪会议主席和来自弗吉尼亚州的代表：

乔治·华盛顿（Geo. Washington，1732—1799）

特拉华州：

乔治·里德（Geo: Read，1733—1798）

小岗宁·贝德福特（Gunning Bedford Jr.，1747—1812）

约翰·迪金森（John Dickinson，1732—1808）

理查德·巴赛特（Richard Bassett，1745—1815）

雅各布·布鲁姆（Jaco: Broom，1752—1810）

---

① 13个殖民地于1776年宣布独立后，并没有立即着手建立国家政权。1777年通过的《邦联条例》决定成立“美利坚合众国”，但该条例直到1781年才获得13个州的一致通过开始生效。当时所谓的“美利坚合众国”只是一个邦联议会，类似于一个国际联盟，没有行政和司法两个部门，而且邦联议会无权征税。可见，当时的“美利坚合众国”只是名义上的，主要是应对战争。

② 本项规定强调联邦法律高于州法律，当州法律与联邦法律发生冲突时，联邦法律优先。

马里兰州：

詹姆斯·麦克亨利（James McHenry，1753—1816）

圣托马斯的丹尼尔·詹尼弗（Dan. of St. Thomas. Jenifer，1723–1790）

丹尼尔·卡罗尔（Dan. Carroll，1730—1796）

弗吉尼亚州：

约翰·布莱尔（John Blair，1732—1800）

小詹姆斯·麦迪逊（James Madison Jr.，1751—1836）

北卡罗来纳州：

威廉·布朗特（Wm. Blount，1749—1800）

理查德·多布斯·斯佩特（Richd. Dobbs Spaight，1758—1802）

休·威廉姆森（Hu Williamson，1735—1819）

南卡罗来纳州：

约翰·拉特里奇（J. Rutledge，1739—1800）

查尔斯·科茨沃思·平克尼（Charles Cotesworth Pinckney，1746—1825）

查尔斯·平克尼（Charles Pinckney，1757—1824）

皮尔斯·巴特勒（Pierce Butler，1744—1822）

佐治亚州：

威廉·菲尤（William Few，1748—1828）

亚伯拉罕·鲍尔德温（Abr Baldwin，1754—1807）

新罕布什尔州：

约翰·兰登（John Langdon,1741–1819）

尼古拉斯·吉尔曼（Nicholas Gilman，1755—1814）

马萨诸塞州：

纳撒尼尔·戈勒姆（Nathaniel Gorham，1738—1796）

鲁夫斯·金（Rufus King，1755—1827）

康涅狄格州：

威廉·塞穆尔·约翰逊（Wm. Saml. Johnson，1727—1819）

罗杰·谢尔曼（Roger Sherman，1721—1793）

纽约州：

亚历山大·汉密尔顿（Alexander Hamilton，1755—1804）

新泽西州：

威廉·利文斯顿（Wil: Livingston，1723—1790）

大卫·不锐利（David Brearley，1745—1790）

威廉·帕特森（Wm. Patterson，1745—1806）

乔纳森·戴顿（Jona: Dayton，1760—1824）

宾夕法尼亚州：

本杰明·富兰克林（B. Franklin，1706—1790）

托马斯·米夫林（Thomas Mifflin，1744—1800）

罗伯特·莫里斯（Robert Morris，1734—1806）

乔治·克莱默（Geo. Clymer，1739—1813）

托马斯·菲茨西蒙斯（Thos. FitzSimons，1741—1811）

杰瑞德·英格索尔（Jared Ingersoll，1749—1822）

詹姆斯·威尔逊（James Wilson，1742—1798）

古弗尼尔·莫里斯（Gouv Morris，1752—1816）

制宪会议秘书：

威廉·杰克逊（William Jackson，1759—1828）

权利法案[①]

Bill of Rights

合众国国会
于公元一千七百八十九年三月四日星期三
在纽约市举行的会议上提出本法案。

很多州议会通过《美国宪法》后，表达了一种强烈的愿望，为了避免误解或滥用宪法权力，应该宣布增加一些限制性条款，以扩大公众对政府信任的基础，确保建立政府制度的善意目的。

美利坚合众国参议院和众议院在国会联合提出本决议，并分别获得两院三分之二票同意，下列条款作为《合众国宪法》修正案提交各州议会，所有这些条款或这些条款中的部分条款一旦获得四分之三上述州议会的批准，即作为宪法的一部分产生实际上的法律效力。也就是：

国会提出《美利坚合众国宪法修正案》条款，得到四分之三州议会的批准即生效，符合原始宪法第五条之规定。

---

① 制定《美国宪法》时，人们不是忽略了人权问题，而是认为宪法主要是规定政府机构的组成及权限，而人权保障均由各州法律提出，这在当时已经获得了共识。但国家机构组建后，人们开始担心国家权力的膨胀会侵犯人权，便要求宪法明文规定保护公民享有的各项权利。1789年9月25日，美国第一届国会正式提出《权利法案》，该法案共有12条，主要起草人是詹姆斯·麦迪逊。但到1791年12月15日获得四分之三州批准生效的只有第三条至第十二条共10条，现在说的《权利法案》没有特别说明均指这10条1791年12月15日生效的宪法修正案。第一条至今未获四分之三州批准；第二条于1992年5月7日获四分之三州批准生效。为了尊重历史，本文献根据国会首次通过的《权利法案》原文译出。

《权利法案》原件

第一条①

在宪法第一条要求的数目，每 3 万人口应有一名众议员，直到众议员人数到达 100，之后的比例由国会规定，但众议员人数不得少于 100，每 4 万人至少选出一名众议员，直到众议员的人数达到 200；之后的比例再次由国会规定，但众议员人数不得少于 200，每 5 万人至少选一名众议员。

① 这一条至今未获得四分之三州批准。

第二条①

任何改变参议员和众议员职位报酬的法律要到众议员选举后方可生效。

第三条②

国会不得立法确立一种宗教或禁止宗教信仰自由；国会也不得立法限制言论自由、出版自由、和平集会以及向政府请愿申冤的权利。

第四条③

对任何一个自由州的安全来说，一支管理良好的民兵组织是必要的，人民保有和携带武器的权利不受侵犯。

第五条④

和平时期，军人驻扎任何民房均需获得房屋主人的同意，战争时期也是如此，但法律另有规定的除外。

第六条⑤

人民确保自己的人身、住宅、文件和财产不受无理搜查和扣押的权利不受侵犯；只有有合理的理由，并以宣誓或声明保证，尤其是说明将被搜查的地点以及将被扣押的人或财物，方可签发搜查扣押令。

---

① 该条宪法修正案规定了“利益回避制度”，即“谁提涨薪不给谁涨薪”，享受涨薪的是他的继任者，这就避免了公职人员利用职权便利为自己谋取利益的不当甚至是不道德的行为。1992年5月7日，密歇根州批准了该修正案，成为联邦政府的正式记录批准该修正案的第38个州，批准州超过了50个州的四分之三，该条宪法修正案开始生效，整个批准过程历时203年之久。根据批准生效日期，该条被列为《美国宪法第二十七条修正案》。

② 本条于1791年获得四分之三州批准生效，成为《美国宪法第一条修正案》。该条宪法修正案规定“政教分离”，政府不得干预宗教事务，同时规定公民享有宗教信仰自由、言论自由、出版自由、集会自由、请愿申冤自由等权利。根据联邦最高法院的解释，在任何情况下都禁止新闻出版审查，公民在任何情况下都有权向任何一级政府请愿申冤，本条宪法修正案也暗含了公民的结社自由不受侵犯。

③ 本条于1791年获四分之三州批准生效，成为《美国宪法第二条修正案》。2008年，联邦最高法院裁决：本条修正案保护公民个人拥有武器的权利，与是否在民兵组织里服务无关。

④ 本条于1791年获四分之三州批准生效，成为《美国宪法第三条修正案》。

⑤ 本条于1791年获四分之三州批准生效，成为《美国宪法第四条修正案》。这条宪法修正案确保公民安宁不受侵犯，警察对任何公民及其财物的搜查或扣押，必须有充分的理由和证据，并对提出的理由和证据发誓担保，法官才有可能签发搜查令或扣押令。这条宪法修正案也是证据排除法则的基石，并规定以非法手段获得的证据无效。

第七条[1]

非经大陪审团的控诉或起诉，任何人不受判处死罪或其他不名誉罪行的审判，但在战争时期或发生公共危险时在陆军或海军或民兵组织中发生的案件不受此限制；任何人不得因同一罪行第二次面临生命或身体危害；[2]任何人在任何刑事案件中均不得被强迫自证其罪；未经正当的法律程序，任何人的生命、自由或财产不受剥夺；未给予公平的赔偿，不得为公共利益征用任何私有财产。

第八条[3]

在所有刑事诉讼中，被告享有下列权利：由犯罪行为发生地州和地区的公正陪审团给予迅速和公开的审判，这里所讲的地区事先由法律确认；告知被指控的性质和理由；同原告证人对质；以强制程序获得对其有利证人；获得为自己辩护的律师的帮助。

第九条[4]

依照普通法[5]审理的案件，当争议价值超过20美元时，由陪审团审判的权利受保护。由陪审团判决的事实，除按普通法的规则外，合众国任何法院不得另外重审。

第十条[6]

保释金不得定得过高，罚款也不得过重，不得施加残酷惩罚[7]。

---

① 本条于1791年获四分之三州批准生效，成为《美国宪法第五条修正案》。根据该条宪法修正案，犯罪嫌疑人遭逮捕时，必须告知其沉默权和律师权等权利。

② 当一个人被法院判刑或释放后，政府不得因同一罪行再次将他逮捕送审。

③ 本条于1791年获四分之三州批准生效，成为《美国宪法第六条修正案》。

④ 本条于1791年获四分之三州批准生效，成为《美国宪法第七条修正案》。该条宪法修正案规定涉案金额超过20美元的民事案件，也应由陪审团审理，且规定联邦法院不得重审陪审团判决的事实。

⑤ 普通法也叫判例法，即法庭判例成为法律的一部分，而这些判例是根据公认正义标准的判决，被社会普遍接受。

⑥ 本条于1791年获四分之三州批准生效，成为《美国宪法第八条修正案》。

⑦ 联邦最高法院对死刑算不算“残酷惩罚”的解释摇摆不定。在1972年的“弗曼诉佐治亚州”一案中，联邦最高法院裁决死刑违宪，认为“残酷惩罚”标准应根据公众可以接受的惩罚力度不断变化。但在1976年的“格雷格诉佐治亚州”一案中，联邦最高法院的立场改变了，裁决中认为，只要死刑是陪审团根据具体量刑指导而做出的判决，那么，死刑就符合宪法。

第十一条①

本宪法列举了数项权利，但这并不意味着否定或轻视人民所享有的其他权利。

第十二条②

本宪法未授予合众国，也未禁止各州行使的权力，由各州分别行使，或由人民行使。

证人签字如下：

众议院议长：弗雷德里克·奥古斯都·米伦伯格（Frederick Augustus Muhlenberg，1750—1801）

合众国副总统兼参议院主席：约翰·亚当斯（John Adams，1735—1826）

众议院总书记：约翰·贝克利（John Beckley，1757—1807）

参议院秘书长：塞缪尔·A·奥蒂斯（Sam. A. Otis，1740—1814）

① 本条于1791年获四分之三州批准生效，成为《美国宪法第九条修正案》。这条宪法修正案对人民享有的各项权利进行全面保护，防止政府侵犯人民宪法未提及的其他权利。联邦最高法院利用这条宪法修正案捍卫了公民享有的诸多宪法未列举的权利，如1965年的“格里斯沃尔德诉康涅狄格州”一案中推翻了禁止避孕药的法律；1973年的“罗诉韦德”一案则确立了女性的堕胎权。

② 本条于1791年获四分之三州批准生效，成为《美国宪法第十条修正案》。该条宪法修正案规定政府的权力是有限的，联邦政府的权力必须由宪法具体规定，宪法没有规定的权力，归属各州或全体人民。而根据《美国宪法第九条修正案》，人民的权利是无限的，人民享有宪法未规定的其他权利。

美国宪法第十三条修正案[①]

13th Amendment to the United States Constitution

第一款

除用于被定罪的罪犯的惩罚外，在合众国境内或属合众国管辖的任何地区，不得存在奴隶制或强制劳役。

第二款

为实施本条修正案，国会有权适当立法。

① 本条宪法修正案1865年1月31日经国会通过，1865年12月6日获四分之三州批准生效。本条修正案取代了《美国宪法》第四条第二款的部分内容。

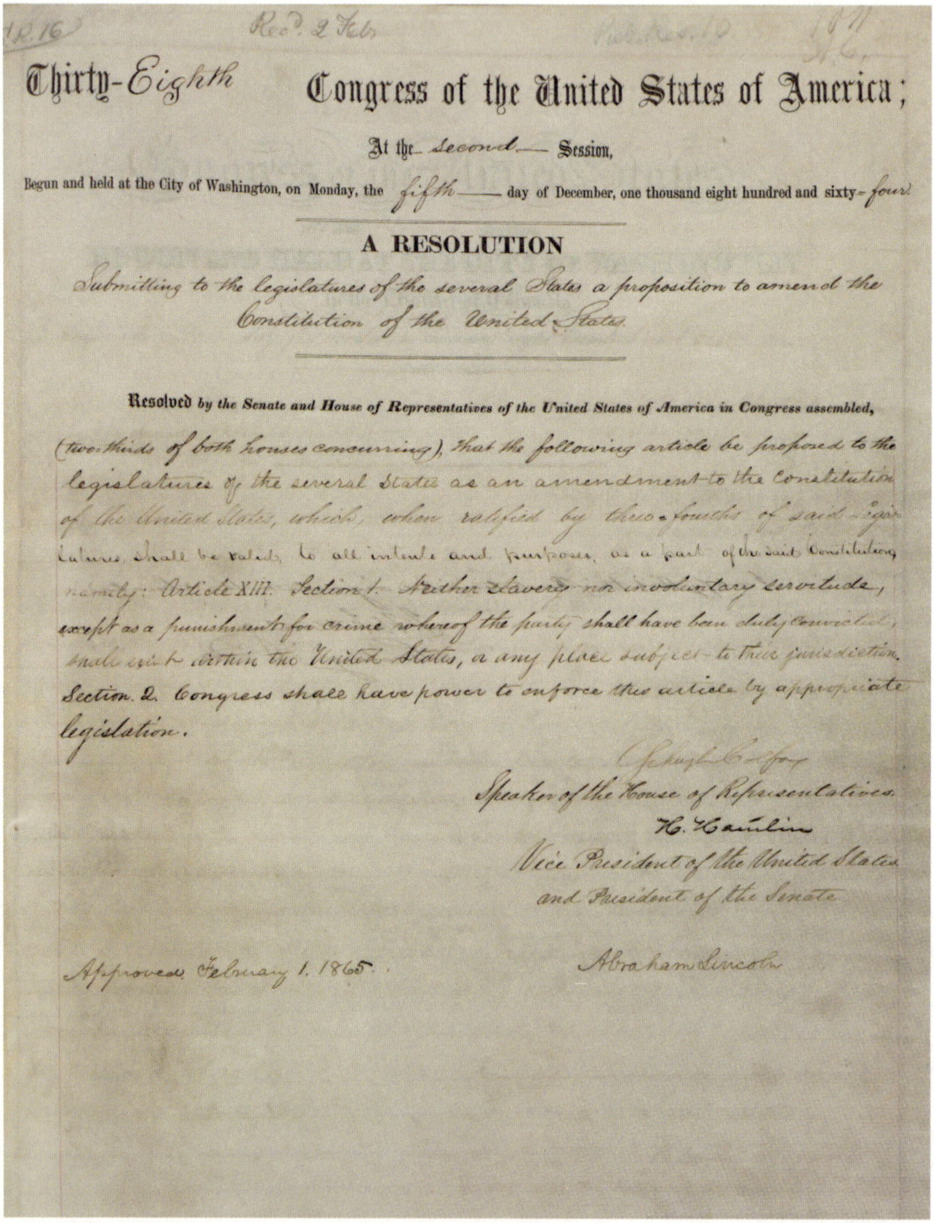
Thirty-Eighth Congress of the United States of America;

At the second Session,

Begun and held at the City of Washington, on Monday, the fifth day of December, one thousand eight hundred and sixty-four

A RESOLUTION

Submitting to the legislatures of the several States a proposition to amend the Constitution of the United States.

Resolved by the Senate and House of Representatives of the United States of America in Congress assembled, (two-thirds of both houses concurring), that the following article be proposed to the legislatures of the several States as an amendment to the Constitution of the United States, which, when ratified by three-fourths of said Legislatures, shall be valid, to all intents and purposes, as a part of the said Constitution, namely: Article XIII. Section 1. Neither slavery nor involuntary servitude, except as a punishment for crime whereof the party shall have been duly convicted, shall exist within the United States, or any place subject to their jurisdiction. Section 2. Congress shall have power to enforce this article by appropriate legislation.

Schuyler Colfax
Speaker of the House of Representatives.

H. Hamlin
Vice President of the United States and President of the Senate.

Approved, February 1. 1865.

Abraham Lincoln

《美国宪法第十三条修正案》原件

*

美国宪法第十四条修正案 ①

14th Amendment to the United States Constitution

第一款

所有在合众国出生或归化合众国并受其管辖的人，均是合众国和他们居住州的公民。任何州均不得制定或实施限制合众国公民特权或豁免权的

① 本条宪法修正案1866年6月13日经国会通过，1868年7月9日获四分之三州批准生效。本修正案的第二款修正了《美国宪法》第一条第二款。《美国宪法第十四条修正案》是国会与总统权力博弈的产物。内战期间，林肯总统强调以最宽容的条件统一南方，赦免了大部分参与叛乱的军官，并要求归还内战期间抢夺的庄园主的土地。国会于1864年通过的《韦德—戴维斯法案》规定，参与叛乱的公职人员不得担任公职。林肯总统否决这一法案后，激化了总统与国会的矛盾。林肯遇刺身亡后，继任总统安德鲁·约翰逊仍执行林肯总统对南方温和的路线。这种背景下，国会于1866年6月13日通过了《美国宪法第十四条修正案》，1868年7月9日该修正案获得四分之三州批准生效。本条修正案是关于公民权的，主要是彻底废除奴隶制，赋予过去的奴隶完全平等的公民权利。在该条修正案等待各州批准期间，约翰逊总统于1867年8月和1868年2月两次试图罢免不听话的国防部长埃德温·史丹顿的职务，国会因此对他启动了弹劾程序，认为他“违反了对《美国宪法》的誓言”。1868年5月16日，参议院以一票之差未能给总统定罪，约翰逊总统险遭弹劾。

由于该修正案规定前奴隶享有和其他公民同样的公民权，这就修改了《美国宪法》第一条第二款的规定，即在按人数分配众议员时，一个奴隶只计五分之三个人。本条宪法修正案也对州的权力进一步限制。《美国宪法第十四条修正案》对美国历史产生了深远的影响，被称作是“第二次制宪”。但遗憾的是，《美国宪法第十四条修正案》仍未对女性公民的选举权给予确认。从《独立宣言》到《美国宪法》，美国立法者一直没提到女性公民的选举权问题，而把选举人的资格认定交由各州规定。在宣布《独立宣言》前夕，阿比盖尔·亚当斯在1776年3月31日给自己的丈夫约翰·亚当斯的信中，义正词严地提醒他在制定法律时不要忽视妇女，否则就“造反”。她在信中写道：“我有必要提醒你，在新法典中，不要忽视了妇女，要比你的祖先更慷慨地关照妇女。要记住，不要给丈夫无限的权力，因为如有可能，所有男人都会成为暴君。如果新法典中不给妇女特殊的关照和足够的重视，我们就决定造反；如果法律中没有妇女的声音，没有妇女的代表权，我们就不受那种法律约束。”（见《美国总统家书精选50封》，江西人民出版社出版）1920年生效的《美国宪法第十九条修正案》才正式规定：“合众国或任何一州不得因性别而否认或剥夺合众国公民的选举权。”

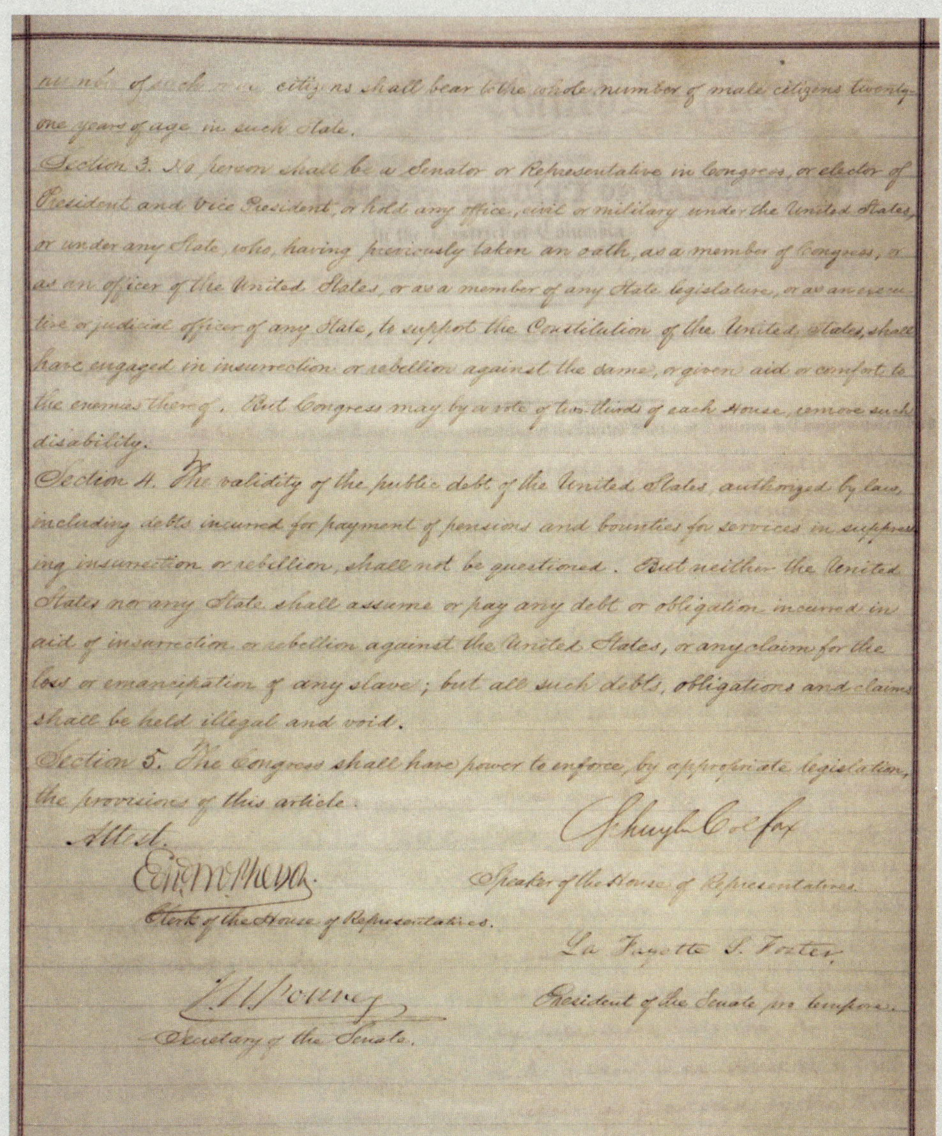

number of such male citizens shall bear to the whole number of male citizens twenty-one years of age in such State.

Section 3. No person shall be a Senator or Representative in Congress, or elector of President and Vice President, or hold any office, civil or military under the United States, or under any State, who, having previously taken an oath, as a member of Congress, or as an officer of the United States, or as a member of any State legislature, or as an executive or judicial officer of any State, to support the Constitution of the United States, shall have engaged in insurrection or rebellion against the same, or given aid or comfort to the enemies thereof. But Congress may by a vote of two-thirds of each House, remove such disability.

Section 4. The validity of the public debt of the United States, authorized by law, including debts incurred for payment of pensions and bounties for services in suppressing insurrection or rebellion, shall not be questioned. But neither the United States nor any State shall assume or pay any debt or obligation incurred in aid of insurrection or rebellion against the United States, or any claim for the loss or emancipation of any slave; but all such debts, obligations and claims shall be held illegal and void.

Section 5. The Congress shall have power to enforce, by appropriate legislation, the provisions of this article.

Attest

Schuyler Colfax

Speaker of the House of Representatives.

Edw McPherson

Clerk of the House of Representatives.

La Fayette S. Foster,

President of the Senate pro tempore.

J W Forney

Secretary of the Senate.

《美国宪法第十四条修正案》第二页

法律；未经正当法律程序，任何州不得剥夺任何人的生命、自由或财产；任何州在其管辖范围内不得拒绝给予任何人平等的法律保护。

第二款

众议员名额按各州人口数分配，人口数指每个州的全部人口，未被征税的印第安人除外。但在选举合众国总统和副总统的选举人、国会众议员、州行政和司法官员或州议会议员的任何选举中，该州年满 21 岁[①]并且是合众国公民的任何男性居民，除因参加叛乱或其他犯罪外，如上述选举权被剥夺或受到任何形式的限制，则分配给该州的众议员人数按选举权被剥夺或受到任何形式的限制的人数所占该州年满 21 岁男性公民总人数的比例予以削减。

第三款

任何人就职国会议员，或合众国官员，或任何一州州议会的议员，或任何一州行政或司法官员时宣誓捍卫合众国宪法，如果参与针对合众国的暴动或叛乱后，或给予合众国的敌人帮助或好处，都不得担任国会参议员或众议员，或总统和副总统选举人，或担任合众国或任何州属下的任何文职或军事职务。但国会两院可各以三分之二多数票撤销上述任职资格的限制。

第四款

经法律批准的合众国公债，包括因支付参加平定暴动或叛乱的军人的养老金和各种福利所欠债务，合众国负有不可置疑的清偿义务。但合众国或任何州都不得承担或偿付因援助针对合众国的暴动或叛乱而产生的任何债务或承付款项，或因失去或解放任何奴隶的索赔；所有这类债务、承付和索赔非法且无效。

第五款

为实施本条修正案，国会有权适当立法。

① 1971年生效的《美国宪法第二十六条修正案》第一款重新规定拥有选举权的公民年龄是“18岁及以上年龄”。

*

美国宪法第十五条修正案[①]

15th Amendment to the United States Constitution

第一款

合众国公民的选举权不得被合众国或任何一州因公民的种族、肤色或以前的奴隶身份否认或剥夺。

第二款

为实施本条修正案，国会有权适当立法。

① 本条宪法修正案1869年2月26日经国会通过，1870年2月3日获四分之三州批准生效。

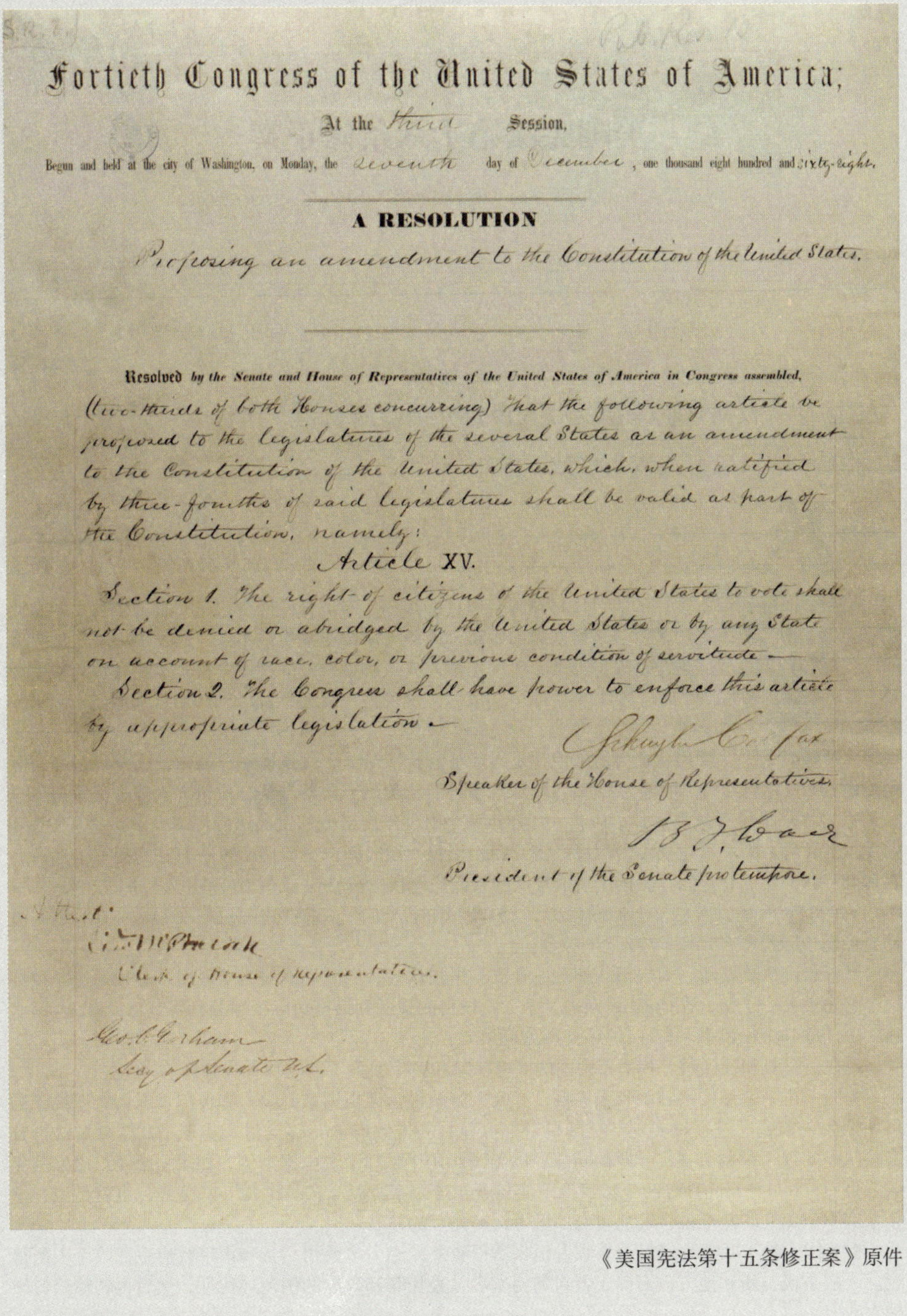

Fortieth Congress of the United States of America;

At the third Session,

Begun and held at the city of Washington, on Monday, the seventh day of December, one thousand eight hundred and sixty-eight.

A RESOLUTION

Proposing an amendment to the Constitution of the United States.

Resolved *by the Senate and House of Representatives of the United States of America in Congress assembled,* (two-thirds of both Houses concurring) That the following article be proposed to the legislatures of the several States as an amendment to the Constitution of the United States, which, when ratified by three-fourths of said legislatures shall be valid as part of the Constitution, namely:

Article XV.

Section 1. The right of citizens of the United States to vote shall not be denied or abridged by the United States or by any State on account of race, color, or previous condition of servitude —

Section 2. The Congress shall have power to enforce this article by appropriate legislation —

Schuyler Colfax

Speaker of the House of Representatives.

B. F. Wade

President of the Senate pro tempore.

Attest:

[illegible]

Clerk of House of Representatives.

Geo. C. Gorham

Secy of Senate U.S.

《美国宪法第十五条修正案》原件

美国宪法第十六条修正案[①]

16th Amendment to the United States Constitution

国会有权对任何来源的收入设定并征收所得税，该税无须向各州摊派，也无须考虑人口普查或人口数。

① 本条宪法修正案1909年7月2日经国会通过，1913年2月3日获四分之三州批准生效。本条宪法修正案是对《美国宪法》第一条第九款的修正。该条宪法修正案生效不久，爆发了第一次世界大战，美国1917年参战，为筹措战争经费，美国把个人收入所得税（简称“个税”）最高边际税率由15%骤然提高到77%，增幅高达413%。战争结束后，个税税率缓慢下调，到1925年，最高边际税率降到25%。

大萧条时期，罗斯福总统为实施他“复兴经济、救济穷人、改革体制”的新政，个税最高边际税率由25%提高到81%，增幅为224%。珍珠港事件后，美国直接参与第二次世界大战，战争机器全负荷运转，个税税率急剧上升，1944—1945年两个财税年度最低和最高边际税率分别达到了23%和94%。二战后，为了重建正常的国民经济，在相当长一段时间内，美国个税一直在高税率上运行，在1946—1963年的18年间，美国个税的最低和最高边际税率分别保持在20%和90%上下。

从1964年开始，美国实行减税政策，到1981年的18年间，最低边际税率在14%—16%之间波动，最高边际税率在70%—77%之间波动。

里根总统执政期间，大规模压缩政府开支。里根认为，膨大的政府是个恶魔，必须通过减税把这个恶魔饿死。于是，在他8年任期内，个人所得税的最低和最高边际税率分别降到15%和28%。之后，美国联邦个税税率一直在10%—40%之间波动。

现在，个税和社保税（相当于中国的养老保险和医疗保险）占联邦税收总额的85%左右。

美国个税制度是按家庭年收入申报，有收入就纳税，但根据家庭收入和负担情况会有返税，这就使低收入家庭通过报税实现“负纳税”，也就是获得政府的转移支付，实现了社会财富的再分配，从而实现个税调节贫富差距的功能。以美国2010年联邦个税申报为例，如果一个 4 口之家的年收入低于50000美元并且有两个17岁以下的孩子，这个家庭就是“负纳税”35美元，也就是说，这个家庭不但免交联邦个税，还从政府那里得到35美元的补贴。

在美国，除了联邦政府对个人收入征收所得税外，绝大多数州、县和市镇政府也征收个人所得税。一般来说，州和地方政府确定各自的税率后，委托联邦政府的国税局代征，然后再转移给各级地方政府。

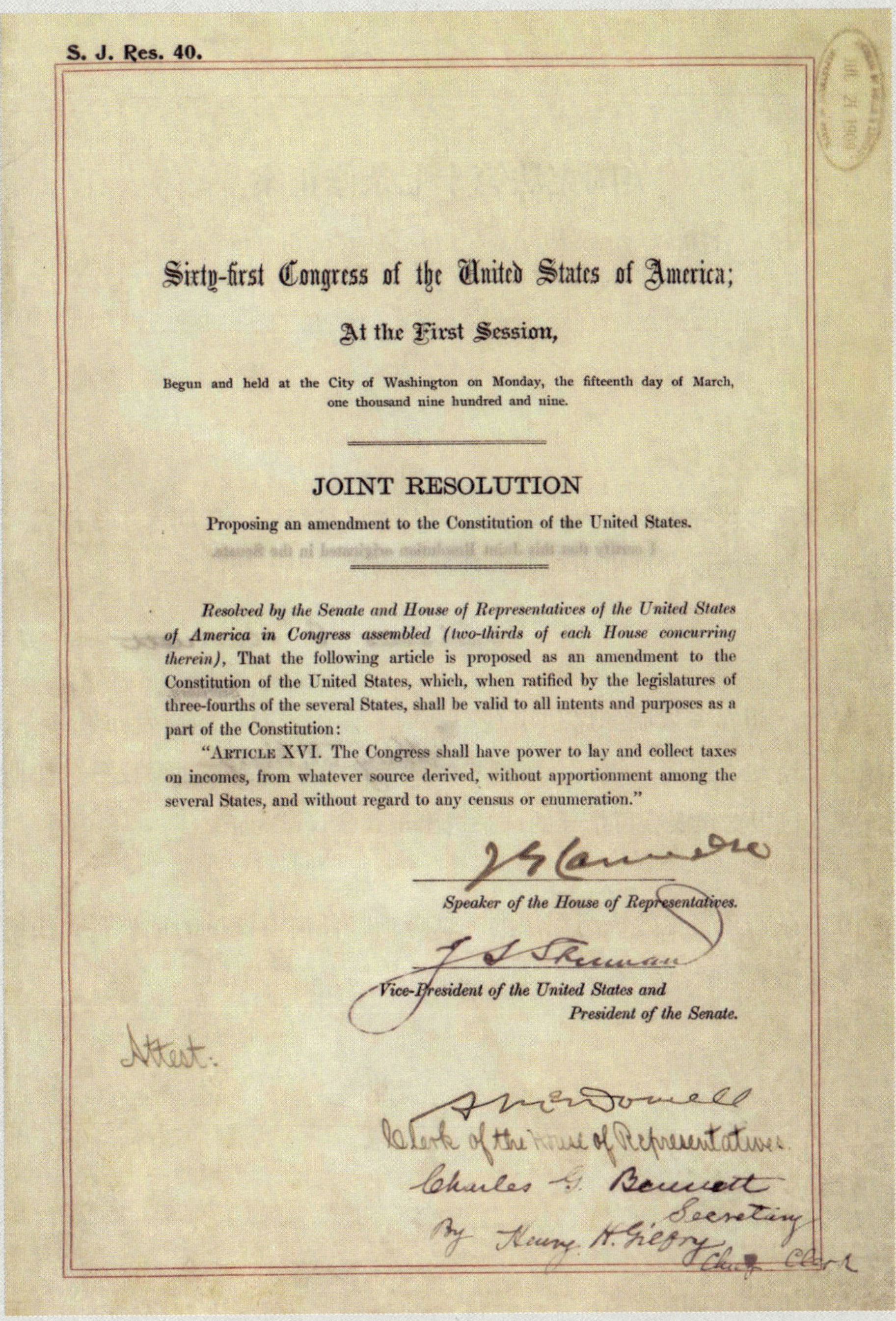

S. J. Res. 40.

Sixty-first Congress of the United States of America;

At the First Session,

Begun and held at the City of Washington on Monday, the fifteenth day of March, one thousand nine hundred and nine.

JOINT RESOLUTION

Proposing an amendment to the Constitution of the United States.

Resolved by the Senate and House of Representatives of the United States of America in Congress assembled (two-thirds of each House concurring therein), That the following article is proposed as an amendment to the Constitution of the United States, which, when ratified by the legislatures of three-fourths of the several States, shall be valid to all intents and purposes as a part of the Constitution:

"ARTICLE XVI. The Congress shall have power to lay and collect taxes on incomes, from whatever source derived, without apportionment among the several States, and without regard to any census or enumeration."

Speaker of the House of Representatives.

Vice-President of the United States and President of the Senate.

Attest:

Clerk of the House of Representatives.

Charles G. Bennett
Secretary

By Henry H. Gilfry
Chief Clerk

《美国宪法第十六条修正案》原件

*

美国宪法第十七条修正案①

17th Amendment to the United States Constitution

第一款

合众国参议院由每州人民选举的两名参议员组成，任期六年；每名参议员有一票表决权。每州选举人应具备该州议会中人数最多一院选举人所必需的资格。

第二款

任何一州在参议院的席位出现空缺时，该州行政机构应发布选举令，以填补此空缺；任何一州议会可授权本州行政首长任命临时参议员，任期到该州人民根据州议会可指导的选举选出正式参议员为止。

第三款

在本条修正案生效成为宪法的一部分前，任何参议员的选举及其任期不受本修正案影响。

① 本条宪法修正案1912年5月13日经国会通过，1913年4月8日获四分之三州批准生效。该条宪法修正案修正了《美国宪法》第一条第三款，规定参议员和众议员一样，都由选民直选产生。

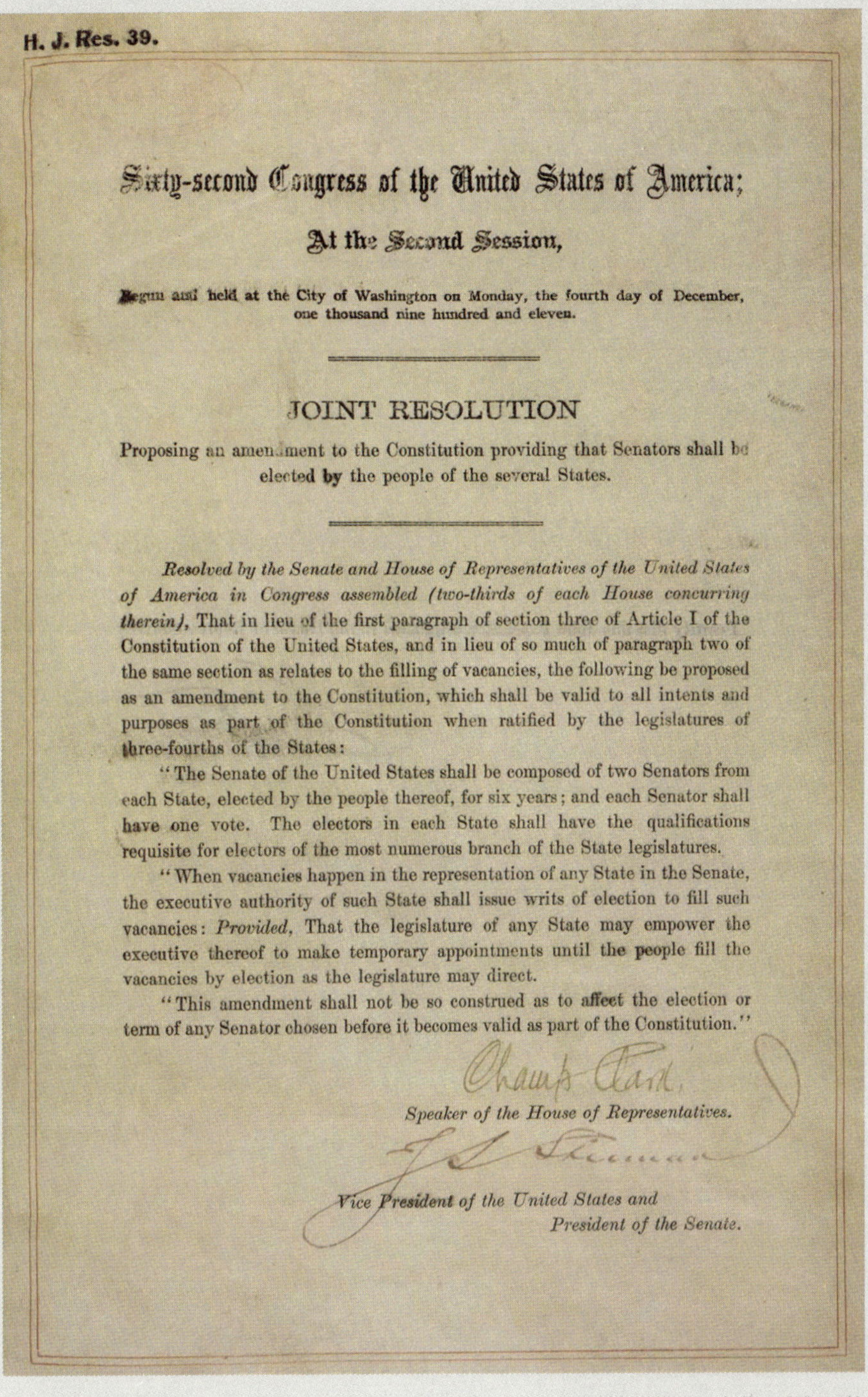

H. J. Res. 39.

Sixty-second Congress of the United States of America;

At the Second Session,

Begun and held at the City of Washington on Monday, the fourth day of December, one thousand nine hundred and eleven.

JOINT RESOLUTION

Proposing an amendment to the Constitution providing that Senators shall be elected by the people of the several States.

Resolved by the Senate and House of Representatives of the United States of America in Congress assembled (two-thirds of each House concurring therein), That in lieu of the first paragraph of section three of Article I of the Constitution of the United States, and in lieu of so much of paragraph two of the same section as relates to the filling of vacancies, the following be proposed as an amendment to the Constitution, which shall be valid to all intents and purposes as part of the Constitution when ratified by the legislatures of three-fourths of the States:

"The Senate of the United States shall be composed of two Senators from each State, elected by the people thereof, for six years; and each Senator shall have one vote. The electors in each State shall have the qualifications requisite for electors of the most numerous branch of the State legislatures.

"When vacancies happen in the representation of any State in the Senate, the executive authority of such State shall issue writs of election to fill such vacancies: *Provided,* That the legislature of any State may empower the executive thereof to make temporary appointments until the people fill the vacancies by election as the legislature may direct.

"This amendment shall not be so construed as to affect the election or term of any Senator chosen before it becomes valid as part of the Constitution."

Champ Clark

Speaker of the House of Representatives.

Vice President of the United States and President of the Senate.

《美国宪法第十七条修正案》原件

美国宪法第十九条修正案[①]

19th Amendment to the United States Constitution

第一款

合众国或任何一州不得因性别而否认或剥夺合众国公民的选举权。

第二款

为实施本条修正案，国会有权适当立法。

① 本条宪法修正案1919年6月4日经国会通过，1920年8月18日获四分之三州批准生效。

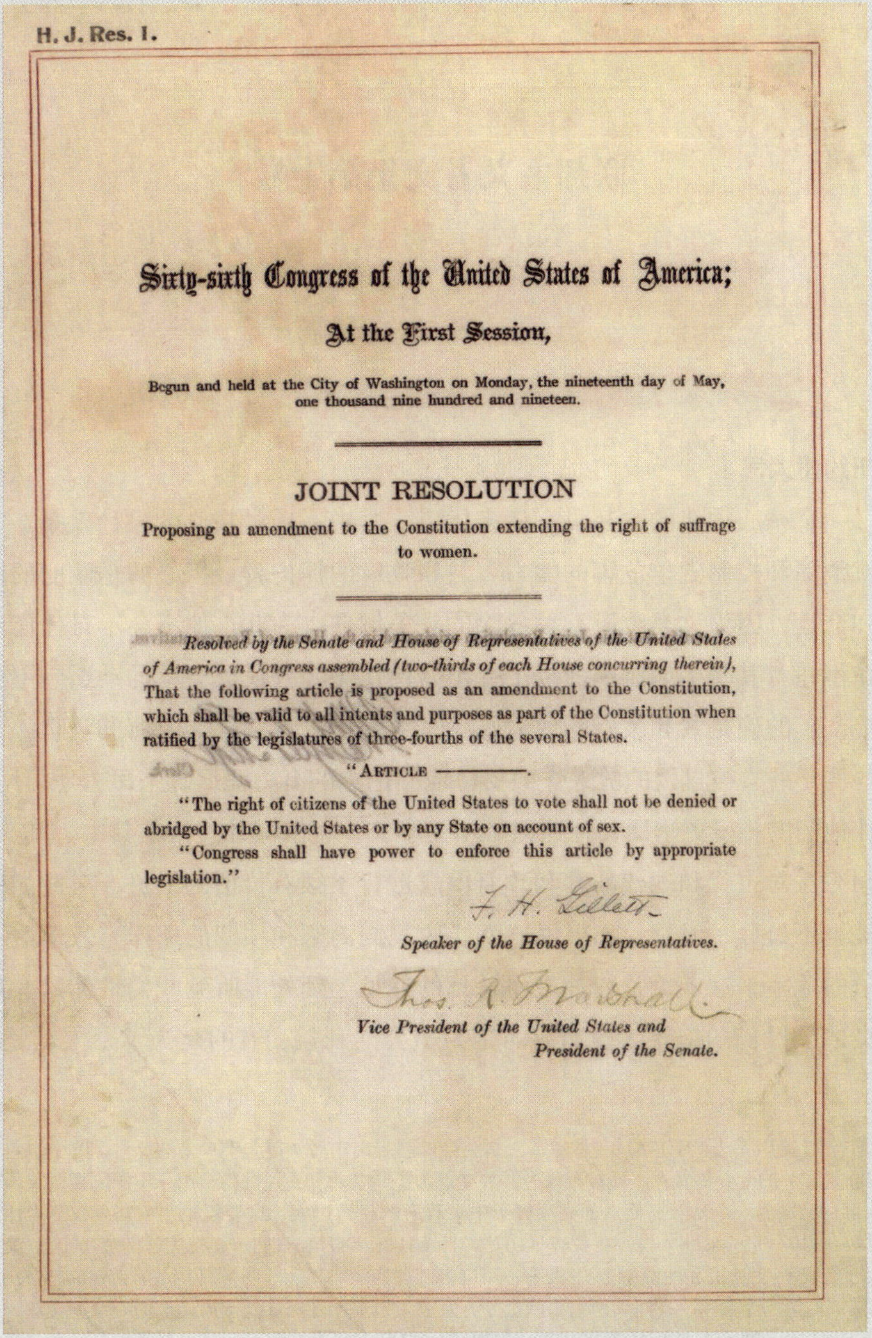

H. J. Res. 1.

Sixty-sixth Congress of the United States of America;

At the First Session,

Begun and held at the City of Washington on Monday, the nineteenth day of May, one thousand nine hundred and nineteen.

JOINT RESOLUTION

Proposing an amendment to the Constitution extending the right of suffrage to women.

Resolved by the Senate and House of Representatives of the United States of America in Congress assembled (two-thirds of each House concurring therein), That the following article is proposed as an amendment to the Constitution, which shall be valid to all intents and purposes as part of the Constitution when ratified by the legislatures of three-fourths of the several States.

"ARTICLE ———.

"The right of citizens of the United States to vote shall not be denied or abridged by the United States or by any State on account of sex.

"Congress shall have power to enforce this article by appropriate legislation."

F. H. Gillett

Speaker of the House of Representatives.

Thos. R. Marshall

Vice President of the United States and President of the Senate.

《美国宪法第十九条修正案》原件

*

联邦主义者文集第十号①

The Federalist: No. 10

致纽约州人民：

一个精心构建的联邦具有诸多优点，其中一项最精心的设计就是，它具有消除和控制党争危害的能力。共和政府的拥护者最担心的是政府的性质和命运，因为这类政府有种危险的党争倾向。为此，他不会不对任何计划在不违背其基本原则的前提下提出防治措施。公民议会上的动荡、不公和混乱，的确是共和政府的致命弱点，随处可以看到这类政府的消亡；而这些例子一直被自由的敌人作为支持他们论点的有力证据翻来覆去地引用，以让他们的雄辩更华丽，但这只是华而不实，金玉其外，败絮其中。其实，美国宪法对古代和现代的共和政府模式进行了很有价值的改进，对此如何赞美也不过分；但是，如果说这就能像我们渴望和预期的那样有效地避免党争的危险，这未免是一种显而易见的偏见。到处能听到我们最体贴、最善良的公民们的抱怨。他们有的是为了公共利益，有的是为了个人利益；

① 《美国宪法》于1787年9月17日由制宪会议制定出来后，遭到不少人的反对，其中也包括《独立宣言》的部分签署人。反对者认为，独立就为了让各州和人民获得自由，不能刚摆脱英国暴君，再自己培养一个暴君；而这部宪法授予中央政府的权力过大，这会侵犯州权和人权。为让宪法尽快获得9个州的批准生效，在1787年10月27日至1788年8月16日间，支持宪法的亚历山大·汉密尔顿、詹姆斯·麦迪逊和约翰·杰伊三人统一用笔名“普布利乌斯”（古罗马执政官Publius Valerius Publicola的第一个名字）在纽约两家报纸上公开发表了77篇阐述宪法及政府运作的一系列文章，这77篇文章与他们的另外8篇共85篇在1788年被编为《联邦主义者文集》，其中51篇出自汉密尔顿手笔，26篇出自麦迪逊手笔，5篇出自杰伊手笔，另外3篇是麦迪逊和汉密尔顿合写的。文集中的第10篇和第51篇被公认为是文集中最有影响力的作品。本篇重点论述了政党在国家形态中的作用。

有的是为了公共自由,有的是为了个人自由。他们抱怨我们的政府太不稳定;抱怨敌对党派的冲突无视公共利益;抱怨朝令夕改,制定政策不是按照公正的法则,也不考虑少数群体的利益,完全由利益相关的、气势汹汹的大多数支配。不管我们多么希望这些抱怨是毫无根据的,但证据和所知的事实却不允许我们否认他们的抱怨在某种程度上来说是有一定道理的。站在我们的立场上开诚布公地讲,我们认为,劳动人民的苦难有的确实是由政府管理不当造成的,但与此同时我们也认为,任何其他因素都不能单独引起我们所有的不幸,尤其是,人们越来越怀疑公共契约,越来越在意个人权利,这些情绪在我们这块大陆上不断蔓延、放大。即使不是全部原因,这些也是造成不稳定和不公的主要原因,在这种环境里,党派倾轧之风污染了公共管理。

我的理解是,党派就是在某些共同情感和共同利益驱使下联合起来的一群公民,不管这群公民对于整体来说是多数还是少数,但他们的追求不利于其他公民的权利或社会整体的长远利益。

治理党争的危害有两种方法:其一是消除党争的根源;其二是控制党争的影响。

消除党争的根源也有两种方法:其一是铲除党争赖以生存的自由土壤;其二是为所有公民提供同样的舆论、同样的关爱和同样的利益。

确切地说,第一种方法也就是铲除党争赖以生存的自由土壤比党争本身的危害还大。自由对党争来说,犹如空气对火。但是,如果因为自由滋养了党争就废除自由,这再愚蠢不过了,因为自由是政治生活的必要条件;这和因为空气助燃了火,为了消除火的破坏力就灭绝火的中介空气一样愚蠢,因为空气是动物生存的必要条件。

和第一种方法是愚蠢的一样,第二种方法也是行不通的。既然不能保证人的理智会永远正确,而人又有表达自己想法的自由,那么,就必然会形成一些不同的观点。既然人的理智和利己心同时存在,那么,人的观点和欲望就会相互作用,而欲望是由观点决定的。人的能力差异是财产权的源泉,它也是达成利益一致所无法逾越的障碍。政府的首要目标就是保护人的能力差异。由于对人们的多样性并且不均等的获得财富的能力的保护，就出现了对各种财富不同程度的占有；又由于对各种财富不同程度的占有对财产所有者的情绪和观点的影响，社会就分化出不同的利益群体和党派。

人性中党争的潜在根源就是这么来的；党争无处不在，根据公民社会环境的不同，党争的激烈程度各异。不管是内心推测还是实际表现，对宗教、对政府以及对其他各种事务所持不同观点的热情，对那些野心勃勃、争权夺利的领袖人物的追随，以及对那些拥有足以引起他人关注的财富的人的谄媚，都会把人类分化出不同的党派，在他们之间燃起互相仇恨的火焰，使他们彼此惹怒打压，而不是为共同利益去协商合作。

人类这种互相仇恨的倾向如此强烈，即使没有引发仇恨的充分理由，哪怕鸡毛蒜皮的琐事和凭空想象的差别就足以激发他们之间的敌对情绪，挑起最激烈的冲突。但是,各种形式的财富分配不公是党争最普遍的长期根源。有产者和无产者已经在社会上形成了截然不同的利益群体。对那些债权人和债务人来说，其差别也是如此。逐步发展起来的地产业主群体、制造业主群体、商业老板群体、资本家群体，以及其他一些较小规模的群体，是文明国家发展的必然，实际上，这些利益群体根据不同的情绪和观点自然分成了不同的阶级。现代立法机构的主要任务就是，调节这些不同的和互相倾轧的利益群体之间的关系，从而使政府必要的日常管理也出现了党派和党争的情绪。

任何人都不得充当牵扯到自己案件的法官，这是因为，他自身的利益会驱使他做出不公正的判决，甚至腐蚀他的廉正，这并不是不可能。仅仅就凭这一条理由，一伙人不能同时既是法官，又是案件当事人。那么，立法机构通过的很多最重要的法案也包含大量司法裁决，确实不涉及个人利益，而是为了公民群体利益，这算什么？那些来自不同阶级的立法者同时既是他们所裁决案件的法官，又是当事人，这又算什么？提出过关于私人债务的法律吗？问题是，债权人是一方当事人，而债务人则是另一方当事人，法官在这两方当事人之间起着举足轻重的决定性作用。政党是,也必定是法官；多数党,或者说最有势力的党派必定能获胜。譬如,应该支持国内制造业吗？

支持力度该多大？需要限制外国产品进口吗？对这些问题，地产业主阶级和制造业主阶级会有不同的答案，他们也许既不考虑公正，也不考虑公共利益。摊派各种财产税似乎需要一部最公正的法律，然而，也许没有如此不公的法案，让一个势力强大的政党有如此大的机会和诱惑去践踏正义法则，他们让少数群体多担负一分钱的税，就相当于为他们自己省下一分钱。

有人认为，开明的政治家能够调整这些利益冲突，让它们服从于公共利益。这种观点是毫无根据的。开明的政治家并不能总是大权在握。在很多情况下，如果不进行直接和长远考虑，这种利益调节根本不可能，因为一个党派总是寻求眼前利益，而忽视其他党派的权利或社会整体利益，在这种情况下，直接和长远考虑就难以取得优势了。

基于上述论述，我们可推论出:党争是不可能根除的，我们所要做的是，寻找控制其危害的方法。

当党争牵扯到少数人时，我们就可以采取共和的原则来控制党争危害，通过定期选举让多数人击败党争的险恶用心。虽然说选举可能会给政府管理带来一些负面影响，甚至会引起社会震动，但是，选举在宪法框架内既不会实施暴力，也无法掩盖暴力。另一方面，当党争牵扯到多数人时，这就使一个民选政府可能为自己的兴趣或利益而牺牲公共利益和其他公民利益。我们探讨这些问题的主要目的，就是为了确保公共利益和私人权利免遭这样党争的危害，同时也捍卫民选政府的精神和形式。所以，我要说，这是一项紧迫的伟大任务，它可以澄清民选政府长期以来遭受的污蔑，让它受到人类的尊重并被采纳。

通过什么方法可以实现这一目标呢？显而易见，只能在这两种方法里选一种。要么必须防止让多数党派同时产生相同的追求和利益；通过人数和选区安排，让他们既不能协调，也不能实施各种压制性计划，防止他们形成同时存在共同追求和利益的多数党派。如果允许欲望的冲动有机会发作，很明显，仅凭道德或宗教动机无法对其进行控制。个体的非正义和暴力行为不含有任何道德和宗教因素，那么，结合在一起的人数越多，道德和宗教的力量就越薄弱，换言之，此时对道德或宗教力量的需求越紧迫。

《联邦主义者文集》的主要作者亚历山大·汉密尔顿

通过对这一主题的阐述，我们就可得出这样一个结论：纯粹民主根本不允许寻找治理党争危害的方法。我说的纯粹民主，是指一个由较小规模公民组成的社会，这些公民可以集会并亲自管理政府。在几乎所有情况下，共同的追求或利益能被大多数人感受到；政府本身进行了沟通并达成一致，在这种情况下，牺牲弱小党派或一个大家讨厌的个体的诱因就得不到检视。因此，这类民主一直是动荡纷争的舞台，一直与人身安全和个人财产权利背道而驰；通常来讲，纯粹民主是短命的，它往往死于暴力。可一些支持这类政府的理论政治家错误地认为，如果人类享有完全平等的政治权利，那么，他们必然同时在财产、观点和追求上能获得平等一致。

而共和政体——我指的是代议制民主——则截然不同，它允许寻求治理党争危害的方法。下面，我们通过探讨直接民主与代议制民主的不同点，就能明白这两种民主形式治理党争的不同性质，从而推导出联邦形式的共和政体的效能。

直接民主与共和政体两个最大的不同点是：第一，后者的政府委托给公民选举少数人；第二，后者能管理更多的公民，也能管辖更大的领土，从而可以使共和国扩大。

第一个不同的效果是，公民选出来的管理团队会提炼和推广公众观点，而管理团队的才智使他们能认识到什么是他们国家最实在的利益，他们的爱国精神和对正义的爱使他们最不可能为了临时和部分利益而牺牲国家利益。在这样一个机制下，由人民代表发出的民众声音比公民们在集会上发出的声音更能与公共福利保持一致。另一方面，共和政体也许会产生与之相反的结果。如果有党乱恶习、地方偏见或险恶用心的人通过阴谋诡计、贿赂或其他不正当的手段赢得选举，他们就会出卖人民的利益。由此带来这样一个问题：小共和国与大共和国比较，谁更有利于选出公共利益的真正捍卫者？很清楚，较大的共和国更有利于选出公共利益的真正捍卫者，这是因为以下这两个显而易见的原因：

首先要指出的是，小共和国不管多小，其人民代表必须达到一定的人数，以防止少数人的阴谋得逞；同样，大共和国不管多大，其人民代表的人数必须有所限制，以防止人多产生混乱局面。由此可见，小共和国和大共和国的代表人数与其公民总数的比例是不一样的，小共和国的这一比例相对高些，这样，如果大共和国具有代表素质的人的比例并不比小共和国的这一比例小，那么，大共和国选择代表的余地就更大了，选出合适代表的机会也就更大了。

再有，大共和国的一个人民代表由比小共和国更多的选民选出，这就让不适合做代表的候选人更难通过选举中常出现的一些卑鄙邪恶的手段当选；加之人民投票更自由，这就更容易把选票投给那些优点最突出、最受人民欢迎的已形成鲜明个性的候选人。

必须承认，正如和其他大多数情况一样，虽然两种方法各有缺陷，但我们可以两利相权取其重，两害相权取其轻。如果选民人数过多，那么，人民代表就不能全面了解当地的各种情况及一些较小利益；但如果选民人数过少，那么，人民代表就会过度关注当地利益，从而忽视了更大乃至全国利益。基于这方面的考虑，《美国宪法》则把这两方面进行了巧妙地组合；联邦国会负责重大和整体利益，州议会负责地方和个别利益。

第二个不同的效果是，与直接民主政府比较，共和国可以管理更多的公民和管辖更大的疆域；正因为如此，共和国的党派联合并不像直接民主政府那样严重。社会规模越小，党派和利益明显区分就越小；党派和利益明显区分越小，一个党派就更容易代表大多数；组成多数派的人数越少以及他们代表的地域越小，他们就更容易协调起来对少数派实施压制政策。如果扩大疆域，就会产生多种多样的政党和利益；在这种情况下，大多数人就很难形成侵犯其他公民权利的动机；即使这种动机存在，所有有这种动机的人也很难发现自己的能力并与其他人协调行动。姑且不论其他困难，我们也可发现，一旦意识到了非正义或耻辱的企图，需要协调行动的人数越多，他们彼此之间越不信任，沟通自然就会被阻断。

经过以上论述我们可以清楚地看到，在控制党争的负面影响方面，共和国比直接民主国家更具优势，大共和国比小共和国更具优势，联邦比组成联邦的各州更具优势。是不是那些具有开明观点和道德情操的人民代表具有这种潜在优势，使他们超越了地方偏见和不公正的意图呢？这毋庸置疑，联邦代表最有可能具备这些治国所需的才能。那么，这是不是意味着党派越多越安全，就可避免任何一个党派成为数量上的多数而压制其他党派呢？联邦内部党派数量增加，联邦的安全也相应增加。总而言之，不就是联邦可以让一个非正义的利益大多数的阴谋面对一些更大的障碍而不能实现吗？在此重申，联邦之所以具有最显著的优势，是因为它管辖的疆域扩大了。

党派领袖的影响力也许会在自己州煽风点火，但这种火焰不能蔓延到其他州，也不至于在整片国土上形成火海。联邦某个地方的一个宗教派别可以演变为政治派别；但是，分散在全国各地的各种各样的宗教派别必然会保护全国教会免受任何一个宗教派别的威胁。诸如发行纸币、免除债务、平分财产等任何不当或邪恶计划的狂热，可以在一个州传播，但很难在整个联邦弥漫；这好比是一种病很容易在一个县或一个地区传染，但很难在整个州传染一样。

所以，我们能从联邦的疆域和完善的机构里找到克服共和政府最易发生的弊端的共和良药。我们既然这么高兴和自豪地拥护共和制度，我们也应以同样的热情爱护联邦精神，支持联邦主义者的观点。

普布利乌斯

*

联邦主义者文集第五十一号[①]

The Federalist: No. 51

致纽约州人民：

现在我们要讨论的是，采取何种方法才能确保在实践中政府各部门只行使宪法赋予的权力？这个问题只能有一个答案，那就是，既然所有这些外部规定并不充分，只有通过设计政府的内部结构来改进缺陷，即通过组成政府的几个部门之间的相互制约关系，确保每个部门安守本分不越权。我不想对这一重要观点进行全面阐述，在此只冒昧地对此进行几个方面的一般性考察，这也许能把它阐述清楚，让我们对宪法设计的政府原则和结构有更正确的判断。

为了让政府的不同权力分立并各自履行自己的职责，这就需要建立一个恰当的基础，允许各方面有必要捍卫一定程度的自由，因为显而易见，每个政府部门都有自己的意愿；如此组织起来的政府每个部门的人员对其他部门的人员任命就几乎不会产生影响力。

要想严格遵守这一原则，就必须要求对最高行政机构、立法机构以及司法机构的官员任命出自同一权力来源，即人民，尽管各自任命的渠道并不相同。

在实践中，关于政府各部门的构成的难度也许并不比设计这一计划的难度大。当然，这样的政府在运行中会有一些困难，也会产生额外的费用。

① 本篇论述了直接民主和代议制民主的区别，驳斥了“大国人多不能搞民主”的荒谬观点。

要允许在执行这一原则时有些差异。例如，在司法系统内过分强调这一原则就显得不明智：首先，不同司法人员的任职资格也不尽相同，这尤为重要，由此，优先考虑的问题是，用什么样的选拔模式能确保选出合格的司法人员；其次，由于司法人员的任期是终身的，这样，被任命的人很快就消除了对任命他的权力的所有依赖想法。

同样显而易见的是，政府各部门人员的报酬应尽量不依赖于其他部门的人员。在薪酬方面，如果行政官员和法官不独立于立法机构，那么，他们的独立性就虚有其名。然而，防止权力逐步集中到一个部门的最有效的保证就是，给每个部门的领导抵制其他部门侵犯的必要的宪法手段和个人动机。在这方面与其他情况一样，防卫规定必须与受到的攻击危险程度相称。要以眼还眼，以牙还牙。一地之居民的利益必须与宪法规定的该地区的权利联系在一起。这似乎是对人性的一种侮辱，但只有这种机制才能控制政府滥权。试问，对人性的最大侮辱，难道还不是政府本身吗？如果人是天使，就不需要政府了。如果让天使管理人，也无需对政府进行外部的或内部的控制。在组建一个由人管理人的政府时，最大的困难就是：你必须首先确保政府能够控制被管理者，然后再强迫政府控制自己。

毫无疑问，依靠人民是对政府最主要的控制；但是，历史的经验告诉人们，其他辅助防范措施也很有必要。可以通过建立利益对立和竞争关系来保证优良动机的实现，这种措施在整个人类事务活动中并不鲜见，不管在个体领域，还是在公共领域。我们会看到，人们在向下分配权力时，一直是采用由几个部门互相监督的措施，使每个部门自己的利益成了公共利益的哨兵。在州最高权力的分配时，也不能降低这种谨慎的创意要求。但是，没有必要给各个部门同等的自卫权。在共和政体中，立法机构必须处于主导地位。但可以把立法机构分成几个不同的分支来弥补它自身的不便利；不同的分支用不同的选举模式产生，它们的公共职能和对社会的公共防御性质允许他们之间尽量少联系。用更进一步的预防措施来防止侵犯的危险也许更有必要。正因为立法权如此重要，才要求它分成几个分支；而另一方面，行政部门的权力较弱，应该加强对它的防卫。

乍一看，如果完全否决立法机构似乎是行政官员的自然防卫武器。但是，它也许既不安全，仅靠这一手段也不充分。平时，它不会被严格地使用；而在非常时期，它往往又会被滥用。如果在较弱的部门和较强部门的较弱分支之间建立有效的联系，使后者能够支持前者的宪法权利，而不至于从自己的部门被剥夺过多的权力，那么，这种缺陷难道就不能得到弥补吗？如果提供这些观察的原则是正确的，在此，我们假定是正确的，那么，它们就可以被用作各州宪法的准则，而对联邦宪法来说，如果它不能很好地应用这些原则，那么，州宪法就更不能承受这种考验。

另外，适用于美国联邦制度的两种考虑，使这一制度更加诱人。首先，在单一共和国，人民把所有权力授予一个政府行使；并且，把政府分成若干个不同的分立部门以防人民的权力被篡夺。在美国混合型共和国，人民首先把权力授予两个不同的政府，然后再在两个不同的政府里把所授予的权力分配给若干个不同的分立的部门。就这样，人民权利的安全有了双重保险。这两种不同的政府会互相制约，同时，每个政府又都有自己的制约机制。其次，在一个共和国内，不但要保护整个社会免遭统治者的压制，还要保护社会中某一部分免遭另一部分不公正的待遇。不同阶层的公民必然存在不同的利益。如果多数人被共同利益联合起来，那么，少数人的利益就会受到侵犯。

有也只有两种方法可以预防这种不幸的发生：其一，在社会上建立一种意志，使之独立于多数派，也就是社会本身；其二是把社会分化成多种类型的公民，使它们没有机会联合成非正义的多数派，至少是很不可能。第一种方法在世袭政府或自封权力的政府里很流行。但这充其量只是一个朝不保夕的安全状态。这是因为，一个独立于社会的权力既能支持少数派的正当利益，也能支持多数派的非正义观点，同样也有可能既反对少数派，又反对多数派。第二种方法我们可用联邦共和国作例子解释。在合众国，所有权力来自社会并依赖于社会；而社会本身分裂成很多群体，包括利益集团和公民阶级等，这样，个人权利或少数派的权利受到的来自利益联合的多数派的威胁就小。

一个自由政府，必须像捍卫宗教权利那样捍卫公民权利，这包括公民利益的多样性和宗教派别的多样性。公民权利和宗教权利的安全程度取决于公民权利的多寡和教派数量的多少；进而推论，取决于一个政府所统辖的国土面积大小和人口多少。基于这一观点，就把一个合适的联邦政府推荐给所有支持共和政府的真诚的朋友们，这是因为，如果把合众国的国土分成更多的联盟或州，这就让联合成压制性多数派更加容易。这样，在共和政体下，对任何一个公民阶层的权利的最大安全保障就会被削弱，政府某些部门的稳定性和独立性作为另一安全保障就相应增强。正义既是政府的目标，也是社会的目标。在真正获得正义或为追求正义失去自由前，正义一直被追求，过去、现在以及将来都是如此。在一个很容易结成强大党派压制弱小党派的社会模式里，可把无政府状态坦诚地说成是一种原始状态的统治，在那里，弱小者无法抵御强大者的侵犯；因为在原始状态下，强大者往往也要依赖于一个既能保护弱者又能保护强者的政府;所以，在无政府状态下，相同的动机就会渐渐形成最强大的党派，希望建立一个保护所有党派的政府，在保护弱者的同时也保护强者。

如果罗得岛州从联盟中分离出去独立，毫无疑问，在如此狭小的地域上建立起来的流行的政府模式，其权力就会被不断形成的多数派反复压制，党争的纷乱导致暴政，从而要求完全不受人民支配的权力。合众国作为幅员辽阔的共和国，存在多种利益、党派和教派，除了为了正义和全民福利外，为其他原则在整个社会里联合成一个多数派的可能性几乎没有；这样，多数派对少数派的侵犯风险就会降低。同样，由于政府有了不依赖多数派或者说不依赖社会本身的意愿，少数派要求保护自身利益安全的借口也就少了。尽管存在不同观点，但我们认为，就从实际疆域范围而言，社会越大越适合自治。这一论点不但重要，也是毫无疑问的。对共和国的事业有利的是，我们可以通过对联邦原则进行明智的修正和综合，让共和国的疆域大幅扩展。

普布利乌斯

*

华盛顿首任总统就职演讲[①]

President Washington's First Inaugural Speech

参议院和众议院的同胞们：

你们令人送来的通知我于本月 14 日收悉，这是我人生中最难以取舍的事情。

一方面，祖国召唤我，我一直对祖国召唤满怀热情，恭敬服从。我一直渴望隐退，这是我垂暮之年最好的归宿。我日益感到隐退对我的重要性，因为个人增加了一些嗜好，身体时有小恙，健康日损。另一方面，祖国召唤我履行的职责如此艰巨，即使最德高望重、才智超群的人也对自己的能力有所顾忌，况且我天生愚钝，才疏学浅，并且缺乏安邦治国经验，更应深刻检讨自己的不足，担心自己难以肩负如此重任。我内心充满矛盾，我敢说，我在以往参与的各种事件中，能够正确判断局势，认真履行职责。但我也不得不说，我过去处理一些事件的方式以及我的公民同胞对我的完全信任会影响到我履行总统职责，由此忽视了自己的能力不足，对我所面临的重大事情不能深思熟虑，如此，我的失误就会因被各种误导的动机所轻描淡写，

① 华盛顿正式收到他当选为美国总统的通知后两天，1789年4月16日，他离开弗吉尼亚州波多马克河畔的弗农山庄前去纽约赴任，4月23日抵达纽约。国会安排在华尔街的联邦大厅的阳台上举行总统宣誓就职仪式，以让更多的百姓毫无差别地见证这一神圣庄严的时刻。1789年4月30日中午过后，华盛顿走向阳台，由纽约州大法官罗伯特·利文斯顿领读《美国宪法》规定的总统誓词，然后亲吻了《圣经》，大法官高呼“美国总统乔治·华盛顿万岁”，接着鸣放礼炮13响。按照国会制定的总统宣誓就职程序，美国首任总统就职典礼至此结束，并没安排华盛顿演讲。华盛顿回到参议院后，主动要求发表这篇演讲。

而起初就对我偏心的同胞们也不能公正评估这种失误的后果。

这就是此时此刻我在服从公众召唤时的感想。这是我的首次官方活动，我诚挚地恳请主宰宇宙并管理各国政府的全能的上帝，愿上帝的眷顾弥补人类的任何不足；愿上帝的恩惠献给合众国人民的自由和幸福，而自由和幸福就是人民组建自己政府的最首要的目的；愿上帝的祝福使这个政府的任何机器都能顺利运转，履行好分配给自己的职责。在我向创造了一切公共利益和个人利益的造物主表达这份感激之情时，我相信，这不仅是我自己的崇敬，你们在座的对上帝的崇敬比我毫不逊色，那些未到场的公民同胞对上帝的崇敬比我们在场的任何人也毫不逊色。世界上没有任何一个其他民族像美国人这样笃信上帝用无形的手管理着人间事务。美国人民在独立斗争的征程上，每一步都受到上帝的保佑；在这次改善联邦政府的重大改革中，大家心平气和地审议，并在多数截然不同的社区达成共识，[①] 这在世界政府组建史上是绝无仅有的，大多数政府的建立过程因没有对未来祝福的虔诚希望，也就没有对上帝的感恩之情。危急关头，这些想法一直萦绕在我脑海里，我相信，你们也会有同感，如果没有上帝的佑助，一个新的、自由的政府就不会如此朝气蓬勃地出现。

根据（宪法）关于行政部门的条款，总统“向国会提出他认为必要和恰当的措施供考虑”。现在，我与大家会面的这个场合无须讨论这个话题，只需提示一下我们伟大的宪法，诸位正是依据这部宪法在此集会的，宪法还规定了你们的权限，提出了你们应关注的领域。

我对此感慨万千，在这种情况下，我不想提出一些具体的举措，而是要称颂设计和通过这部宪法的人的才能、公正和爱国精神。

从这些可贵的品质中，我看到了值得信赖的誓言。一方面，这部宪法没有体现出地区性偏见和附加条件，也没有意见分歧和党派争斗，这样就不会误导公众，人们能用平等的眼光看待代表各方利益的伟大联合；另一

---

① 指各州审议并通过《美国宪法》。《美国宪法》于1787年9月17日完稿后，要经过当时13个州的9个州批准方可生效。1788年6月21日，《美国宪法》被第9个州南卡罗来纳州批准后开始生效。

方面，我们国家的政策基础将建立在个人道德的纯真、永恒的原则上，自由政府的优越性在于它拥有赢得民心和世界尊重的所有特质。

当我满怀信心地思量着这幅愿景，对祖国的挚爱之情油然而生。这是因为，在经济和自然法则之间，存在着美德与幸福的最完美牢固结合；存在着责任与利益的最完美牢固的结合，存在着真诚的格言、宽容的政策与和谐的繁荣之间的最完美牢固的结合；这还因为，我们应该相信，任何一个国家破坏了上帝亲自制定的永恒的法则和秩序，这个国家就再也不会看到上帝仁慈的微笑；这还因为，自由的圣火和经过深思熟虑的共和政体的命运与这场试验密切联系在一起，并最终托付给美国人民。

除了提请诸位需要考虑的一般事务外，你们还需对宪法第五条所赋予的临时权力的行使范围做出定夺，这一条是对目前激烈反对这一政府制度的权宜之举，它也许会给反对派带来某种程度的顾虑。关于这个问题，我并没有从我公职上获得经验，因此也就无法给诸位一些建议，但我完全信任你们的洞察力和对公共利益的追求；我相信，只要你们谨慎地修改不至于危及合众国有效政府的利益，不至于成为未来的重大失误，凭你们对公民权利的尊重和对社会和谐的关切，你们能够矢志不渝地强化前者，发展后者。

除了上述一些意见，我还要补充一点，这个问题在众议院讲更合适。关于我个人问题，长话短说，在国家为争取独立自由而艰苦奋斗的前夕，我第一次响应召唤为祖国效劳，我对我职责的深刻认识让我放弃任何对我个人的金钱报酬，我一直信守自己的这一诺言，现在仍然如此，领取任何对我个人的金钱报酬，对我来说都是不合适的，但对政府行政部门而言，一定的金钱花费是必不可少的，这一规定可列入法律。所以，我恳请各位，对我总统职位的拨款，仅限于公共利益的实际开支需要，我个人并不要求获得任何报酬。

在此相聚让我感想颇多，我说出了自己的一些想法，在我离开前，我再次谦卑地祈祷，恳请上帝福佑美国人民，赐给美国人民和平与安宁，为联邦的安全和幸福的提升，全国人民团结在一起共同塑造政府制度；故此，

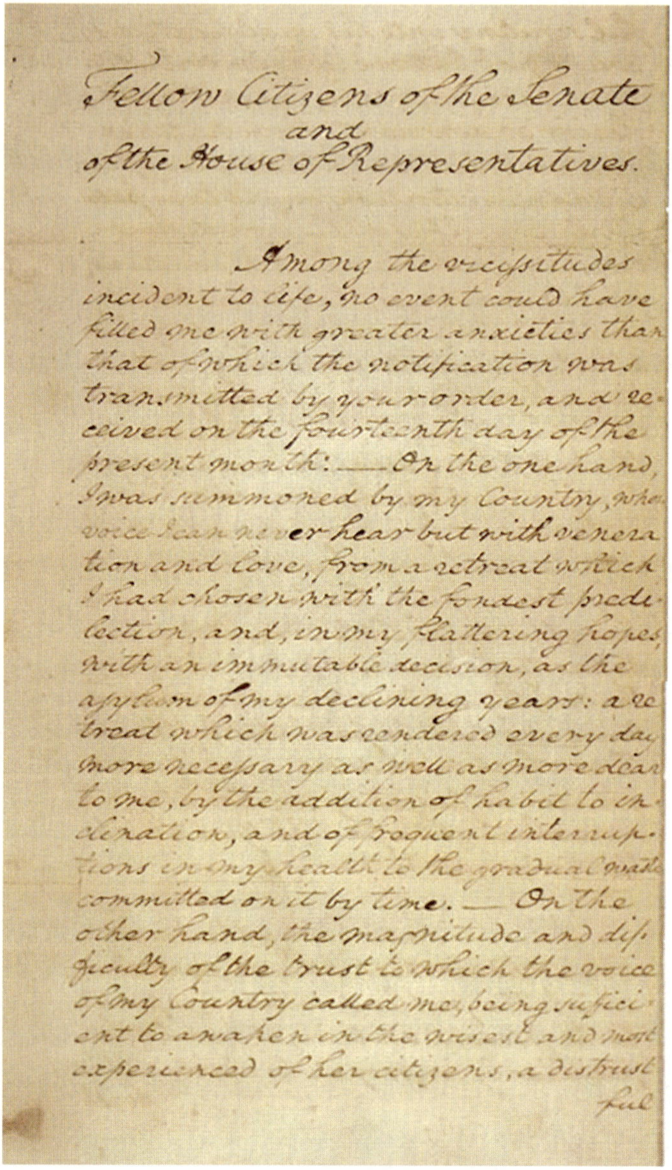
Fellow Citizens of the Senate
and
of the House of Representatives.

Among the vicissitudes incident to life, no event could have filled me with greater anxieties than that of which the notification was transmitted by your order, and received on the fourteenth day of the present month: — On the one hand, I was summoned by my Country, whose voice I can never hear but with veneration and love, from a retreat which I had chosen with the fondest predilection, and, in my flattering hopes, with an immutable decision, as the asylum of my declining years: a retreat which was rendered every day more necessary as well as more dear to me, by the addition of habit to inclination, and of frequent interruptions in my health to the gradual waste committed on it by time. — On the other hand, the magnitude and difficulty of the trust to which the voice of my Country called me, being sufficient to awaken in the wisest and most experienced of her citizens, a distrust
ful

《华盛顿首任总统就职演讲》手稿第一页

上帝的神圣福佑必将更加深远，只要集思广益、和平协商就不愁没有施政良策，美国政府就一定能够成功。

乔治·华盛顿

*

联邦司法法案[①]

Federal Judiciary Act

美国国会于 1789 年 3 月 4 日星期三在纽约市提出本法案。

关于建立合众国法院的法案。

第一条

美利坚合众国参议院和众议院决定：建立合众国最高法院，最高法院由 1 名首席大法官和 5 名大法官组成[②]。法定最低人数为 4 人；每年应在政府所在地举行两次会议，第一次会议在 2 月的第一个星期一召开，第二次会议在 8 月的第一个星期一召开。大法官根据其任命日期享有优先次序，如果两名以上的大法官在同一日期任命，则他们的优先次序依据年龄而定。

---

① 《联邦司法法案》于1789年9月24日经华盛顿总统签署后成为法律，该法案详细规定了联邦司法系统的组成、管辖及诉讼程序。该法案虽被国会多次修正，但其基本框架一直未变，它为美国司法系统规划了永久的蓝图，被政治家和法学家称为“国会通过的最重要和最令人满意的法律”。《联邦司法法案》共35条，本文是前11条的译文。

② 联邦最高法院初设1名首席大法官和5名大法官，在此后的80年里一直没变化。从1869年起才把人数定为1名首席大法官和8名大法官。

第二条

美利坚合众国参议院和众议院还决定，将美国划分为 13 个司法辖区[①]，它们的管辖和名称分别是：缅因司法辖区，坐落于新罕布什尔州东部，管辖马萨诸塞州的部分地区；新罕布什尔司法辖区，管辖新罕布什尔州；马萨诸塞司法辖区，管辖马萨诸塞其他地区；康涅狄格司法辖区，管辖康涅狄格州；纽约司法辖区，管辖纽约州；新泽西司法辖区，管辖新泽西州；宾夕法尼亚司法辖区，管辖宾夕法尼亚州；特拉华司法辖区，管辖特拉华州；马里兰司法辖区，管辖马里兰州；弗吉尼亚司法辖区，管辖弗吉尼亚州，但不包括肯塔基司法辖区管辖的弗吉尼亚州部分；肯塔基司法辖区，管辖不在弗吉尼亚司法辖区范围的弗吉尼亚州的剩余地区；南卡罗来纳司法辖区，管辖南卡罗来纳州；佐治亚司法辖区，管辖佐治亚州。

第三条

美利坚合众国参议院和众议院决定还决定：在上述每个司法辖区设一地区法院，地区法院由一名法官组成[②]，被称作是地区法官，地区法官应在本司法辖区居住。地区法院每年开庭 4 次，第一次开庭的日期为：纽约司法辖区地区法院和新泽西司法辖区地区法院在每年 11 月的第一个星期二开庭；宾夕法尼亚司法辖区地区法院在每年 11 月的第二个星期二开庭；康涅狄格司法辖区地区法院在每年 11 月的第三个星期二开庭；特拉华司法辖区地区法院在每年 11 月的第四个星期二开庭。上述 11 月从下一个 11 月起生

---

① 随着美国版图和人口的增加，现在美国共有94个司法辖区。

美国1891年还设立了联邦上诉法院，上诉法院是联邦司法系统中第二高级法院，负责审理案件，以减轻最高法院的负担。在上诉法院下设13个地区巡回上诉法院和1个合众国联邦巡回上诉法院。上诉法院复审其辖区地区法院判决，同时也复审独立监管机构颁布的法令。

美国每个司法辖区还设立一个合众国破产法院，美国的破产诉讼均在合众国破产法院进行，州法院无权审理破产案件。

美国还有两个特别法院，一个是国际贸易法院，负责审理涉及国际贸易和海关问题的案件；另一个是联邦索赔法院，负责审理涉及联邦政府合同纠纷案件以及向联邦政府索赔的各类案件，包括联邦政府非法占据私人财产索赔案件等。

② 现在美国共有94个联邦地区法院，共有678名法官，每个地区法院由2—20名法官组成，定期在其司法辖区的不同城市开庭。在联邦司法系统中，地区法院是唯一由大陪审团起诉被控有罪的被告并由小陪审团判决案件的联邦法院。

效。马萨诸塞司法辖区地区法院、缅因司法辖区地区法院和马里兰司法辖区地区法院在每年 12 月的第一个星期二开庭；佐治亚司法辖区地区法院在每年 12 月的第二个星期二开庭；新罕布什尔司法辖区地区法院、弗吉尼亚司法辖区地区法院和肯塔基司法辖区地区法院在每年 12 月的第三个星期二开庭。上述 12 月从下一个 12 月起生效。上述各司法辖区地区法院的其他三次开庭日期分别依次向后顺延 3 个日历月。南卡罗来纳司法辖区地区法院的 4 次开庭日期是:每年 3 月和 9 月的第三个星期一，每年 7 月的第一个星期一，每年 12 月的第二个星期一，从下一个 12 月起生效。地区法官有权在自己的司法辖区内设立特别法庭。各联邦地区法院的所在地分别是：缅因司法辖区地区法院在波特兰和颇那斯伯勒轮流，从前者开始；新罕布什尔司法辖区地区法院在埃克塞特和朴次茅斯轮流，从前者开始；马萨诸塞司法辖区地区法院在波士顿和塞勒姆轮流，从前者开始；康涅狄格司法辖区地区法院在哈特福特和纽黑文市轮流，从前者开始；纽约司法辖区地区法院在纽约市；新泽西司法辖区地方法院在新不伦瑞克和伯灵顿轮流，从前者开始；宾夕法尼亚司法辖区地区法院在费城和约克敦轮流，从前者开始；特拉华司法辖区地区法院在纽卡斯尔和多佛轮流，从前者开始；马里兰司法辖区地区法院在巴尔的摩和伊斯顿轮流，从前者开始；弗吉尼亚司法辖区地方法院在里士满和威廉斯堡轮流，从前者开始；肯塔基司法辖区地区法院在哈罗兹堡；南卡罗来纳司法辖区地区法院在查尔斯顿；佐治亚司法辖区地区法院在萨凡纳和奥古斯塔轮流，从前者开始；特别法庭设在各司法辖区地区法院所在地，如果地区法院在两地轮流，则由法官裁定选择其中一地，或根据案件性质选择司法辖区的任何其他地点。对只有一个地点的地区法院的司法辖区，审判案宗应存放在地区法院所在地；对有两个地点的地区法院的司法辖区，由法官决定将审判案宗存放在其中的何处。

第四条

美利坚合众国参议院和众议院还决定：上述各司法辖区，除缅因司法辖区和肯塔基司法辖区外，划分为三个巡回区，分别称为东部巡回区、中部巡回区和南部巡回区[①]。东部巡回区包括新罕布什尔司法辖区、马萨诸塞司法辖区、康涅狄格司法辖区和纽约司法辖区；中部巡回区包括新泽西司法辖区、宾夕法尼亚司法辖区、特拉华司法辖区、马里兰司法辖区和弗吉尼亚司法辖区；南部巡回区包括南卡罗来纳司法辖区、佐治亚司法辖区。上述各巡回区每年应在本巡回区内的各司法辖区开庭2次,被称作是巡回法院。巡回法院由任意2名最高法院大法官和地区法院法官组成，3人当中的任何2人构成法定人数。但是，地区法院法官不得对来自自己判决的上诉案件或错误案件投票，但可以表明他如此判决的理由。

第五条

美利坚合众国参议院和众议院还决定：各司法辖区的巡回法院首次开庭日期规定如下：新泽西司法辖区下一个4月2日，纽约司法辖区下一个4月4日，宾夕法尼亚司法辖区下一个4月11日，康涅狄格司法辖区下一个4月22日，特拉华司法辖区下一个4月27日；马萨诸塞司法辖区下一个5月3日，马里兰司法辖区下一个5月7日，南卡罗来纳司法辖区下一个5月12日，新罕布什尔司法辖区下一个5月20日，弗吉尼亚司法辖区下一个5月22日，佐治亚司法辖区下一个5月28日。上述各司法辖区巡回法院在第一次开庭之后的开庭日期分别顺延6个月，但南卡罗来纳司法辖区和佐治亚司法辖区除外。南卡罗来纳司法辖区巡回法院每年第二次开庭日期为10月1日，佐治亚司法辖区每年第二次开庭日期为10月17日；如果10月1日或10月17日是星期日，则开庭日期顺延一天至星期一。新罕布什尔司法辖区巡回法院的开庭地点在朴次茅斯和埃克塞特轮流，从前者开始；马萨诸塞司法辖区巡回法院开庭地点在波士顿；康涅狄格司法辖区巡回法院开庭地点在哈特福特和纽黑文轮流，从前者开始；纽约司法辖区巡回法院开庭地点在纽约市和奥尔巴尼轮流，从前者开始；新泽西司法辖区巡回法院开庭地点在特伦顿；宾夕法尼亚司法辖区巡回法院开庭地点在费城和约

① 美国现在的50个州共划分为11个联邦巡回区，每个巡回区设一联邦上诉法院（也称“巡回法院”或“巡回上诉法院”），用“第一”到“第十一”序号命名；另外还有哥伦比亚特区上诉法院和联邦巡回上诉法院，美国共有13个联邦上诉法院。

克敦轮流，从前者开始；特拉华司法辖区巡回法院开庭地点在纽卡斯尔和多佛，从前者开始；马里兰司法辖区巡回法院开庭地点在安纳波利斯和伊斯顿轮流，从前者开始；弗吉尼亚司法辖区巡回法院开庭地点在夏洛茨维尔和威廉斯堡轮流，从前者开始；南卡罗来纳司法辖区巡回法院开庭地点在哥伦比亚和查尔斯顿轮流，从前者开始；佐治亚司法辖区巡回法院开庭地点在萨凡纳和奥古斯塔轮流，从前者开始。巡回法院如认为有必要或根据联邦最高法院裁定，巡回法院有权在定期开庭日之外的任何其他日期开设特别法庭审理刑事犯罪案件。

第六条

美利坚合众国参议院和众议院还决定：联邦最高法院如果有一个大法官或几个大法官提议可以休庭，直到法定多数票否决休庭为止。巡回法院如果有任何一个法官或司法辖区执法官提议可以休庭，直到法定多数票否决休庭为止。地区法院法官如果不能出席开庭，可向司法辖区的执法官签发书面命令提议休庭到下一次规定的开庭日期，法官的书面命令对此应有明确的约定；地区法院法官如果死亡，且他的职位空缺尚无人替补，所有诉讼活动，包括起诉、案件审理，不管是何种性质的案件均应冻结，到替补法官获得任命到任后开庭为止。

第七条

美利坚合众国参议院和众议院还决定：联邦最高法院、地区法院有权任命自己的法院职员，地区法院职员同时也是本司法辖区巡回法院的职员，每个法院职员就任时必须宣誓或声明，誓词如下："我，某某，被任命为法院职员，现庄严宣誓（或声明），我要忠实地正确执行并记录本法院的各项命令、判决、裁决和诉讼程序，尽自己的最大能力和才智忠诚公正地履行我的所有职责。上帝助我。"如果用声明代替宣誓，不管何种情况"上帝助我"几个字都应删除。法院职员应向合众国提供足够的担保（由联邦最高法院和地区法院分别核准），担保额为 2000 美元，要忠实履行自己的职责，及时记录任职法院的判决、裁决和决定。

第八条

美利坚合众国参议院和众议院还决定：联邦最高法院大法官和地区法院法官在履行各自的职务前应进行如下宣誓或声明:“我,某某,庄严宣誓（或声明），在司法中，不管对何人，穷人还是富人，都公平对待，尽自己的最大能力和才智，依照合众国宪法和其他法律忠诚公正地履行我的所有职责。上帝助我。”

第九条

美利坚合众国参议院和众议院还决定：地区法院对发生在各司法管辖区或公海的依据合众国法律的违法犯罪案件排他性享有审判管辖权，州法院不具有该类案件的审判管辖权;鞭刑不得超过 30 鞭,罚金不得超过 100 美元,或监禁不得超过 6 个月，除此之外不得增设任何其他处罚；地区法院还对本辖区以及公海上的海上民事案件和海事案件排他性享有初始审判管辖权，包括依据关税、航海或合众国贸易法律的所有扣押案件，但扣押必须发生在可供载重 10 吨以上的船舶可通海航行的水域；地区法院应在所有案件中给予起诉人习惯法补救权利，如果普通法有相关规定的话；地区法院依据合众国法律，对在陆地或上述水域之外的其他水域上的扣押案件排他性享有初始审判管辖权，包括由此产生的所有罚款和没收诉讼。对任何外国人提起仅仅依照相关国家法律或合众国条约的侵权诉讼，地区法院与州法院或巡回法院均享有审判管辖权。对合众国提起的标的 100 美元以上或财物价值 100 美元以上的依据普通法的所有诉讼（不含诉讼费），地区法院与州法院或巡回法院均享有审判管辖权。如果非刑事案件中的被告是领事或副领事，地区法院排他性享有审判管辖权，州法院无上述案件的审判管辖权。除了海上民事案件和海事案件外，所有案件的事实部分应在地区法院由陪审团审理。

第十条

美利坚合众国参议院和众议院还决定：肯塔基司法辖区地区法院除了享受上述审判管辖权外，还享有对其他所有案件的审判管辖权，但上诉和再审除外。对地区法院判决的上诉和再审管辖权归属巡回法院，对巡回法院

Congress of the United States,
begun and held at the City of New-York, on
Wednesday the fourth of March, one thousand seven hundred and eighty nine.
An Act to establish the judicial Courts of the United States.
Be it enacted by the Senate and House of Representatives of the United States of America in Congress assembled,

《联邦司法法案》第一页

裁决的上诉和调案复审管辖权归属联邦最高法院，适用同样的规定。缅因司法管辖区地区法院除了享受上述审判管辖权外，还享有对其他所有案件的审判管辖权，但上诉和调案复审除外。对地区法院判决的上诉和调案复审管辖权归属巡回法院，马萨诸塞司法辖区的巡回法院拥有该地区法院的上诉和调案复审管辖权，其规定与其他地区法院对应各自的巡回法院相同。

第十一条

美利坚合众国参议院和众议院还决定：巡回法院与州法院对下述案件均享有初始审判管辖权，即在普通法或衡平法中的所有民事案件，合众国作为原告或请愿人，或一当事方有外国人，或原告与被告是不同州的居民，且争议金额或价值超过500美元（不包括诉讼费用）。巡回法院对依据合众国法律的所有违法犯罪案件排他性享有审判管辖权，除非该审判管辖权通过其他方式有了归属，或合众国法律另有规定；巡回法院与地区法院对依据本司法辖区所在州法律的所有违法犯罪案件均享有审判管辖权。不管是巡回法院还是地区法院，对任何民事诉讼均不得将当事人从一司法管辖区押解到另一司法管辖区审理；对巡回法院和地区法院审理的被告是任何合众国公民的初始民事案件，只能在当事人所在司法辖区提起诉讼，或者在被告要执行判决的司法辖区提起诉讼；任何地区法院或巡回法院在任何诉讼中无权将本票或可经诉讼取得的财产分配给一个受托人，除非是一起关于分配上述本票或可经诉讼取得的财产的诉讼且未达成分配协议，但外国汇票除外。巡回法院也拥有来自地区法院的上诉管辖权，下文将列出对上诉管辖权的具体规定和限制。

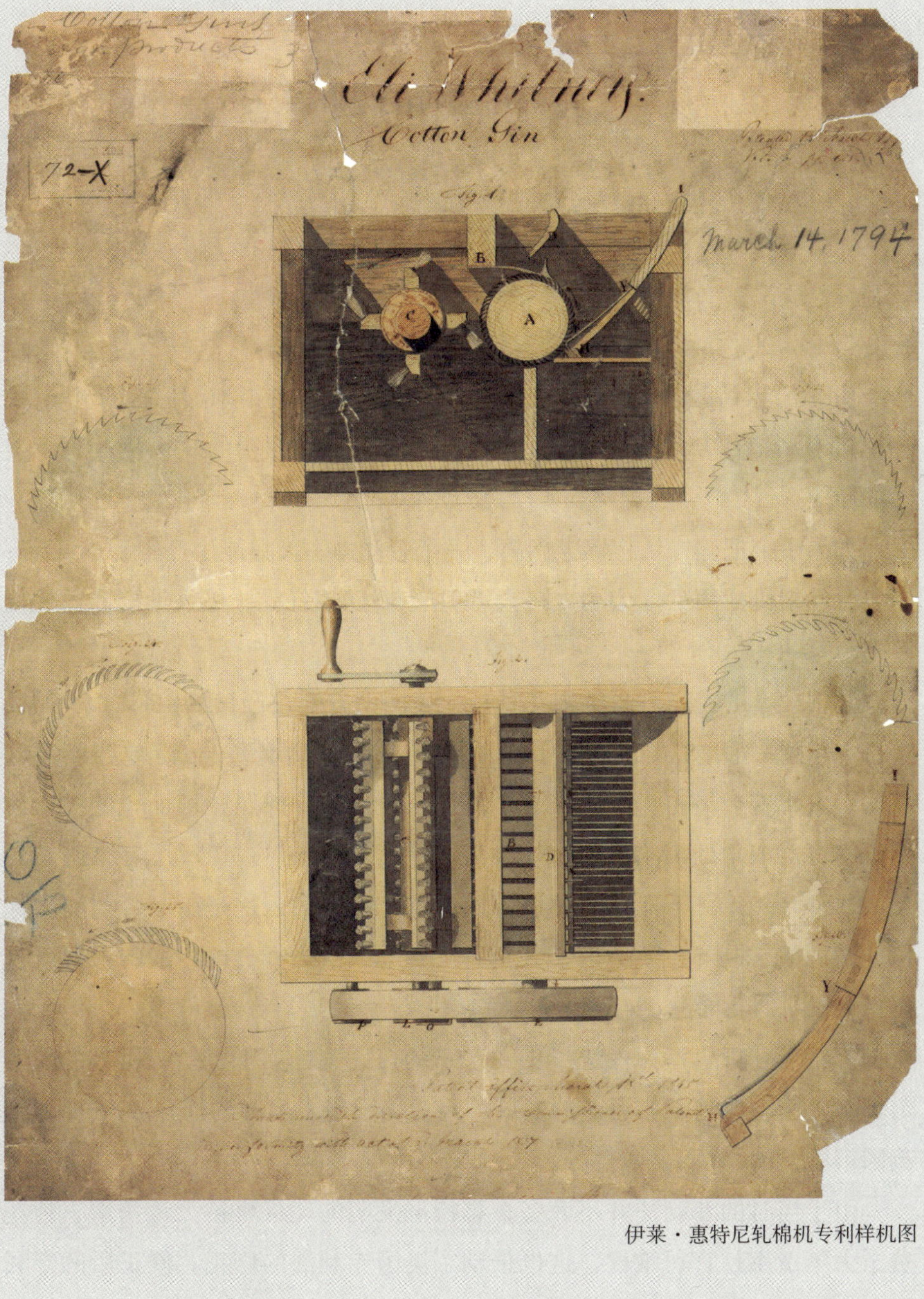

伊莱·惠特尼轧棉机专利样机图

*

轧棉机发明专利

Patent for the Cotton Gin

伊莱·惠特尼（Eli Whitney,1765—1825）1793 年 10 月 28 日申请了轧棉机专利，1794 年 3 月 14 日获得批准。惠特尼发明的轧棉机改写了美国的历史。

如果手工把棉籽从籽棉中剥离，一个劳动力一天只能生产 1 磅棉纤维；而一台轧棉机配两三个劳动力一天可生产 50 磅棉纤维，极大地提高了轧棉效率。

轧棉效率的提高刺激了棉花种植，美国南方棉花产量从 1800 年开始几乎每十年翻一番，1830 年产量为 75 万包，到 1850 年猛增到 285 万包。1860 年，美国南方棉花产量占世界棉花总产量的三分之二。棉花种植面积的扩大使美国南方对奴隶的需求激增，奴隶需求量由 1790 年的 70 万人增加到 1850 年的 320 万人。由于棉花的种植采摘过于依赖奴隶，这是南方各州要求保留并扩展奴隶制的主要原因，甚至有历史学家认为，美国内战的根源就是惠特尼发明的轧棉机。

惠特尼轧棉机不但促进了棉花产量的提高，也催生了纺织机械的发明与革新，甚至促进了船运业的发展，因为美国南方生产的棉花 85% 要运到英国市场织布。

由于当时的专利法并不完备，惠特尼发明的轧棉机被大量仿造，他花费了大笔费用打官司维权，这也推动了美国专利法的修正。修正后的专利法对惠特尼轧棉机的仿造有所遏制，但此时他的轧棉机发明专利保护期还

惠特尼轧棉机样机

剩一年，惠特尼从此项重大发明中获利甚微。

惠特尼是美国著名发明家，他还发明了卧式铣床 、标准化部件生产。

华盛顿总统告别演讲①

President Washington's Farewell Address

朋友们，同胞们：

很快，我们就要重新选举一位公民来主持美国行政部门的工作，现在，你们一定在考虑要把这一重任付托给谁。在此，我必须向公众声明，我已下定决心，谢绝将我列入总统候选人名单，因为这样做更有助于公众意见的明确表达。

与此同时，我也请求你们公正地考虑我的这一决定，这是我作为国家忠实公民经过对各方面因素深思熟虑后的决定；我决定解甲归田，悄然离开政坛，这并不意味着我对你们未来利益的漠不关心，也并不意味着我对

① 早在1792年，华盛顿就不想连任总统，开始起草告别演讲。但由于当时的财政部长亚历山大·汉密尔顿和国务卿托马斯·杰斐逊的严重政治分歧，他担心国家会因此分裂，万般无奈的情况下连任了一届总统，但他决意不寻求第三届总统任期。在第二届总统任期结束前，根据亚历山大·汉密尔顿提出的意见，华盛顿数易其稿，最后，32页的华盛顿总统告别演讲定稿手稿刊登在1796年9月19日的《美国广告日报》（*American Daily Advertiser*）上，题目是“乔治·华盛顿将军为自己从总统职务上隐退告合众国人民书”（*The Address of General Washington to the People of the United States on His Declining of the Presidency of the United States*），但华盛顿本人从来没有宣读过该演讲稿。华盛顿在该演讲中为年轻美国的发展方向定了基调，呼吁美国人民精诚团结，避免政治纷争，不要与任何国家结盟，集中精力做好美国自己的事情，积蓄力量图谋崛起。该篇演讲长期影响着美国的内政外交。该演讲稿的定稿手稿保存在纽约公共图书馆。

在美国内战期间，1862年1月，费城居民向国会请愿，要求国会在纪念华盛顿诞辰130周年时宣读《华盛顿总统告别演讲》，于是，1862年2月22日在华盛顿诞辰130周年这天，美国众议院首先宣读了《华盛顿总统告别演讲》，并从1899年开始，每年华盛顿诞辰纪念日这天，国会两院宣读《华盛顿总统告别演讲》成了一种传统。但从1984年开始，众议院不再宣读《华盛顿总统告别演讲》，但参议院一直保持了这一传统，而且每年由不同党派的参议员轮流宣读。

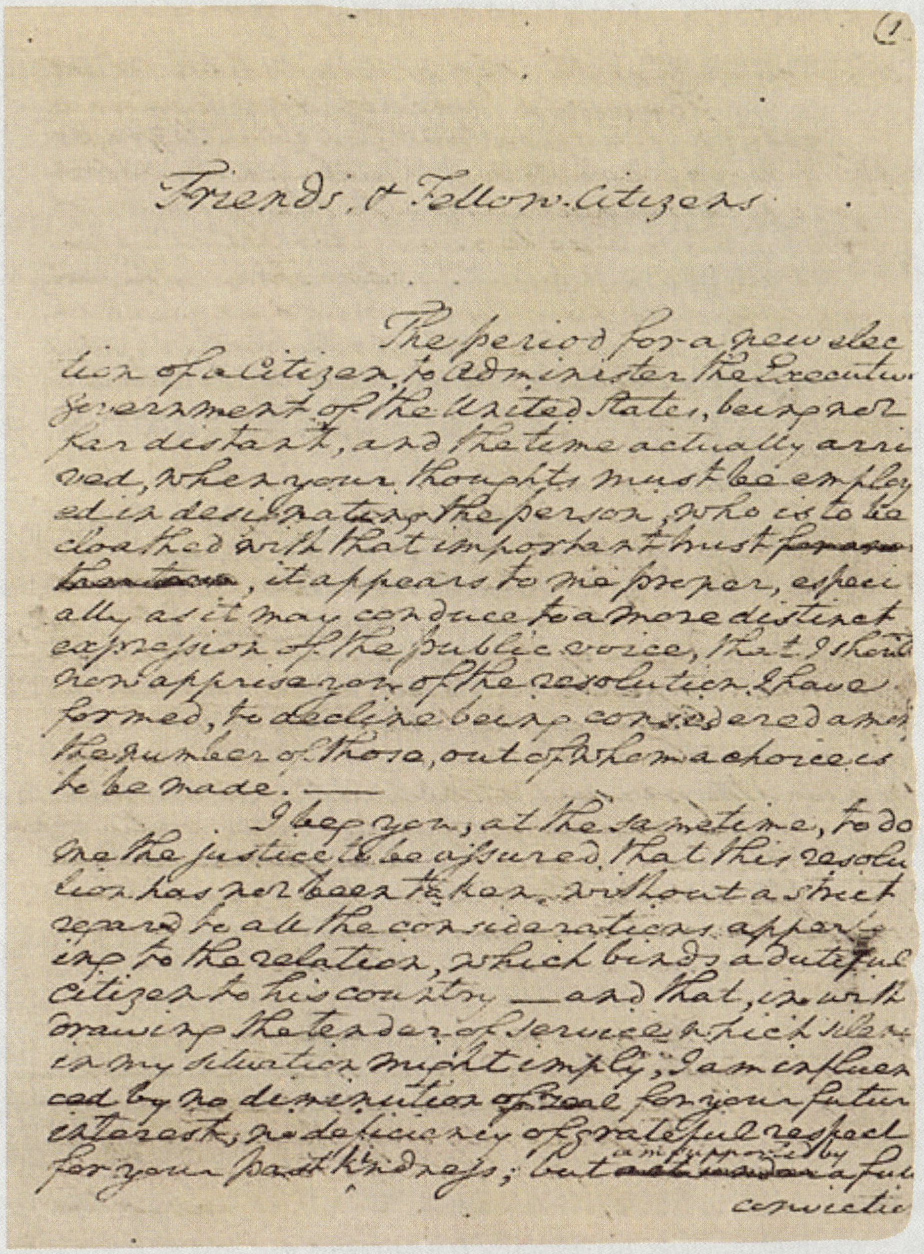

(1

Friends, & Fellow-Citizens.

The period for a new election of a Citizen to administer the Executive Government of the United States, being not far distant, and the time actually arrived, when your thoughts must be employed in designating the person, who is to be cloathed with that important trust ~~for another term~~, it appears to me proper, especially as it may conduce to a more distinct expression of the public voice, that I should now apprise you of the resolution I have formed, to decline being considered among the number of those, out of whom a choice is to be made.—

I beg you, at the same time, to do me the justice to be assured, that this resolution has not been taken, without a strict regard to all the considerations appertaining to the relation, which binds a dutiful citizen to his country—and that, in withdrawing the tender of service which silence in my situation might imply, I am influenced by no diminution of zeal for your future interest; no deficiency of grateful respect for your past kindness; but ~~act under~~ am supported by a full conviction

《华盛顿总统告别演讲》手稿第一页

你们过去给予我的信任表现出来的冷漠，恰好相反，我的这一决定正是对你们未来的利益的关心和对你们过去给予我的信任的感激。

你们两次选举我担任总统一职，自从接受这一职务至今，我为不辜负你们对我的希望，为履行好职责，我牺牲了所有个人的隐退意愿。我一直希望尽早卸任，隐退故里，这种想法一直萦绕着我，总统一职实在勉强为之。在上次选举前，我就渴望隐退，甚至还准备了告别演说；但是，考虑到当时国家复杂、紧迫的外交关系，以及朋友们的一致劝说，这才让我不得不放弃隐退的打算。

我对你们对国际和国内问题的关心深感欣慰，现在隐退并无道义上和礼节上的不妥；不管你们多么希望我继续留任，但在我国目前情况下，你们不会反对我隐退的决定。

我最初肩负起这一重任时的感想已在适当场合表达过了。在即将卸任之际，我想说的是，对我这个天生愚钝的人来说已竭尽所能，诚心诚意地为这个政府服务。就任之初，我深知自己才疏学浅，能力有限，经验不足，其他人对我也许有同样的看法，这使我对履行总统职务战战兢兢，如履薄冰。日复一日，年复一年，我越来越感到自己应该隐退，相信这一决定公众是理解的。我确信,如果我在处理任何事务中体现了我任总统的特殊价值，但这也仅仅是暂时的，我有理由相信我退出政坛的决定是经过慎重考虑的，而且，爱国情怀也不会禁止这么做。

美国给予我很多荣誉，也让我更加坚定信念，给我机会让我忠贞不渝地奉献出极大的热情，在我期盼结束政治生涯之际，我无法掩饰我对深爱着的祖国的感激之情。如果我们的国家能从我的服务中获得什么益处，这也归功于你们的拥戴，它将作为美国编年史上教育素材的典范。当各种情绪不得宣泄时，当人们对前途表示焦虑时，当各种误导和不幸让人产生怀疑而灰心丧气时，当面对对各种失误的指责时，是你们对我坚定不移的支持一直让我保持这种努力，并确保了各项计划的实现。正是出于这种考虑，我将至死都要为你们祈祷，愿上天继续把最慈善的祝福赐福给你们，愿你们的联邦和兄弟情义永垂千古，愿出自你们之手的自由宪法永远被神圣地捍卫着，愿美国政府各个部门充分发挥出聪明才智。总而言之，愿各州人民在自由庇护下幸福生活，在美国人民享受这些祝福时，如能把它推荐给那些对自由还感陌生的国家，让别的国家的人民也欢呼它、珍爱它、接受它，这对他们来说是莫大的荣幸。

讲到这里，我本可以结束这次演讲。但是，我对你们的福祉的关切至死不渝，这让我必须继续讲些肺腑之言；正因关切，自然也就产生了危险意识，它让我利用这次机会郑重提出一些看法，希望你们能经常与之对照检查。有些看法是我深思熟虑的结果，我认为这对你们作为一个民族的永恒幸福是至关重要的，值得你们认真对待。我直言不讳地提出这些看法，是一个即将告别的朋友的无私忠告，并不带有任何个人企图和偏见。我也不会忘记，在先前的一个相同的场合，你们宽容地接受了我的一些看法，这也鼓励我进而提出以下看法。

把你们的心灵联系在一起的是对自由的热爱编织起来的纽带，这个纽带如此之牢固，无须我再给出什么建议。

政府的联合使你们成为一个民族，现在这已被你们所珍视。我们可以形象地比喻，政府的联合是你们真正独立的大厦最主要的柱石，它可以确保你们有和谐的国内氛围与和平的国际环境；确保你们安全，确保你们繁荣，确保你们享有你们如此珍视的自由。但是，不难预见，总会有来自某方面的力量出于某种动机，煞费苦心，诡计多端地动摇你们坚守这一真理的信念，因为这是你们的政治堡垒，它一定是国内外的敌人长期猛烈攻击的目标（经常是迂回偷袭），因此，至关重要的是，你们要正确估计全国联合对你们集体和个人幸福的重大价值；要对这种联合充满热情，始终不渝，毫不动摇；要习惯于思考它、谈论它，把它当作你们政治安全和社会繁荣的守护神；要高度警惕地捍卫它；要坚决果断地反对任何试图抛弃它的想法，哪怕有一丝一毫的怀疑都不允许；要旗帜鲜明地反对分裂这个国家任何一部分领土的企图，反对削弱这个国家各地区神圣纽带关系的企图。

对此，你们有赞同和支持的所有动机。美国公民们，不管你是生在美国还是入籍美国，你们有一个共同的祖国，这个国家有权获得你们的爱戴。

对你们来说具有国籍属性的“美国人”，一定要把它永远升华为爱国主义的荣誉感，这是任何地区性名称无法比拟的。尽管你们之间有些细微的差异，但你们有相同的宗教信仰，相同的行为规范，相同的传统习俗，相同的政治原则。你们曾经为共同的事业浴血奋战，并取得了共同的胜利；你们取得的独立和自由是团结协商的结果，是共同面对危险、艰难和成功的结果。

尽管这些考量强有力地激发了你们的情感，但它们远不及那些对你们有直接利用的理由。在美国，全国各地都表现出了要求精心呵护并维持一个联邦的最强烈的愿望。

北方与南方进行商贸交往时，享受同一政府平等的法律保护，南方产品为北方的航海业和商业提供了极其丰富的资源，为制造业提供了宝贵的原材料。同样在北方与南方进行商贸交往时，南方也从北方获得巨大利益，南方的农业得到发展，商业得到扩张。向北方海运业开放市场，也刺激了南方海运业的发展；并且，虽然南方从诸多方面对全国海运业做出了贡献，但它也需要海上力量的保护，因为南方自己的力量不足以保护自己海运安全。东部地区与西部地区进行商贸交往时，已经改善了的陆路和水路交通，在分销从东部进口商品或国内产品时起着越来越重要的作用。来自东部地区源源不断的物资供给，使西部地区得到发展，人民生活得到改善，也许仍然重要的是，西部地区必须靠东部地区作为销售自己产品出口的通道，联邦大西洋一边海上力量的强弱、影响力及其未来，是由美国作为一个不可分割的国家的共同利益决定的。西部地区要想靠其他途径取得上述优势，不管是靠自己的单独的力量，还是靠通过私通获得的外国力量，从本质上讲都是危险的。

由此可见，我国任何一地区都能从联合中获得直接的和专门的利益，如果把所有地区结合在一起，团结一致，众志成城，就一定会让我们的力量更强大，让我们的资源更丰富，与此同时，也让我们在面对外国威胁时更安全，外国对美国和平的破坏概率也就减小；更具有价值的是，联合可以让我们避免无止境的争吵和战争，这种战争也经常给尚未形成一个联邦政府的邻国带来灾难，因为它们经常充满敌意，纷争不断，如果再加上与外国的结盟、依附和阴谋串通，则会进一步激发和加剧它们之间的敌意。因此，联合就可避免发展过分强大的军事力量，因为军事力量在任何形式的政府之下都是对自由的威胁，对共和国的自由更为有害。就这个意义而言，你们应该把联合看作是你们自由的主要柱石，爱自由就要爱联邦，爱联邦就是爱自由。

对审慎正直的人来说，上述看法是有说服力的，它揭示了联邦的持续存在是爱国主义的一个首要目标。一个平民政府能否管理如此大的疆域？这个问题，只有让经验来回答。如果在这个问题上听信纯粹的推测那就是犯罪。我们有权组建一个整体政府，下设政府的分支机构，这就提供了良好的实验开端。它确实需要一次公正全面的实验。要求联合的动机如此强烈和明确，影响到全国各地，经验证明这种实验是可行的，对一些地区那些极力削弱联系各地区纽带的人来说，我们有理由怀疑他们的爱国精神。

在考虑对联邦不利的各种因素时，我们必须对党派依地区差别而立这一特点引起高度重视，什么北方的和南方的，大西洋沿岸和西方的；由此，诡计多端的人就会设法煽动人们相信，在地区利益和观念上确实存在分歧。一个党派在某个地区取得影响力的常用策略是，歪曲其他地区的观点和目标，由这种歪曲引发的嫉妒和不满多得让你防不胜防，让那些本该像兄弟一样团结友爱的人反目为仇。西部地区的居民最近在这方面得到了一个有益的教训；政府行政部门与西班牙缔结的条约获得了参议员的一致通过批准，全国均赞成这个条约，这一铁的事实证明他们中间流传的联邦政府和大西洋沿岸各州的政策对密西西比河流域地区是不利的各种猜疑纯属无稽之谈；他们亲眼看见了美国与大不列颠和西班牙签订的两个条约，这两个条约确保他们能获得他们想得到的，我们的外交关系就是为了他们的繁荣。既然这些利益是通过联邦获得的，依靠联邦来维护这种利益难道不是他们的明智之举吗？如果有人试图把他们与同胞分开而与异邦结盟，难道他们不该从此以后对这些谋士们置之不理吗？

为了使你们的联邦卓有成效并永久存在下去，能代表全体国民的政府是必不可少的。各地区之间缔结的联盟不管多么紧密都不能取代全民政府；

地区之间的结盟不可避免地会违约和破裂，这在历史上没有例外。认识到这一重大事实，你们采纳的一部政府宪法，这比以前的[①]更能让联邦紧密地联系在一起，更有效地管理你们的共同事务。这个政府是我们自己的选择，是在没有任何胁迫的环境下，经过全面调查、广泛讨论和周密思考后独立组建的，在所有原则以及权力分配上秉承自由，既安全又有活力，而且宪法本身包含了修正自己的条款，这样一个政府有理由得到你们的信任和支持。尊重它的权威，遵守它的法律，服从它的政策，这些是真正自由的基本原则所要求你们应尽的义务。我们政治制度的基础是，制定和修正宪法的权力归人民所有。但是，宪法一直有效，遵守宪法是全体人民神圣的义务，只有经过全体人民的要求和公正的行动方可对宪法进行修正。建立政府是人民的权力，也是人民的正义之举，但政府一旦建立，任何个人都要服从它。

所有执法障碍，所有组织和协会，不管打着什么欺骗性的招牌，如果其真实目的是指挥、控制、阻碍或威胁依据宪法组建的权力机构的正常商议和行动，都是对自由的基本原则的侵犯，并有可能彻底毁灭这一基本原则。他们组织党派，并武断地赋予党派极大的权力，用党派意志代替国家意志，尽管党派常常规模不大，但在社会上极具欺骗性和煽动性；各党派交替执政，这使公共行政机构充斥着派别争斗和各种不协调，而不是一个由通过共同协商达成的或由共同利益修正的连贯、健全的计划的政府机构。

然而，上面提到的组织和协会有时会迎合大众的口味，随着时间的推移和事物的发展，这些被蒙骗的人民有可能变成功率强大的引擎，协助阴险、野心和毫无原则的人颠覆人民政权，篡夺政府的统治权，这些阴谋家一旦达到目的，就兔死狗烹，毁灭帮他们取得非正义权力的引擎。

为了捍卫你们的政府，让你们永享现在所享有的幸福，你们不仅必须

---

① 指1777年11月19日大陆会议通过的《邦联条例》。《邦联条例》是北美殖民地筹建十三个新州统一政府的第一个正式文件，但中央权力很小，各州保留了很大的独立性，各州享有征税、征兵和发行纸币的权力，联邦国会只有宣战和媾和，派遣对外使节，掌管邮政，调整各州关系等权力。因此，依照《邦联条例》组建的美国实际上是由13个独立国家组成的国际联盟。即使这样，一些州仍不愿把自己的权力交给中央政府，这个条例直到1781年3月1日随着最后一个州马里兰州的批准才开始正式生效。

坚决反对挑战政府公认权威的各种言论，同时也必须审慎地抵制那种以各种借口企图改革政府原则的思潮，不管其用何种美丽的语言。他们发起进攻可能采取的手段就是修改宪法，削弱政府的活力，暗中破坏不能直接推翻的制度。在你们可能被鼓动着参与的所有变革中，要记住，和人类其他体系一样，时间和习惯是确定政府角色的必要条件；经验是验证一国现行宪法发展趋势最可靠的标准；如果仅凭某种假设和观点就轻易改变宪政体系，永无止境的各种各样的假设和观点就会导致宪法的永无止境的修改；要特别记住，在像我们这样幅员辽阔的国度里，要想对你们的共同利益进行有效的管理，政府必须有活力，并充分保障自由不受侵犯。这样一个权力合理分配并互相制约的政府是自由的忠实捍卫者，只有在这种制度下才存在真正的自由。如果政府过于软弱，就无法抵抗党派的扰乱，就不能让所有社会成员遵守法律，就不能维护所有居民平安享受人身权利和财产权利，此时的政府则名存实亡。

我已经提醒你们美国存在党派的危险，尤其指出了这些党派是根据地理区域划分的。现在，我就这个问题进行更加深入的分析，郑重地提醒你们，要抵御党派思想的危害。

不幸的是，党派思想源于我们的本性，它深深植根于人类最强烈的情感中。尽管它或多或少地被打压、控制或限制，但它还是以各种不同的形式存在于所有政府机构里；而那些最流行的党派往往是最令人厌恶的，它确实是政府最危险的敌人。

党派交替执政，它们之间自然有报复心理，党派倾轧，这在各国各历史阶段都留下了它们的罪恶，交替执政本身就是一种可怕的专制，这最终会引向真正的和永久的专制。党派纷争的混乱会让人们的思想逐步发生改变，为获得安宁，人们转而去寻求一个有绝对权威的个人来结束混乱状态；如此下去，早晚有一天会出现一个比他的竞争对手更有能力也更幸运的占优势的党派首领，为了他自己的利益采取专制统治，而不惜牺牲公众自由。

即使我们不希望发生这种极端的事情（发生这种事情的可能性并不是没有），党派思想造成的常见的和持续不断的伤害足以引起贤人志士的关切，使党派思想得到遏制。

党派纷争总是转移议会的注意力，削弱公共管理职能。它无端嫉妒，散布谎言，激怒公众情绪，挑拨一伙群众攻击另一伙群众，有时甚至煽动骚乱和叛乱。党派纷争也为外国势力和腐败打开大门，使之通过党派偏好很容易地侵蚀到政府机构。就这样，一个国家的政策和意志就屈从于另一个国家的政策和意志。

有一种观点认为，在自由国家，政党竞争是对政府管理的有效监督，由此，它更能让自由精神充满活力。在一定条件下这种观点是正确的；君主政体里的政府，爱国主义让人们不是迷恋政党竞争精神就是放纵政党精神。但是，在共和政体下，政府完全是民选的，在这种情况下就不应该鼓励政党竞争精神了。从政党竞争的自然趋势看，毫无疑问，任何有益的目标都有足够的政党竞争精神。但是,由于存在过分追求政党竞争精神的危险，这就需要用民意的力量化解这种危险。我们不是要把火熄灭，而是要始终对火保持警惕，防止火蔓延开来，不然，火就不能供取暖之用，而是供毁灭之用。

同样重要的是，在一个自由国家，思维方式能让那些受托进行公共管理的人谨慎从事，把自己行使的权力严格限制在宪法授权的范围内，避免越俎代庖，去行使另一个部门的职权。这种越权有把所有部门的权力集中在一个部门的倾向，由此产生了真正的专制政府，姑且不论政府的组织形式如何。贪恋权力以及滥用权力一直支配着人的内心世界，如果能够认识到这一点，这就足以使我们相信权力过分集中会导致专制这一论断。古今众多经验表明，有必要让政府各部门之间，互相制约和监督，在行使政治权力时，只有把这些权力分配给不同的受托人，使每个受托人成为公共利益的捍卫者,抵制其他政府部门对本部门的侵犯。这些经验有的就发生在美国，发生在我们身边。要想把政府各部门之间的互相制约和监督的传统传承下去,就必须把它们写入宪法。如果民意认为宪法权力的分配或改变存在错误，就应该按照宪法条款修正宪法。但决不可通过篡改宪法来改变这种权力的分配；这种手段也许在某种情况下是有效的，但自由政府也时常被这种手段所摧毁。不管在何时使用这种手段，先例一开，它所带来的局部或短暂的利益远远不能抵消它所带来的永久性的危害。

在促进政治繁荣的各种要素中，宗教和道德是不可或缺的。人类幸福的柱石是对人类和公民职责最强有力的支撑，那些试图破坏人类幸福的柱石的人要想获得爱国者的美誉是徒劳的。纯粹的政治家如同虔诚的教徒，理应尊重和珍爱人类幸福的柱石。详细阐述个人幸福和公共利益之间的关系，恐怕用一卷书也写不完。在这里只简单地提出这样一个问题：如果在法庭调查的宣誓中不涉及宗教义务，那财产、名誉和生命安全又从何谈起呢？[①]我们一定要谨防道德不需要宗教教化的思想。尽管没有什么能替代精心组织的教育对人的心灵的塑造作用，但理性和感性都不允许我们指望在宗教缺位的情况下能把国家建成一个道德的社会。

品德或道德是人民政府必不可少的力量源泉，确实如此。这一法则可被用于任何形式的自由政府。面对动摇它基础的各种企图，热爱自由政府的人难道会袖手旁观吗？

因此，应把发展广泛传播知识的院校作为头等重要的大事来抓。由于政府组织对公民意识有巨大的影响力，因此，当务之急就是要开启民智。

力量和安全最重要的来源就是珍惜公共款项。要尽量少举债，可以通过努力维护和平避免战争经费支出，但同时也要记住，面对时常出现的危险也要及时支出，这样可以防患于未然，避免为应付扩大了的危险加大支出；我们也应避免债台高筑，不但要避免一些项目支出，还要在和平时期设法清偿因不可避免的战争带来的债务，不要把我们自己的债务随意推给我们的后代来偿还。执行这些准则是你们这些议员们的职责，但这需要公民意见的配合。为了促进公民履行自己的那份职责，你们必须牢记，政府要想清偿债务，就必须有财政收入；政府要想有财政收入，就必须征税；但不管什么税，都会或多或少地引起纳税人的反感；因此，选择合适的征税对象是一件令人为难的事情（这总是艰难的选择），必须把政府征税的理由向公

① 根据《联邦司法法案》，法庭誓词的末尾一句是“上帝助我”。

众如实解释清楚，这样，当紧急公共事件发生时，纳税人就会默许政府征收。

要对所有国家讲信誉，主张正义；与所有国家保持和平，和睦共处。这样做既是宗教和道德的要求，难道它不同样是明智的政策的要求吗？如果始终在崇高的正义和仁爱精神指导下，对人类表现出雅量，成为民族崭新的典范，那么，美国就不愧是自由的国家，文明的国家，在不久的将来也必定是一个伟大的国家。如果按照这样的政策发展下去，随着时间的推移和事物的发展，所取得的丰硕成果就会远远超过为坚定不移地执行此政策所付出的任何短暂的代价，这难道还有人会怀疑吗？难道上帝不会让一个民族根据其品德享受幸福吗？这次实验至少是让人性更高尚。难道就因人类存有的恶习就认为该实验不可行吗？

一直存在对某些国家厌恶至极，而对另一些国家爱慕有加的思想，在实施这一政策时，再也没有什么比摒弃这一根深蒂固的偏见更重要的了；应该发展与所有国家的公正和友好关系。如果国家根据自己的喜好在各国之间厚此薄彼，那它就是某种程度上的奴隶，要么是自己憎恶情绪的奴隶，要么是自己爱慕情绪的奴隶，其中的任何一种都足以让国家背离自己的职责和利益。如果国家之间互为厌恶，则国家之间就很容易互相侮辱与伤害，很容易因鸡毛蒜皮的事情而产生怨恨，当发生意外或轻微的摩擦时就会表现出狂妄自大，固执己见。由此，各国之间就会冲突不断，纠缠于难以调和的、恶毒的和血腥的争辩。被恶意和怨恨支配的国家有时会把政府推向战争，这与政府精心制定的政策背道而驰。政府有时也会随波逐流，迎合公众舆论，凭激情而不是理智采取行动；在其他时候，傲慢、野心、诡计和阴谋也会酝酿出一些充满敌意的计划，这更让公众舆论煽动起来的政府仇恨火上浇油。所以，国家的和平，有时可能也包括自由，就会沦为牺牲品。

同样，一个国家如果对另一个国家过分亲密，照样会产生大量弊端。同情自己喜欢的国家，就很容易产生两国有共同利益的幻觉，而两国压根就不存在共同利益；两国过分亲密，一国之敌就成为另一国之敌，当一国与第三国发生争执甚至是战争时，另一国在没有任何正当理由的情况下也盲目地参与其中。两国过分亲密，也会把别的国家从自己这里得不到的特权给自己亲密的国家，这就会给国家带来双重损害：一个是损害了自己本应保留的利益，二是那些本应享受同等特权的国家由于没有得到这种特权而产生嫉妒、敌意甚至采取报复行动。这就给那些浮躁、腐败和被蒙骗了的公民（他们偏向喜欢的国家）提供了借口，使他们在背叛或牺牲自己国家利益时不但引不起公愤，甚至还受到欢迎；对野心、腐败和昏庸的顺从本是卑鄙的或愚蠢的，却被粉饰成有正义感、有责任感、顺应民意、热心公共事业而受到赞美。

外部势力的影响有多种途径，开明的无党派爱国者要警惕这种对外国的过分亲密。外国势力与国内党派勾结在一起，大施欺骗诱惑伎俩，误导公众舆论，影响或威胁地方议会，这些卑鄙的勾当他们干得还少吗？弱小国家对强大国家过分亲密，使前者必然成为后者的傀儡。

自由民族应时刻警惕外国势力的各种阴谋（同胞们，我恳请你们相信我），历史和经验证明，外国势力是共和政府最阴险的敌人之一。但是，要想让这种警惕有效，就必须在外交上不偏不倚，否则，共和政府就会成为本该避免的外国势力所摆布的工具，而不是抵御外国势力进攻的力量。过分亲密一个国家，过分厌恶另一个国家，导致人们只看到一边的危险，而忽视另一边的危险，甚至支持另一边施展阴谋诡计。真正的爱国者会抵制亲密国家的各种阴谋诡计，但这往往会受到公众怀疑和攻击，而亲密国家的追捧者和那些被欺骗了的人却盗取了人民的赞扬和信任，从而出卖了人民的利益。

处理与外国关系的最重要的原则是，我们在与他们扩展商贸关系时，要尽量避免涉及政治。我们已经通过条约形成的对外国的义务，要信守诺言，诚心诚意地履行好，但到此为止。

欧洲有自己的一系列利益，但这与我们毫不相干；即使相干，也相当遥远。由于欧洲必然要陷入持续不断的纷争之中，但这些纷争的起因本质上也不值得我们关注。所以，如果我们有意卷入欧洲惯常的政治进程，或卷入他们盟友之间或敌对国之间的联合与冲突，这对我们来说是不明智的。

我们远离欧洲，这种状况需要我们奉行一条不同的路线。如果我们在一个有效的政府下维护民族的团结与统一，在不久的将来，我们就能抵制外部势力带来的重大危害；我们走这种路线就能保持中立，我们就能在任何时候都能得到他国的庄严尊重；好战国家也就不会轻易地冒险挑衅我们，其实它们也不可能从我们这里得到什么；我们就可以在正义的指引下依据我们的自身利益，决定是要和平还是要战争。

为什么要放弃这种特殊环境下的优越条件呢？为什么不站在自己的立场上而站在外国的立场上呢？为什么要把我们自己的命运同欧洲任何一部分的命运交织在一起，从而让我们的和平与繁荣陷入欧洲的野心、竞争、利益、好恶无常的圈套呢?

我们的政策就是要避免同世界上的任何一国结成永久同盟；我的意思是，我们现在有能力自由处置这个问题；但请不要误会，我的意思不是不履行现有条约规定的义务。诚实是最好的策略，我认为这句格言不仅适用于私人之间的事务，它同样也适用于公共事务。所以，我再次强调，我们要不打折扣地按照那些条约的规定履行义务。但是，我认为没必要延期这些条约，延期这些条约是很不明智的。

为了保卫国家，我们一定要时刻保持适当的军事力量，只有这样，在危机时刻我们才可以信赖临时的同盟。

我们的政策和利益以及人道精神都要求我们与一切国家保持和睦相处和自由交往的关系。甚至连我们的商业政策也应当平等、公平；既不向其他国家寻求特殊优惠，也不要把特殊优惠给予其他国家；要遵从事物发展的自然规律；要通过合乎礼仪的方式与他国发展贸易，不可通过武力打开国际贸易市场；在与意向国家订立贸易协议时（要明确本国商人的权利，并能使政府给他们一定的支持），即便是根据现实条件和双方意愿对我们最优越的条款，也只能把这些条款看作是暂时的，要根据变化的情况随时修改或废止；要永远记住，一国向他国寻求无私的恩惠是愚蠢的；不管得到什么样的恩惠，它必须以付出某些独立性作为代价；如果接受了某种恩惠，就把自己置于这样不利的境地，自己虽然为获得恩惠付出同样的代价，但对方仍认为回报不够，被对方指责为忘恩负义。一个国家期待并指望另一个国家给予真正的恩惠是最大的错误。这是一种幻想，实践会让这种幻想化作泡影，就是最基本的自尊也会把这种幻想抛弃。

同胞们，作为一个深情爱着这个国家的老友，我给你们提出这些建议，并不敢奢望它们会产生永久的巨大影响；但我希望它们能控制人们经常发作的激动的情绪，或者防止我们国家走上一些国家迄今仍走的老路。但是，能让我感到欣慰的将是，这些建议能够给国家带来某种好处，哪怕是暂时的好处;这些建议能够缓解党派激烈的对抗，时刻提防外部势力的挑拨离间，警惕那些打着爱国主义旗号的虚伪的欺骗行为；我上面提到的对你们福祉的关切得到回报。

我即将卸任，我在总统职位上是如何被上面所描述的这些原则所指导的，有关我言行的公共档案以及其他证据会向你们以及世界证明。但对我自己来说，我以个人的良心保证，我至少相信自己是在上述原则指导下履行总统职责的。

关于欧洲仍未结束的战事，早在 1793 年 4 月 22 日我就在一个宣言中提出了处理此事的指导方针[①]。这个方针得到了你们和国会两院的批准，我一直遵守这一方针，任何企图都没有影响到我，让我放弃或背离这个方针。

经过深思熟虑，根据我的最佳判断，我对我们国家在欧洲战争问题上在任何情况下都要采取中立政策表示满意，这是我们的权利，也是我们的责任，更是我们的利益。既然采取了中立政策，只要还由我来决策，我就决定坚决一如既往地温和地坚持它。

在今天这种场合，我无须详细阐述我们采取中立政策的权利。但我要说明一点，根据我对欧洲战事的判断，到目前为止，我们采取中立政策的

---

① 针对奥地利、普鲁士、撒丁岛、大不列颠和尼德兰王国为一方与法兰西之间的战争，1793年4月22日华盛顿总统在费城发布了《中立宣言》。宣言表明美国“对交战各国均采取并保持友好和没有任何偏向的立场”，并忠告“美国公民避免所有可能违反上诉立场的行为”。宣言严正声告：“任何美国国民，如果出于参加、帮助或煽动以上任何国家的敌对行为，或是向上述任何一国运送被当代国际惯例认定是禁运品的物资，而依国际法遭到惩罚或没收，美国政府对此不予保护。”华盛顿总统在宣言最后还下令“在美国司法管辖区域内与交战各国有关的问题上违反国际法的任何人，要由美国政府的相关官员提起诉讼”。一些人对《中立宣言》表示不满，认为法国是美国独立战争的盟国，华盛顿此时不站在法国一边就是背信弃义。

华盛顿总统肖像，美国肖像画家吉尔伯特·斯图尔特作于 1796 年

权利不但没被任何交战国否定，反而受到所有交战国的承认。

之所以要采取中立政策，唯一的解释就是，任何国家依据它所应遵守的公正和人道义务，在任何情况下都可自由裁决，确保与他国的和平与友善关系不受侵犯。

关于恪守中立政策是不是源于利益动机，这你们可以根据自己的经验来判断。但根据我的判断，最主要的动机就是，由于我们国家刚刚建立，百废待兴，我们需要时间来稳定和发展国家的各项机构，不要让我们计划好的应该做的一切努力中断，直接地说，就是我们国家的命运要求我们采取中立政策。

回顾我执政期间处理的各种事件，还没发现有故意的错误，但我非常了解自己的不足，一定犯了不少错误。但不管犯了什么错误，我真诚地恳请上帝避免或减轻这些错误可能造成的危害。我将永远满怀希望，希望我的祖国宽恕这些错误；四十五年来，我秉持正直，满腔热忱地为祖国效劳，我相信，这期间因我才疏学浅导致的一些失误将随着我离开人世而湮没无闻。

爱国之情人人有之，这对一个人来说是很自然的，因为祖国可以让人联想到自己和自己历代祖先的故土。不管在我的过错方面还是在其他什么方面，依仗祖国的宽容和我对祖国的挚爱，我愉快地期待着，当我实现我所渴望的隐退之后，我将与同胞们分享由自由政府下优良的法律带来的甜蜜的享受，这是我内心世界一个永恒的目标。我也相信，这是我们共同努力、共同奋斗和共同面对危险的最恰当的报酬。

合众国

1796 年 9 月 19 日

乔治・华盛顿

*

杰斐逊总统给国会的密信①

Jefferson's Secret Message to Congress

绝密

参议院和众议院的议员先生们：

正着手进行的与印第安人建立贸易商行的法案，本届国会将对此审议，我想，我有责任向你们表达将来指导我执行该法案的一些意见，以便于你们定夺该项法案的政策，不管是在当前的文本的基础上，或在任何其他文本的基础上，当然，如果大家出于公共利益的需要考虑，也可以停止该项立法。

分布在美国的印第安部落，由于他们原有领地的不断缩减而变得越来越不安稳，尽管他们领地的减少是他们通过条约自愿出售领土造成的；现在他们采取了强硬的政策，拒绝将来在任何条件下出售任何土地；由此，从目前来看，这危害了他们的友谊，引发了危险的猜忌，激起了对购买他们的哪怕一小块土地的顾忌。目前，几乎所有的部落都有这种顽固的想法。为了和平地应对他们的这种政策，同时也为了拓展我们的领土以满足快速的人口增长，我认为应该采取两种措施。首先，鼓励印第安人放弃狩猎，让

① 这是杰斐逊总统1803年1月18日写给国会的一封密信。信中，杰斐逊要求国会拨款2500美元用于开发西部边疆直达太平洋。杰斐逊挑选具有植物学、自然历史、矿物学和天文学知识并熟悉印第安事务的麦里崴泽·路易斯（Meriwether Lewis）上校和威廉姆·克拉克（William Clark）带领12名士兵和1名翻译，于1803年11月15日从密西西比河开始了这次神秘之旅。途中由于人手不够，又征募了12名队员。这样，25人组成的探险队以“探险考察”的名义，于1805年11月15日到达太平洋岸边，该次探险活动为美国向西部拓展做了大量前期准备工作。

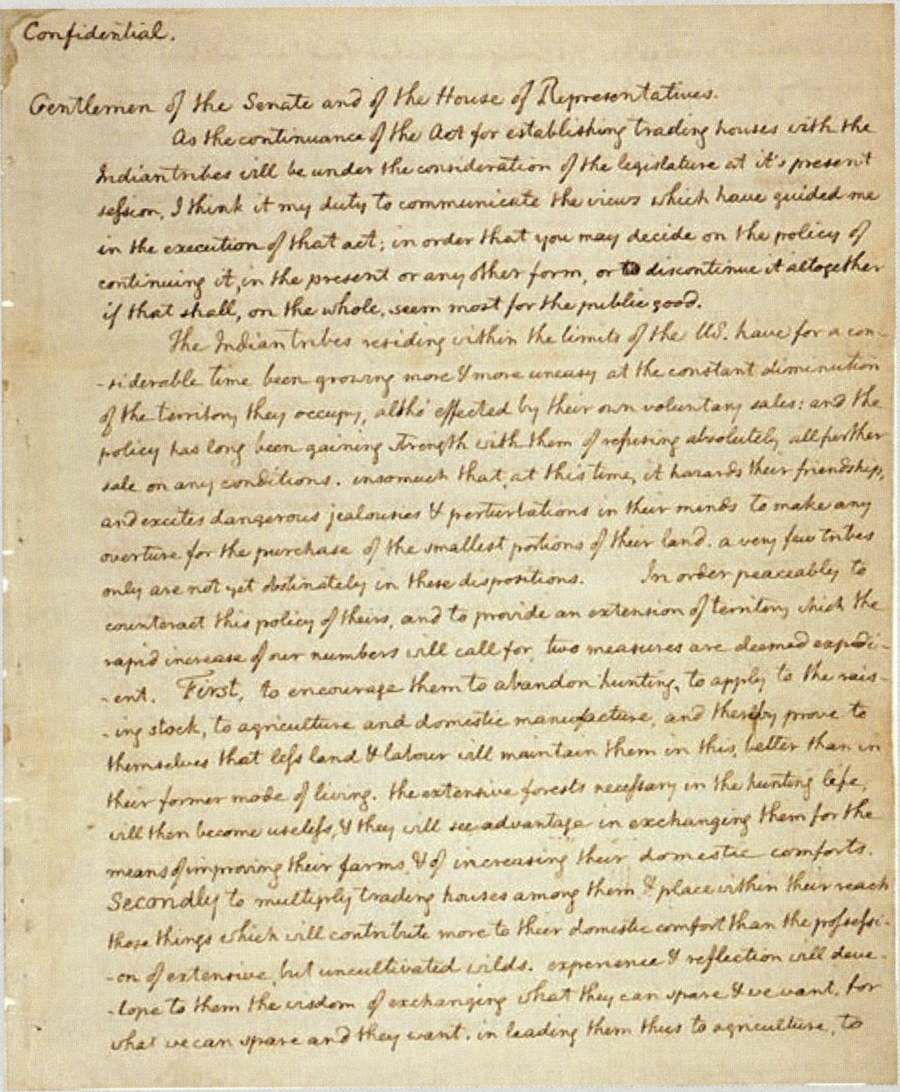

Confidential.

Gentlemen of the Senate and of the House of Representatives.

As the continuance of the act for establishing trading houses with the Indian tribes will be under the consideration of the legislature at it's present session, I think it my duty to communicate the views which have guided me in the execution of that act; in order that you may decide on the policy of continuing it, in the present or any other form, or discontinue it altogether if that shall, on the whole, seem most for the public good.

The Indian tribes residing within the limits of the U.S. have for a considerable time been growing more & more uneasy at the constant diminution of the territory they occupy, altho' effected by their own voluntary sales: and the policy has long been gaining strength with them of refusing absolutely all further sale on any conditions. insomuch that, at this time, it hazards their friendship, and excites dangerous jealousies & perturbations in their minds to make any overture for the purchase of the smallest portions of their land. a very few tribes only are not yet obstinately in these dispositions. In order peaceably to counteract this policy of theirs, and to provide an extension of territory which the rapid increase of our numbers will call for, two measures are deemed expedient. First, to encourage them to abandon hunting, to apply to the raising stock, to agriculture and domestic manufacture, and thereby prove to themselves that less land & labour will maintain them in this, better than in their former mode of living. the extensive forests necessary in the hunting life, will then become useless, & they will see advantage in exchanging them for the means of improving their farms, & of increasing their domestic comforts. Secondly to multiply trading houses among them & place within their reach those things which will contribute more to their domestic comfort than the possession of extensive, but uncultivated wilds. experience & reflection will develope to them the wisdom of exchanging what they can spare & we want, for what we can spare and they want. in leading them thus to agriculture, to

《杰斐逊总统给国会关于拓展西部疆域的密信》手稿第一页

他们的资本入股，让他们从事农业和制造业，这样，就可以让他们用更少的土地和劳动就能生活得比以前更好。狩猎生活所需要的广袤的森林就没什么用途了，他们也可以用这些森林交换农业用具获得利益，使他们过上安逸的定居生活。其次，在印第安部落设立更多的贸易商行，向他们就近提供定居生活的必需品，过上这种安逸的生活远远胜过拥有大片没有任何产出的荒地。经验和思考会让他们变得聪明起来，拿他们多余的而我们需要的东西交换我们多余的他们需要的东西。我相信，我们所做的这一切都是为了他们的最大利益，引导他们从事农业、加工制造、文明开化，把他们和我们的定居点集合在一起，让他们做好最终分享我们政府利益的准备。我们依据国会通过的法案建立这些贸易商行，其目的就是确保贸易自由，我们所需要的就是股本不被削减。所以，我们要以低于市场的价格向国内外私人贸易商出售股份，让他们竞争；这样，心怀对印第安人的善意，就会让我们改变自己一直引起印第安人对我们怀疑、恐惧和愤怒的形象。信的附件是我们参与贸易竞争会带来的效果，当印第安人认识到购买我们的物品的好处时，就会友好地要求我们在他们的部落里开设贸易商行。如果斟酌最近发生在密西西比的一系列事件，国会必然会意识到美国在密西西比从南部边疆至少到伊利诺伊地区拥有广阔领土是何等重要；这样，我们就可以在那里拥有像我们东部边界一样的牢固防线。我们拥有亚祖河①以南的地区，我们也许能够获得从伊利诺伊和沃巴什河②到俄亥俄的一定宽幅的领土；但是，俄亥俄和亚祖河之间是契卡索人的领地，虽然契卡索人是对我们比较友好的印第安部落，但他们却拒绝转让土地。他们领地上对我们来说最重要的一部分土地恰好没有人定居。他们的定居点不是沿着密西西比河，而是在远离该河流的内部地区。契卡索人最近表现出了要从事农业的愿望；这样，他们就要购买农业用具和让生活更舒适的用品。如果我们能不断强化和满足他们的这种需求，我认为，我们关于密西西比河计划的前景就在

---

① 密西西比河的一条支流，在密西西比州的维克斯堡入密西西比河。

② 沃巴什河全长810公里，18世纪法国人利用该河流作为路易斯安那与魁北克之间的运输通道。

于该河流本身的安全。职责需要我将这些观点汇报给国会作出判断；但是，由于这些信息如果泄露出去会给这些计划带来阻力，甚至会降低这些计划的效果，所以，参议院和众议院应将此信作为绝密文件。

在印第安部落里扩展公共商贸，也许会使美国公民的个人商行在这方面的利益受损，国会应该对此给予注意，要权衡个人利益和公共利益的关系。但需要指出的是，从另一个角度说，追求个人利益的美国公民的这些私营企业，也会给公共利益带来更多的好处。密苏里河及其流域的印第安人并不像密西西比河那样对我们如此重要。但是，要知道，密苏里河沿岸居住着众多的印第安部落，在高原地区，通过不计其数的河流和湖泊向其他国家供应了大量的皮革和毛皮，但在漫长的冬季因结冰封锁了航道。密苏里河的航运无法与密西西比河的航运竞争，后者流经气候温和的地区，如果乐观地估计，密西西比河从源头不会断航，这大概是通向太平洋的唯一航运通道，通过下面一些河流就可以形成大西洋到太平洋的通道：伊利诺河或沃巴什河，哈德逊河及一些湖泊，俄亥俄河和萨斯奎汉纳河，或者波托马克河或詹姆斯河，田纳西河和萨凡纳河。这次探险需要 10 名或 12 名探险队员，要有一名学识渊博的人带队，他必须富有冒险精神，并勇于承担风险。探险队长和所有探险队员都要从我们的军人里挑选，只要他们的离开不影响正常的工作即可。他们大概要考察这整条路线，直达太平洋，大致需要两个夏季。他们沿途要与土著居民召开会议，商议商贸往来，让印第安人允许我们的商人和其他商人一样进入他们的部落，同意为我们的商人存放交换商品提供便利，探险队还搜集沿途的各种信息。探险队携带的物资包括武器等军需装备、观测设备、照明工具以及带给印第安人的小礼品，另外加上士兵们探险回来后分给他们的土地费用，整个探险活动的费用大致就是如此。探险队员的工资不管他们走到哪里都将定期发放。其他文明民族也在为丰富知识的发现之旅上花费不菲，为我已表明的各种目的，从各方面和各个角度讲，我们的国家也要实现同样的计划。这次探险除了自身的利益外，也让贯穿北美大陆的唯一通道在我们这一块贯通。虽然说商贸利益是宪法和国会考虑的最主要的目标，但商贸活动也会丰富我们自己大陆的地理知识，这可以说是额外的收获。我们在印第安人的领地上获准从事商贸活动，正如我已经提及的，国家继而宣称拥有这片土地就顺理成章了，就不至于引起猜忌，即便是协议期满，我们也不要放弃这一意图。请求国会拨款两千五百美元，该笔款项包括上文提到的各项费用，政府行政部门深明其意，国会在批准拨款的公告上请把这笔款项的用途写作“用于拓展美国领土外的贸易”，以防止利益相关的人会及早采取行动，给我们的计划设置障碍。

托马斯·杰斐逊

1803年1月18日

*

购买路易斯安那条约①

Louisiana Purchase Treaty

美利坚合众国与法兰西共和国之间的条约

Treaty Between

the United States of America and the French Republic

美利坚合众国总统与法兰西共和国第一执政官②代表法兰西人民希望消除法兰西共和国 9 年葡月 8 日③(1800 年 9 月 30 日)签订的条约中第一条和第二条的误解的根源,因为这两条涉及美利坚合众国与天主教陛下④于 1795

① 本条约签订于1803年4月30日，包括一个主条约和两个协定。1803年10月20日美国参议院批准了条约，1804年3月10日在圣路易斯举行仪式庆祝路易斯安那成为美国的一部分。美国根据本条约购买的路易斯安那地区让当时美国的领土面积翻番，这一地区包括今天的13个整州和毗邻的部分州。

② 指拿破仑·波拿巴（Napoléon Bonaparte，1769—1821）。1792年9月22日，新选出的国民公会开幕，通过废除君主制的议案，宣布成立法兰西共和国。1799年11月9日拿破仑发动“雾月政变”成为法兰西第一共和国第一执政官，1804年11月6日，公民投票通过了新宪法，法兰西共和国改为法兰西帝国，拿破仑加冕称帝。

③ 法国大革命后，法国第一共和国设计出的共和历，企图隔断纪年与宗教的联系。共和历每年有12个月，依次定为葡月、雾月、霜月、雪月、雨月、风月、芽月、花月、牧月、收月、热月、果月；每月有30天；每10天为一旬（没有星期），每旬第10日为休息日；12个月之外余下的5天（闰年为6天）作为“无套裤汉日”。1792年9月22日为共和历元年元月元日。

④ 西班牙君主的称谓（His Catholic Majesty）。欧洲各国君主称谓不同，英国君主的称谓是“英王陛下”（His Britannic Majesty）；法国君主的称谓是“基督教陛下”（His Christian Majesty）；匈牙利君主的称谓是“使徒陛下”（His Apostolic Majesty）；葡萄牙君主的称谓是“坚贞的陛下”（His Faithful Majesty）。如君主为女性代词为“Her”；当面称呼君主代词为“Your”。

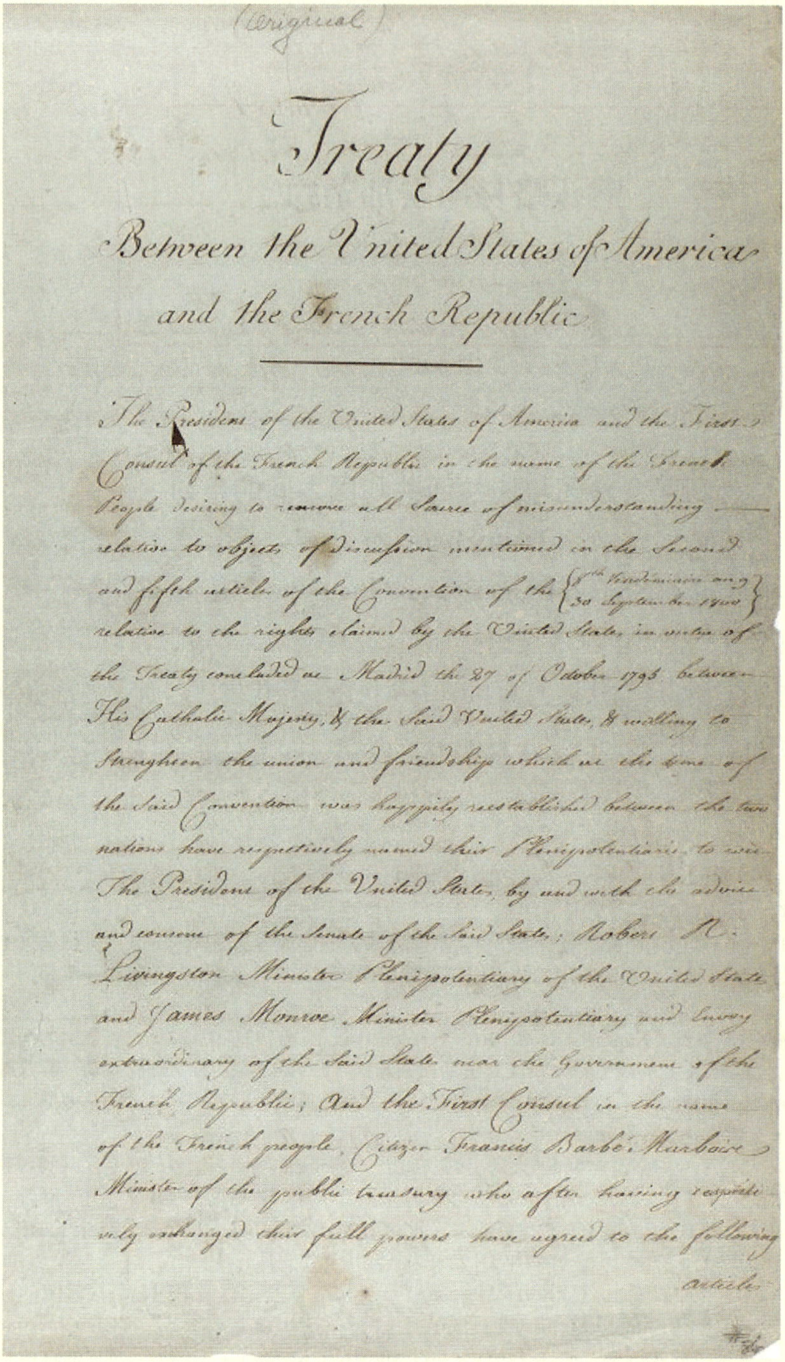
(Original)

Treaty

Between the United States of America and the French Republic

The President of the United States of America and the First Consul of the French Republic in the name of the French People desiring to remove all Source of misunderstanding relative to objects of discussion mentioned in the Second and fifth articles of the Convention of the {8th Vendémiaire an 9 / 30 September 1800} relative to the rights claimed by the United States in virtue of the Treaty concluded at Madrid the 27 of October 1795 between His Catholic Majesty, & the Said United States, & willing to Strengthen the union and friendship which at the time of the Said Convention was happily reestablished between the two nations have respectively named their Plenipotentiaries to wit The President of the United States, by and with the advice and consent of the Senate of the Said States; Robert R. Livingston Minister Plenipotentiary of the United States and James Monroe Minister Plenipotentiary and Envoy extraordinary of the Said States near the Government of the French Republic; And the First Consul in the name of the French people, Citizen Francis Barbé Marbois Minister of the public treasury who after having respectively exchanged their full powers have agreed to the following articles

《购买路易斯安那条约》第一页

年 10 月 27 日在马德里签订的条约所规定的合众国权利要求[①]。也希望通过该条约加强两国之间的团结与友谊，美利坚合众国总统根据合众国参议院的建议和批准同意派遣罗伯特·利文斯顿[②]、合众国派驻法兰西共和国政府附近的全权公使詹姆斯·门罗[③]为全权特使，法兰西共和国第一执政官代表法兰西人民任命公共财政部部长巴贝·马巴赫公民为全权特使，上述为本次缔约的全权特使经协商后达成以下条款：

第一条

法兰西共和国第一执政官与天主教陛下于法兰西共和国 9 年葡月 9 日（1800 年 10 月 1 日）在圣伊尔德丰索签订的条约[④]的第三条规定：

“天主教陛下承诺并保证，当彻底执行完本条约所有条款以及帕尔马公爵殿下的所有条文后 6 个月内，西班牙将路易斯安那领地或叫省割让给法兰西共和国，割让的版图就是西班牙目前控制的领地，包括法国曾控制的该地区的领土和西班牙随后与其他国家签订条约获得的领土。”[⑤]

因此，当执行该条约时，尤其是在执行该条约的第三条规定时，法兰西共和国对该领地有不可争议的所有权和拥有权。法兰西共和国第一执政官希望用法兰西共和国的名义将这一领地的完整主权、所有权利以及这一领地上的附属物永远割让给合众国，其领土范围等同于法兰西共和国与天主教陛下签订的上述条约规定范围，法兰西共和国第一执政官把这一领地割让作为他与美国友谊的有力证据。

---

① 1795年10月27日，美国与西班牙签订《马德里条约》（Treaty of Madrid），美国商人取得在新奥尔良的商品储存和使用港口的权利。

② Robert R. Livingston，1746—1813，美国驻法公使。

③ James Monroe，1758—1831，签署该条约时门罗是美国驻英公使，所以本条约用了“合众国派驻法兰西共和国政府附近的全权公使”字样。门罗后来成为美国第五任总统，提出了著名的“门罗主义”。

④ 1800年10月1日，法国和西班牙签订《圣伊尔德丰索条约》（Treaty of San Ildefonso），法国从西班牙那里获得了路易斯安那的主权，但条约规定在1803年4月完成主权交接之前，该地区仍由西班牙统治。美国得知该密约内容后，担心根据《平克尼条约》从西班牙手里获得的在新奥尔良的一些权益受到不利影响。

⑤ 路易斯安那曾几易其主：1520年开始属于西班牙，1682年开始属于法国，1762年开始又归西班牙。

第二条

本条约上一条所讲割让的领地，包括路易斯安那近海岛屿、所有公共土地与广场、空地、所有公共建筑、防御工事、兵营和其他非私有建筑的财产所有权。与路易斯安那领地及其主权和附属物有关的所有档案、文件、资料转交合众国接收专员，其副本以恰当的方式交给当地的治安官和市政官员备查。

第三条

被割让领地上的居民应转为合众国公民，并让他们尽快获得联邦宪法规定的合众国公民应享受的所有权利、特权和豁免权；同时，要保留并捍卫他们的自由权利、财产权利和宗教信仰权利。

第四条

法国政府应向路易斯安那派遣一名交接专员，其职责是，如果该领地还没转让给法兰西共和国，要以法兰西共和国的名义采取一切必要的手段从天主教陛下委任的官员手里接收该领地及其附属物，然后转交给合众国的接收专员或代表。

第五条

当合众国总统批准本条约并转交给法兰西共和国第一执政官后，法兰西共和国的交接专员应将新奥尔良和其他割让领地上的所有军事目标转交给合众国总统任命的接收专员，任何上述军事目标里不管是法国军队还是西班牙军队，应在本条约批准生效后的三个月内尽快撤离。

第六条

合众国承诺，在合众国与路易斯安那领地上的土著居民和印第安部落另行协商达成双边满意的合适条约前，合众国继续履行西班牙与他们达成的条约或各项协议。

第七条

在法国与合众国就割让领地达成总的商贸协议之前，鼓励两国在该领地互惠通商；签约方同意，在 12 年内，新奥尔良港和割让领地上的其他任何合法港口，对直接来自法国或法国任何殖民地的法国船只，如果装载的货物只由法国或法国殖民地生产，同样，对直接来自西班牙或西班牙任何殖民地的西班牙船只，如果装载的货物只由西班牙或西班牙殖民地生产，与对直接来自法国或西班牙或它们任何殖民地的美国船只一样，给予国民待遇，对船运货物的征税不得高于对美国公民征收的关税、吨位税等税项。

在上述12年期限内，任何其他国家均无权享受在该割让领地港口的相同的特权。如果在巴黎换约，12年期限的开始日期从本条约批准换约期满3个月开始计算；如果在合众国换约，应在巴黎通知法国政府期满3个月开始计算；缔约方确认，上述规定的目的是促进法国和西班牙的制造业、商业和航运业，迄今，法国和西班牙出口到合众国港口的货物没对合众国出口产品和货物的法规以及他们将制定此类法规的权力带来任何不利影响。

第八条

上述12年期满后，上述港口应永久给予法国船只最惠国待遇。

第九条

关于1800年9月30日（法兰西共和国9年葡月8日）前法兰西共和国所欠美国公民的债务的支付，在本条约签署日由各方公使另行订立协定，关于上述债务支付的协定应被视为是本条约的一部分而与本条约同时执行，并应和本条约一样，用同样的方式、在同样的时间得到批准和换约，两者不得分开。

在本条约签署日还签署了另一个关于签约方最终订立的协定，同样，该协定应和本条约一样，用同样的方式签署，同本条约一起用同样的方式同时批准换约。

第十条

应用恰当的方式批准本条约，并应在本条约经全权特使签字后的6个月内尽快换约。

缔约方全权特使真诚地签署了这些条款的法文文本和英文文本；并声明，本条约用法文商定，最初用法文书写；已加盖封印。

法兰西共和国11年花月10日，即公元1803年4月30日，签署于巴黎。

罗伯特·R·利文斯顿（封印）

詹姆斯·门罗（封印）

巴贝·马巴赫（封印）

美利坚合众国与法兰西共和国之间的协定[①]

Convention Between the United States of America and the French Republic

美利坚合众国总统与法兰西共和国第一执政官代表法兰西人民，作为本日签订的路易斯安那割让的后续协定，希望通过制订本协定最终解决上述割让领地的一些问题，美利坚合众国总统根据合众国参议院的建议，同意派遣罗伯特·R·利文斯顿与合众国派驻法兰西共和国政府附近的全权公使詹姆斯·门罗为全权特使，法兰西共和国第一执政官代表法兰西人民，任命公共财政部部长巴贝·马巴赫公民为全权特使，上述为本次缔约的全权特使经协商后达成以下条款：

第一条

合众国政府承诺向法国政府按照本协定下一条的规定支付6000万法郎，该笔款项独立于将由另一个协定确定的支付给法国欠合众国公民债务的那笔款项。

第二条

对本协定上一条款确定的6000万法郎的支付，美国应付款1125万美元，通过向伦敦或阿姆斯特丹银行借贷支付[②]，年利率为6%，每半年支付一次利息，照此计算，每半年支付337500美元的利息，支付比例将由法国政府决定，支付地点在上述两个地点中任选其一。上述债券本金应由合众国财政部每年支付不少于300万美元；第一笔支付在本协定批准换约后满15年。1125万美元的购买路易斯安那款项应在本条约批准换约和路易斯安那转交给合

① 该协定是对美国购买路易斯安那的付款安排。购买路易斯安那费用是1125万美元，另外，美国还要替法国偿还法国政府欠美国公民的375万美元的债务，这样算来，购买路易斯安那的总费用是1500万美元，这对年轻的美国来说是一笔难以负担的巨资。由于拿破仑要求美国立刻付款，美国只能从两家欧洲银行借款，年利率是6%，直至1823年才把这笔购地款连本带息还清。

② 这笔款项是由伦敦Francis Baring and Company和阿姆斯特丹的Hope and Company两家银行安排支付的。这两家银行先购买美国政府特殊债券，美国便通过这两家银行把卖债券换来的金币运到法国，美国再按约定每半年支付一次债券利息，并在15年后按比例赎回债券。

美国购买路易斯安那（中间浅色部分）后使当时的领土面积翻番

众国政府后的 3 个月内交给法国政府或法国政府授权的接收人员。

双方还约定，如果法国政府希望在欧洲在较短的期限内接收上述购地金，计算每期支付数额时应考虑合众国最大的支付能力和上述购地金的最高融资成本。

第三条

双方约定，美元与法郎的固定汇率为 1 美元兑 5 又 3333/10000 法郎，或 5 利弗尔 8 苏金币。

应用恰当的方式批准本协定，并应在本条约经全权特使签字后的 6 个月内尽快换约。

缔约方特命全权特使真诚地签署了这些条款的法文文本和英文文本；并声明，本协定用法文商定，最初用法文书写；已加盖封印。

法兰西共和国 11 年花月 10 日，即公元 1803 年 4 月 30 日，签署于巴黎。

罗伯特 · R · 利文斯顿（封印）

詹姆斯 · 门罗（封印）

巴贝 · 马巴赫（封印）

美利坚合众国与法兰西共和国之间的协定[①]

Convention Between
the United States of America and the French Republic

美利坚合众国总统与法兰西共和国第一执政官代表法兰西人民，本日签订的条约，解决了关于路易斯安那所有遗留问题，在两国之间建立了牢固的友谊基础，让两国团结起来，并且希望依照法兰西共和国9年葡月8日（1800年9月30日）签订的条约的第二条和第五条，为确保法国欠美国公民的款项的支付，美利坚合众国总统根据合众国参议院的建议和批准派遣罗伯特·R·利文斯顿与合众国派驻法兰西共和国政府附近的全权公使詹姆斯·门罗为全权特使，法兰西共和国第一执政官代表法兰西人民，任命公共财政部部长巴贝·马巴赫公民为全权特使，上述为本次缔约的全权特使经协商后达成以下条款：

第一条

根据法兰西共和国9年葡月8日（1800年9月30日）签订的条约确定的法兰西共和国所欠美国公民债务，按照以下条款支付，年利率确定为6%；当支付凭证转交给法国政府时开始计息。

第二条

本协定上一条所提债务总额不得超过2000万法郎。以下条款规定了关于该笔债务免责部分，不包括在这笔债务里。

第三条

上述债务的本金和利息应根据全权特使的支付凭证由合众国财政部支付，这些支付凭据应在条约和两个协定批准换约后的60日内支付，支付完成后，路易斯安那将由法国交接专员交给合众国接收专员。

① 该协定是关于法国承诺赔偿1798—1800年美法战争期间给美国公民造成的损失375万美元，根据该协定此笔款项转由美国政府出钱替法国政府赔付。

第四条

双方明确，上述各条规定的债务是因法国因禁运和海上扣押给美国公民造成的损失的赔付，合众国公民是而且仍然是法国的债权人，对于该诉求在法兰西共和国9年葡月8日(1800年9月30日)签订条约时已恰当提出。

第五条

本协定上述各条只有在满足下面条件的情况下执行：第一，扣押委员会对扣押物要求恢复原状，双方明确，一旦索赔人对法兰西共和国索赔，则失去对合众国的追索权；第二，法兰西共和国9年葡月8日（1800年9月

1804年3月10日，圣路易斯市庆祝路易斯安那成为美国的一部分

30 日）签订的条约的第五条确定的债务，是该条约签订前向法国政府正式提出索赔的债务，债权人有权得到合众国的偿付保证；上述条约第五条不能被理解成对法国扣押行为的定罪或将被定罪。签约方明确，不要将本协定给合众国公民的利益扩展到那些在法国、英格兰或合众国以外任何其他国家与外国合伙人开办贸易商行的人，在这种情况下，这些人应被认定是居住在贸易商行所在地国。如果商品的所有人不是合众国公民，则对该商品达成的所有协议和交易也不得享有上述条约规定的权益。

第六条

对上述条款可能引起的分歧应公正调查，为实施该调查，合众国全权特使应任命 3 个临时负责人，调查时不得拿走任何文件，也不得拿走法兰西共和国为此目的成立的赔付局已经支付了的所有账目，并且，要查明这些分歧是否属于本协定指定的范围并符合本协定提出的原则，或者，如果宣布对于一个合众国公民或其代表的债务证明不属于任何一项免责，并且是在法兰西共和国 9 年葡月 8 日（1800 年 9 月 30 日）签订条约以前的债务，债权人有资格依照本协定第三条获得合众国财政部的支付凭证。

第七条

赔付局在不得拿走任何文件的情况下，有权调查作为索赔的证明文件，对那些具备索赔资格的人给予证明，但不应把依照本协定的免责索赔包括在内。

第八条

赔付局应调查那些不予赔付的索赔，对认为其中具备索赔资格的应给予书面证明。

第九条

本协定规定的债务部分应由合众国财政部支付，年利率为 6%。

第十条

上述各条款规定的所有债务均应赔付，不允许不公正的赔付或过高赔付，合众国全权特使如认为合适，可任命合众国驻巴黎商务代表或其他代表协助赔付局调查索赔；如果法国政府的赔付局认为应该赔付，但该代表认为该索赔没有足够的证据，或者判断任何债务不符合上述条约第五条提出的原则，该代表应将意见提交给合众国建立的委员会，由该委员会在不拿走任何文件的情况下对该债务和支付凭证进行彻底调查，并将调查结果报告给合众国财政部长。合众国财政部长应将自己对所有该类案件的整体意见转交给法兰西共和国财政部长，由法国政府最后决定每个案子是否给予赔付。

对任何索赔的拒绝即是免除合众国的赔付义务，法国政府保留与自己有关的此类索赔的最后决定权。

第十一条

本协定批准换约之日起的一年内，可以制定任何必要的决议，但不得与条约发生冲突。

第十二条

如果法国政府与美国公民在法兰西共和国 9 年葡月 8 日（1800 年 9 月 30 日）之后达成债务赔偿协议虽未包括在本协定内，仍继续有效，并按照本协定规定赔付。

第十三条

应用恰当的方式批准本协定，并应在本条约经全权特使签字后的 6 个月内尽快换约。

缔约方全权特使真诚地签署了这些条款的法文文本和英文文本；并声明，本协定用法文商定，最初用法文书写；已加盖封印。

法兰西共和国 11 年花月 10 日，即公元 1803 年 4 月 30 日，签署于巴黎。

罗伯特·R·利文斯顿（封印）

詹姆斯·门罗（封印）

巴贝·马巴赫（封印）

*

马伯里诉麦迪逊案[①]

Marbury v. Madison

1801年2月17日，共和党人托马斯·杰斐逊当选为美国总统。联邦党人总统约翰·亚当斯即将离任时提名他的国务卿约翰·马歇尔为联邦最高法院首席大法官（兼国务卿），并一次性提名42名治安法官，国会翌日批准了这些任命。按任命程序，马歇尔国务卿要给这些委任状加盖美国国徽后寄出，由于政权交接忙乱，其中有17份委任状未能寄出。杰斐逊总统就职后，命令自己的国务卿詹姆斯·麦迪逊扣押这些尚未寄出的治安法官委任状，其中就有威廉·马伯里的。

1801年12月6日，马伯里联合另外两个未收到治安法官委任状的人将国务卿麦迪逊告上联邦最高法院，要求法院向麦迪逊国务卿签发职务执行令，把委任状送达给他们。

1803年2月24日，联邦最高法院以5比0的票数（当时有6名大法官，一名大法官因病未参加投票）对“马伯里诉麦迪逊案”做出判决[②]。判决的主要内容是，任命马伯里为治安法官的委任状有效，必须对马伯里给予法律救济；但马伯里起诉依据的《联邦司法法案》第十三条违宪，违宪的法律无效；依据美国宪法，最高法院不拥有对该案的初审管辖权，仅拥有上诉管辖权。简言之，马伯里依法有权获得委任状，但告错了地方。对于本案，

① 本判例收录于《美国联邦最高法院判例汇编》第5卷第137页（1803年）。

② 美国联邦最高法院以合议庭的形式审理案件，判决结果是由大法官们投票决定的，最高法院的判决是绝对多数大法官的意见。

联邦地区法院拥有初审管辖权，联邦上诉法院拥有上诉管辖权，联邦最高法院拥有终审管辖权。

首席大法官马歇尔对此案的处理相当机智，因为大法官是正义的化身，他不能被卷入党派纷争的漩涡。于是，他首先根据《联邦司法法案》第十三条受理此案；接着，他在审理中提出《联邦司法法案》第十三条与《美国宪法》第三条第二款冲突，因而前者违宪，违宪的法律无效（联邦最高法院对本案没有初审管辖权大概是马歇尔在审理过程中的新认识）。

“马伯里诉麦迪逊案”的意义在于，它确立了联邦最高法院有权解释宪法、判决政府行为和国会的立法是否符合宪法，使“三权分立”的界限得到明晰的界定。今天，世界立宪民主政体几乎都把这个案例奉为权力制衡之源。联邦最高法院首席大法官马歇尔在“马伯里诉麦迪逊案”判决书里的名言“解释法律显然是司法部门的权限范围和责任”被雕刻在最高法院的墙上。

联邦最高法院首席大法官约翰·马歇尔发布的“马伯里诉麦迪逊案”判决书[①]如下：

在宣读完誓词并由书记员归档后，此案便形成一个规则，要求国务卿[②]说明联邦最高法院不应对他下达职务执行令的理由，该职务执行令就是命令他为威廉·马伯里先生颁发哥伦比亚华盛顿特区治安法官委任状。

但是，国务卿并没有提出理由，而本案的诉讼请求正是要求本法院签发这一职务执行令。本案案情新奇，颇为敏感，法庭辩论时常常陷入困境，这就要求本法院详尽阐释判决意见。

关于支持申诉人的一些原则在法庭上进行了巧妙的辩论。在本院宣布判决意见时，虽然不是在本质上，但在形式上会与辩论的主题有所偏离。

根据审理本案的顺序，本法院考虑并解决了以下问题：

第一，申诉人是否有权得到他所要求的委任状？

第二，如果他确实有这个权利，并且该权利受到了侵犯，他所在国家

① 本案判决书约9000英文单词，本文摘录编译了其主要内容，约占原文三分之一的篇幅。
② 指国务卿詹姆斯·麦迪逊。

的法律是否为他提供了一种救济手段？

第三，如果法律确实为他提供了一种救济手段，这种救济手段是不是联邦最高法院签发的职务执行令？

现在，我们要调查的第一个问题是：申诉人是否有权得到他所要求的委任状？

……

本院的观点非常明确：当总统签发委任状时即意味任命；当国务卿在委任状上加盖国徽时，任命即告完成。

……

因为总统已经在马伯里先生的委任状上签了字，国务卿也在上面加盖了国徽，所以，马伯里先生理所当然地被任命了依法设置的治安法官这一职务。法律规定，治安法官独立于行政部门，任期 5 年。该任命不可被撤销，因为治安法官的法定权利受国家法律保护。

本法院认为，扣留委任状并非是法律授权行为，它是对法定权利的侵犯。

这就带来需要调查的第二个问题：如果他确实有这个权利，并且该权利受到了侵犯，他所在国家的法律是否为他提供了一种救济手段？

公民自由的本质是，当个人权利受到侵害时，有权要求法律保护。政府的首要职责之一就是保护公民的自由权利。美国政府是法治政府，而非人治政府。当公民的法定权利受到侵害时，如果法律不能为其提供救济，那我们就不能用“法治政府”这一崇高的称号来称呼我们的政府。

……

美国宪法把一些重要的政治权力赋予总统，在行使这些权力时，总统拥有自由裁量权，他要凭借自己的政治人格和良心对国家负责。为使总统履行好职责，宪法授权总统任命某些官员执行他的命令。

在这种情况下，被总统任命的官员行为即是总统行为，不管对行政上的自由裁量权如何认识，但从政治上讲这种自由裁量权是不受限制的。他们效忠的是国家，而不是个人权力，并且，一旦被委任为政府行政职务，行政决策就不应受到质疑。

……

但是，当国务卿继续被立法部门赋予其他职责时，如果他被武断地命令从事某些影响公民个人权利的行为，他此时就是一名司法官员，他的行为是实施法律，不能依据自由裁量权侵害他人的法定权利。

据此推理得出的结论是：部门首长是行政部门的政治代表或忠实代表，他们仅按总统意愿行事，更准确地说，是依据宪法或法律赋予行政部门的自由裁量权行事，那么，只能对他们的行为进行政治审查；但是，如果依法赋予部门首长一项特别职责，而行使这项职责会影响到个人权利，那么，当个人认为自己的权利受到侵害时有权诉诸国家法律寻求救济。

……

由此，法院提出的意见是：马伯里有权得到委任状，拒绝向他颁发委任状是对他所享有的这种权利的公然侵害，国家法律为他提供了一种救济手段。

剩下的就是需要调查的第三个问题：他有权获得他所提出的救济，但这取决于两个方面，一个是他所申请要求本法院签发的职务执行令的性质，另一个是本法院的管辖权限。

我们先看看申诉人要求本法院签发的职务执行令的性质。

……

不管这个职务执行令是关于送达委任状的，还是关于送达委任状副本的，这仅是一个关于职务执行令的普通案件。现在，需要调查的问题仅剩下：本法院是否有权签发该职务执行令。①

---

① 引自1789年《联邦司法法案》第十三条，该条全文是："美利坚合众国参议院和众议院还决定：所有关于民事性质的并以州为一方当事人的纠纷，最高法院拥有排他性司法管辖权，但不包括州与其本州居民之间的民事纠纷，也不包括州与其他州居民或外国人之间的民事纠纷，后者最高法院拥有初审权但不是排他性司法管辖权。对大使、公使以及他们的家庭成员或家庭服务人员提起的诉讼案件，最高法院拥有排他性司法管辖权，因为法院可能按照国际法审理案件。对大使或其他公使提起的诉讼案件，或以领事、副领事为一方当事人提起的诉讼案件，最高法院拥有初审权但不是排他性司法管辖权。最高法院在审理所有对美国公民提起的诉讼案件时，必须由陪审团判决事实部分的争议。对巡回法院及各州法院审理的案件，经特别方式提起后，最高法院拥有上诉管辖权，同时有权在海事案件的审理过程中及海事管辖权的行使过程中，对地区法院签发法院禁令。最高法院有权在事关法律原则和法律 惯例的案件中，对以合众国名义任命的法院或公职人员签发职务执行令。"

建立美国司法系统的《联邦司法法案》授权联邦最高法院“在事关法律原则和法律惯例的案件中，对以合众国名义任命的法院或公职人员签发职务执行令”。

国务卿作为合众国的公职人员符合上述条文规定；假定本法院无权对该官员签发职务执行令，那必然是因为《联邦司法法案》违宪，从而导致本法院不拥有这种管辖权，当然也就不能履行上述条文赋予的职责。

宪法将合众国的全部司法权赋予一个最高法院，以及国会随时命令和建立的任何下级法院。[①] 显而易见，这一司法权适用于依合众国法律提起的所有诉讼，继而它也以某种形式适用于眼前这一案件，因为申诉人所主张的权利是合众国法律赋予的。

宪法赋予的联邦最高法院司法管辖权限为：“涉及大使、公使和领事的一切案件；有关海事法庭和海事管辖权的一切案件；合众国为一方当事人的所有案件；两个州或两个以上的州之间的案件；一州与另一州公民之间的案件；不同州的公民之间的案件；同一州公民之间因为不同州土地转让的案件；一州或其公民与外国、外国公民或臣民之间的案件。”[②]

本案开庭时有人坚持认为，宪法将初审管辖权赋予联邦最高法院及其下级法院只是一般性的授权，而且，授权联邦最高法院初审管辖权的条款并没有任何否定性或限定性词句，因此，如果一些案件没有被宪法条款明确列举，但属于合众国的司法管辖范围，则应由国会决定初审管辖权是否分配给最高法院。

如果立法部门将分配最高法院与下级法院之间的司法权作为自己的自由裁量权，按自己意愿分配，那么，除了定义司法权以及应被赋予司法权的法庭外，进一步分配司法权则毫无用处。如果是这种情况，宪法该条款的后一部分纯属多余，没有任何意义。如果国会可以随意赋予联邦最高法院上诉管辖权，而宪法又规定该管辖权是初审管辖权；或者说，国会赋予

---

① 见《美国宪法》第三条第一款。
② 见《美国宪法》第三条第二款。

联邦最高法院初审管辖权，而宪法上却称之为上诉管辖权；照此，宪法对司法权的分配也就不存在任何实质内容了。

在实际应用中，法律条款的肯定性词句通常是否定未被肯定的内容；因此，在理解本案时，必须用否定性或排他性的概念来理解肯定性词句，不然，这些肯定性词句就无法操作。

我们不能推定任何一条宪法条款没有效力；因此，若宪法没有明文规定，就不能认定国会拥有司法权的分配权。

……

当建立基础司法系统的法律把司法系统分为一个最高法院以及由立法部门命令和建立的若干个下级法院；然后列举其权力，接着分配这些权力。宪法赋予最高法院的司法权包括对某些案件的初审管辖权，而对另一些案件则拥有上诉管辖权。这些条款可简单地理解为，在某一类案件中，最高法院的司法管辖权是初审管辖权，而不是上诉管辖权；在另一类案件中，最高法院的司法管辖权是上诉管辖权，而不是初审管辖权。如果任何其他法律解释会导致宪法该条款无法适用，则就可以作为一种额外理由拒绝接受这种解释，必须坚持宪法该条款的明确含义。

对于本案，为让最高法院有权签发职务执行令，必须明文规定它有上诉管辖权，或者，如有必要赋予它上诉管辖权。

庭审时已经申明，上诉管辖权有多重行使方式，如果立法部门认为采取职务执行令的方式，法院必须遵从。确实如此，司法管辖权必须是上诉管辖权，而不是初审管辖权。

上诉管辖权的本质是，它可以修改或纠正已经受理的案件诉讼程序，而不是立案。所以，虽然联邦最高法院可以向下级法院签发职务执行令，但要向行政官员签发职务执行令送达一份文件，这实际上就是针对该文件的原始诉讼，因而也就不属于上诉，而属于初审管辖权的范畴。关于本案，也没必要让联邦最高法院行使上诉管辖权。

因此，建立美国司法系统的《联邦司法法案》赋予联邦最高法院对公职人员签发职务执行令的权力，但宪法并没有此项授权；这样，我就需要论证该法案赋予联邦最高法院的此项司法管辖权是否具有效力。

关于与宪法相抵触的法案能否成为国家的法律这一问题，对美国来说是一个被广为关注的问题；但幸运的是，与它受到的关注程度相比，它并不复杂。我们只要认识到长期以来建立和完善起来的一些原则，并据此判断即可。

人民建立政府的初始权力就是获得最大的幸福，正是基于这一原则建立起美国整个国家部门。这种初始权力一旦完全行使，就不能也不应该反复使用。也就是说，依据人的初始权力建立起来的一些基本原则具有至高无上的权威，尽管不常使用，但却被设定为永恒不变的。

依据这种初始的、至高无上的人民意志组建了政府，并分配给政府各部门职权。该意志的行使可以到此为止，但也可以继续规定各部门的权限，防止越权。

美国政府就属于上文描述的后一种情况。立法部门的权力被赋予后还规定了其权限；由于我们是成文宪法，这些权限就不至于被误解或被遗忘。如果这些权限可以随时被那些受到限制的人逾越，那么，规定这些权限用意何在？写下这些限制又有什么用途呢？如果这些限制无法约束被限制的人，如果被禁止的行为和被允许的行为具有同等的义务，那么，有限制的政府与无限制的政府之间的差别也就不存在了。由此推论出一个显而易见、毋庸争辩的命题，那就是，要么宪法制约任何与其相抵触的法案；要么立法部门通过普通法案修改宪法。

在这两个选项中，不存在中庸之道。要么宪法是优先的、至高无上的法律，不能被一般程序所修改；要么宪法与一般法案处于同一等级，与其他法案一样，只要立法部门愿意就可以修改它。

如果前一选项为真，那么，与宪法相违背的法案就不是法律；如果后一选项为真，那么，成文宪法以人民的名义限制这种实际上的无限权力只能是一种荒谬的企图。

当然，成文宪法的制定者们将宪法视为国家的根本的、至高无上的法律，因此，任何一个这样的政府理论一定是，与宪法相抵触的法案是无效的。

这种理论从本质上讲依附于成文宪法，因此，本法院认为这种理论也是我们社会的一项基本准则。所以说，在对这一问题进一步探究时绝不能忽视它。

如果与宪法相抵触的法案无效，那么，这种无效的法案还能约束法院并让法院适用它吗？换言之，尽管它不是法律，它能否建立一个原则来把它当作有效的法律呢？这样，就会在实际上推翻建立在理论基础上的准则；这一看就是荒谬绝伦不能采纳的。但我们还是应该对此给予更加深刻的认识。

司法部门的主要权限就是解释法律。要想把这一原则应用于具体案件，就必须解释和说明这个原则。如果两个法律发生冲突，法院必须依据其中的一个法律判决。

所以，当一个法律与宪法相抵触时，当这个法律和宪法同时适用于同一个具体案件时，法院必须决定，该案件要么适用于这个法律，而忽视宪法；要么适用于宪法，而忽视这个法律；法院必须决定该案件适用于这些冲突的原则中的哪一个。这是司法部门的一项非常重要的职责。

如果法院捍卫宪法，并把宪法作为高于其他一切普通法案的国家的基本大法，那么，当一个案件同时适用于宪法和普通法案时，是宪法而不是普通法案对该案件有最高优先级。

反对法院把宪法作为至高无上的原则的人认为，法院不应考虑宪法至高无上的原则，只考虑一般法律即可。

这种观点颠覆了所有成文宪法的基础。它意味着，一个法案依据我们的原则和政府理论是完全无效的，但在实践中却又必须得到不折不扣地实施。它意味着，如果立法部门通过了一个被禁止的法案，尽管这一法案被明令禁止，但它在实践中却又具有效力。它意味着，赋予立法部门有限权力的同时，又赋予它实际上的无限权力。一方面对立法部门规定权限，而另一方面又宣称它可以随意逾越这些限制。

成文宪法是对政治制度最大改进，上述说法对这种改进没什么价值，美国宪法的特有表述驳斥了这种观点；在美国，成文宪法受到极大的尊重。

美国的司法权适用于所有依宪法提起的案件。

在行使司法权的过程中可以不考虑宪法，难道这是授予司法权的人的本意吗？依据宪法提起的案件，难道也可以不对照宪法而直接判决吗？这样观点显然太荒唐，是站不住脚的。

所以说，法官在某些案件中必须对照宪法。难道他们打开宪法后，还有什么条款禁止他们阅读或遵守吗？

宪法的许多条款可以阐释这一问题。

宪法规定“各州不得对进口和出口的货物征收包括关税在内的任何税”[①]。假定针对一州出口到另一州的棉花、烟草或面粉的征税提起诉讼，要求返还税款，难道这不需要判决吗？难道法官不需要对照宪法而只适用于普通法律吗？

宪法规定“不得通过任何剥夺公民权利的法案和追溯既往的法律”[②]。如果通过了这样的法律，一个人在追溯既往的法律下就会受到起诉，难道法院要把受宪法保护的无辜处死吗？

宪法规定“任何人非经两个证人证明他的公然叛国行为，或由本人在公开法庭认罪，均不得被判叛国罪”[③]。宪法的这一规定专门针对法院，直接指示法院审判不得偏离这一证据原则。如果立法部门通过法案把这一规定改成只要有一个证人或只要在法庭外认罪即可判罪，难道宪法原则必须屈从于法案吗？

宪法的上述规定以及其他规定都明晰地表明，宪法制定者把宪法当作是同时控制法院和立法部门的原则，不然，宪法为什么要求法官必须宣誓捍卫它呢？这个誓词当然以某种特定的方式适用于法官的职务行为。如果把法官当作一种圆滑的工具使用，使他们违背宣誓捍卫的东西，把这样的誓词强加于他们是何等不道德！

立法部门规定的法官就职誓词本身也完全证明了立法部门对这一问题

---

① 见《美国宪法》第一条第十款。
② 见《美国宪法》第一条第九款。
③ 见《美国宪法》第三条第三款。

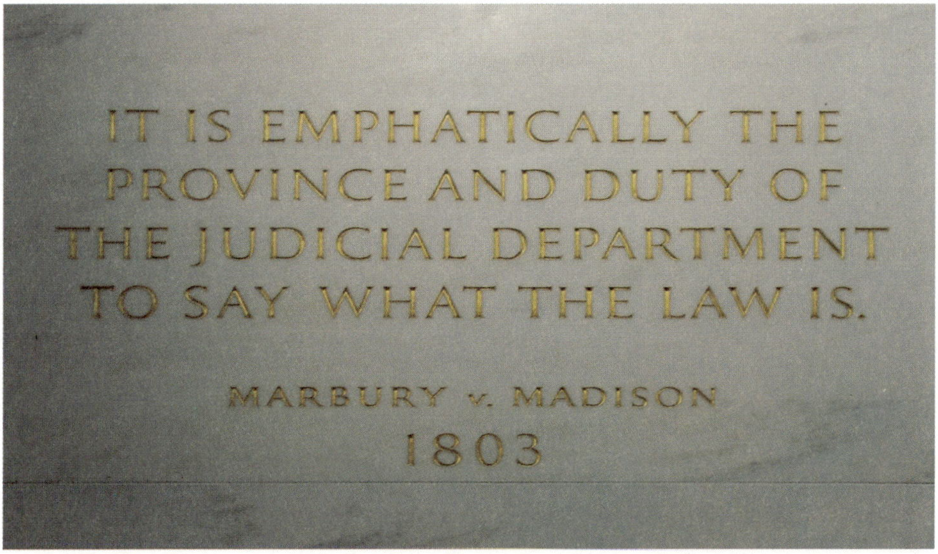

联邦最高法院的墙上雕刻着“马伯里诉麦迪逊案”判决书里的名言

的看法。誓词写道:“我，某某，庄严宣誓（或声明），在司法中，不管对何人，穷人还是富人，都公平对待，尽自己的最大能力和才智，依照合众国宪法和其他法律忠诚公正地履行我的所有职责。上帝助我。”[①] 如果宪法没有规定控制政府的规则，如果法官不对照并核实宪法，那为什么要求法官依照合众国宪法履行职责呢？

如果事情果真如此，这真是莫大的嘲笑，不管是规定誓词还是宣誓，都是一种罪恶。

同时也不要忘记，当提到国家最高法律时，首先想到的就是宪法；只有依照宪法制定的法律才具有合众国法律的地位。

因此，作为成文宪法的《美国宪法》专门的表述方式确认并加强了这一原则，那就是，所有与宪法相抵触的法律都是无效的，法院与其他部门一样受宪法约束。

这一原则必须得到遵守。

① 见《联邦司法法案》第八条。

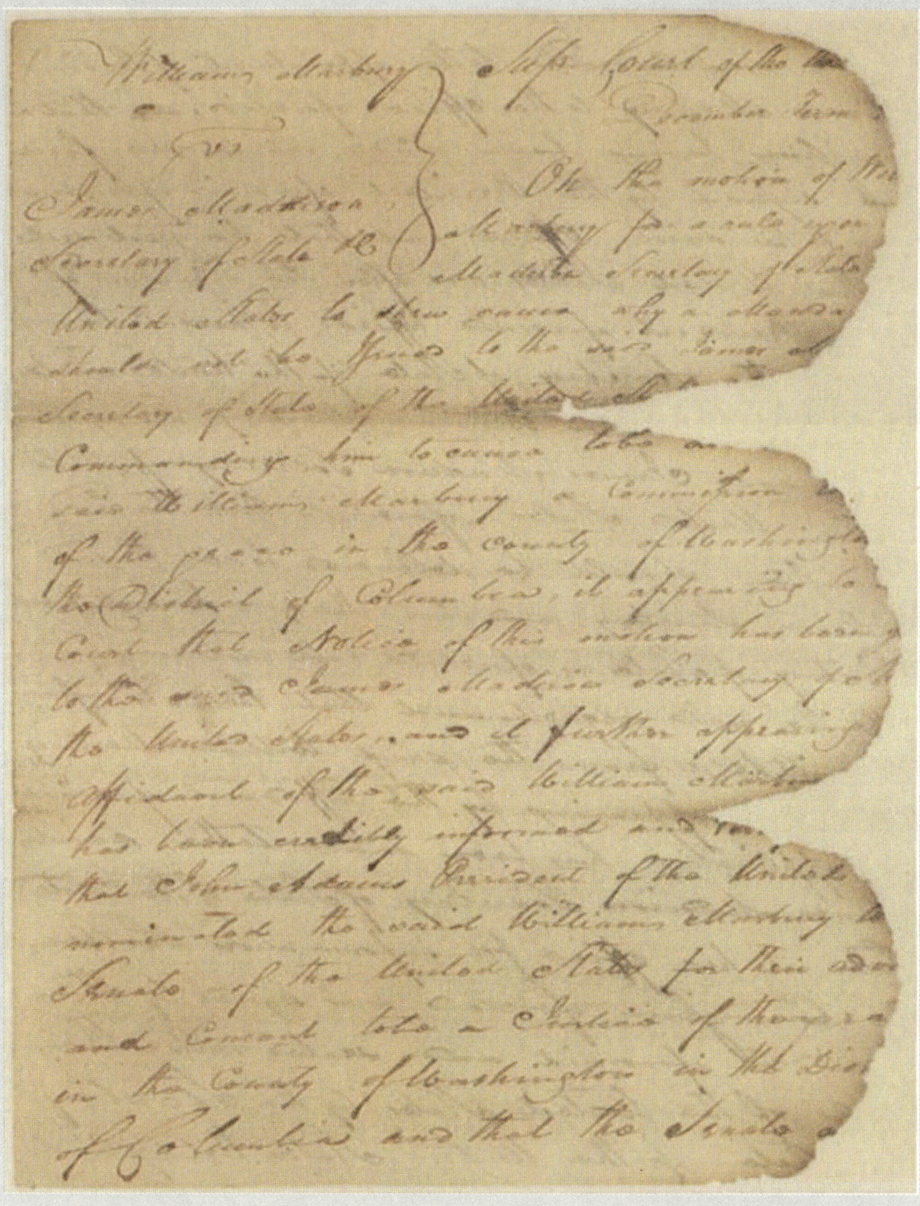
William Marbury } Supr. Court of the U...
December Term
vs
James Madison Secretary of State &c } On the motion of Wi... Marbury for a rule upon ... Madison Secretary of State ... United States to shew cause why a Manda... should not be issued to the said James a... Secretary of State of the United St... commanding him to cause to be ... said William Marbury a Commission ... of the peace in the county of Washingt... the District of Columbia, it appearing to ... Court that Notice of this motion has been ... to the said James Madison Secretary of ... the United States, and it further appearing ... affidavit of the said William Marb... has been credibly informed and ... that John Adams President of the United ... nominated the said William Marbury to ... Senate of the United States for their adv... and Consent to be a Justice of the pea... in the County of Washington in the Dis... of Columbia and that the Senate ...

“马伯里诉麦迪逊案”判决书原件

*

门罗主义①

Monroe Doctrine

……针对住在这里的俄罗斯帝国公使提交的该帝国政府的提议，我们已授权圣彼得堡的合众国公使为特命全权公使，就两国在美洲大陆西北沿岸地区各自权力和利益进行友好协商。俄罗斯皇帝还将一个类似的提议提交给大不列颠政府，大不列颠政府似乎也接受了该提议。合众国政府一直渴望采取友好协商的方式解决利益冲突，与俄罗斯皇帝发展友谊和增进对俄罗斯政府的理解具有重大价值。针对这个利益问题的讨论以及双方公使的安排，现在是美国就此发表一个声明的恰当时机，针对涉及合众国权力和利益的问题提出一个总的原则，那就是：美洲是美洲人的美洲，应该保持它的自由和独立状态，从今以后，欧洲各国均不得继续把美洲作为开拓

① 1823年12月2日，美国总统詹姆斯·门罗在国会发表的他任期内第七个年度的《国情咨文》中提出了“门罗主义”。当时俄国要求攫取北美大陆西北沿岸地区，而拉丁美洲国家争取独立的斗争方兴未艾，门罗总统宣布不能再把西半球作为欧洲列强的征服和殖民目标，警告欧洲列强不要插手西半球事务。

长期以来，美国一直把“门罗主义”作为对欧洲和美洲其他国家的重要外交方针。1862年，法国、英国和西班牙以墨西哥延付外债为借口，军事占领了墨西哥共和国，法国皇帝拿破仑三世还把日耳曼族的马克西米利安（Maximilian）扶植为墨西哥皇帝，美国对欧洲列强实施外交和军事压力，帮助墨西哥人民赶跑了欧洲势力，处死了马克西米利安，恢复了墨西哥共和国。1904年，一些拉丁美洲国家的欧洲债权人威胁要武装干涉收取债务。美国总统西奥多·罗斯福立即宣布美国要履行“国际警察”义务来平息这种“习惯性的错误”。1904年，美国派海军陆战队登陆圣多明各，1911年登陆尼加拉瓜，1915年登陆海地，有效地阻止了欧洲人对上述地区的干预。但美国炫耀武力，也让拉丁美洲国家感到不安，造成了这些国家与美国的长期紧张关系。

1962年，针对苏联在古巴建导弹基地，美国再次使用“门罗主义”，在“美洲国家组织”的帮助下对古巴进行海上和空中封锁，逼迫苏联从古巴撤走所有导弹，拆除已建起来的导弹发射设施。

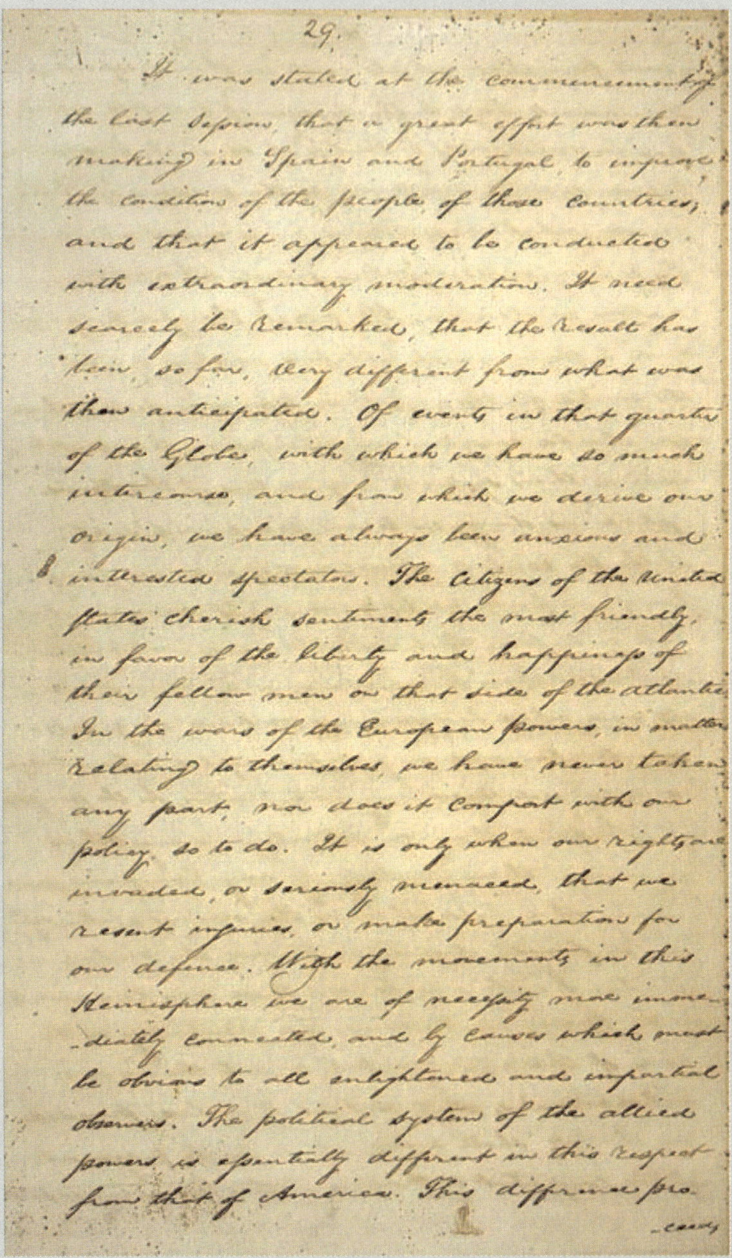
29.

It was stated at the commencement of the last session, that a great effort was then making in Spain and Portugal, to improve the condition of the people of those countries, and that it appeared to be conducted with extraordinary moderation. It need scarcely be remarked, that the result has been, so far, very different from what was then anticipated. Of events in that quarter of the Globe, with which we have so much intercourse, and from which we derive our origin, we have always been anxious and interested spectators. The citizens of the United States cherish sentiments the most friendly, in favor of the liberty and happiness of their fellow men on that side of the Atlantic. In the wars of the European powers, in matters relating to themselves, we have never taken any part, nor does it comport with our policy, so to do. It is only when our rights are invaded, or seriously menaced, that we resent injuries, or make preparation for our defence. With the movements in this Hemisphere we are of necessity more immediately connected, and by causes which must be obvious to all enlightened and impartial observers. The political system of the allied powers is essentially different in this respect from that of America. This difference pro-

-ceeds

门罗总统提出“门罗主义”的《国情咨文》手稿

殖民地的目标……

在上一次国会开会开始就提出，西班牙和葡萄牙做出了最大努力改善美洲殖民地人民的生活，而且他们所采取的措施也似乎很温和。毋庸置疑，其结果与起初的设想南辕北辙。我们与欧洲关系密切，我们的祖先就来自欧洲，欧洲发生任何事情都会引起我们的担忧和密切关注。合众国公民一直真诚地希望大西洋彼岸的同胞能享受自由和幸福。关于欧洲各国之间的战争，我们从未干涉过，更没支持过任何一方，因为这不符合我们的政策。只有我们的权利受到侵犯或受到严重威胁时，我们才对受到的这种伤害感到愤怒，或准备采取自卫措施。欧洲发生的事情必然与我们有直接联系，其中的原因对任何开明公正的观察家来说都是显而易见的。欧洲的政治制度与美国的政治制度有天壤之别。这种差别源于各自的政府形式；我们为建立自己的政治制度做出了巨大的生命和财产牺牲，我们的开明智慧的公民们为完善我们的制度呕心沥血，在这种制度下我们享有从未有过的幸福和快乐，整个国家都愿为捍卫我们自己的政治制度做出牺牲。所以，为了保持合众国与欧洲国家的友好关系，我们应公开宣告：欧洲把自己的政治制度扩展到美洲的任何地方，都是对我们和平与安全的威胁。对于任何欧洲国家的殖民地或附属国，我们从未干涉过，将来也不会干涉。但是，对于那些宣告独立并维持独立的政府，对那些我们经过斟酌后出于公正的原则给予承认了的政府，我们不允许对这些政府进行任何干涉镇压，也不允许以任何其他方式控制这些政府的命运，任何欧洲国家违背这一原则，都将被视为对合众国的不友好表现。在美洲新政府与西班牙之间的战争，在我们承认这些新政府时就宣布了中立政策，对此，我们再次强调，如果将来的情况不发生变化我们仍保持中立，但出于安全考虑，我们会根据对新政府权力情况的评估做出相应的调整。

最近发生的西班牙与葡萄牙事件表明，欧洲仍动荡不安。对这一事实最有力的证据是，同盟国也许就认为只要自己满意，武力干涉西班牙的内部事务就没什么不对的地方。依据这一原则干涉到达什么程度，这是所有不同于欧洲国家的独立国家所关心的问题，甚至连那些最遥远的国家也是如此，但没有任何一个国家比合众国对此更为关切。我们对欧洲的政策早在欧洲战乱初期就开始执行了，现在只不过是继续执行这一政策而已，这些政策包括：不干涉欧洲任何国家的内政；承认事实上掌权的政府是合法政府；与我们承认的合法政府建立友好关系，并通过坦诚、牢固和强有力的措施维护这种关系，在任何情况下都满足这些新独立的国家的公正诉求，在危害面前绝不屈服。但是，各大陆的环境差别很大。所以，欧洲盟国如果把他们的政治制度扩展到美洲的任何地区，必然会危及我们的和平与幸福；没有人会相信我们南面的同胞们会自由、自愿地选择欧洲国家的政治制度。所以，不管这种干涉是何种形式，我们都绝不能容忍。如果比较西班牙与这些新国家的势力和资源，再考虑到它们之间的距离，西班牙显然永远不可能征服这些新独立的国家。美国的政策是让南美洲各国自己处理自己的事务，我们也希望其他国家采取同样的政策……

*

宅基地法案[①]

Homestead Act

美国参议院和众议院共同决定：

第一款[②]

任何家庭的一家之主或任何年满 21 岁的人，只要是美国公民，或者依照合众国入籍法申请加入美国国籍的人，只要没有武力对抗合众国政府或支持、声援合众国敌人的记录，从公元一千八百六十三年一月一日起，有权获得不超过四分之一平方英里[③]尚未分配的公有土地，上述有权获得土地者可以提出优先购买申请，或者在实际分配时，以每英亩不超过一美元二十五美分的优先价格购买；或者在依照本法分配的一块公有土地的面积

① 《宅基地法案》由北方的共和党议员在内战爆发前提出，但在国会遭到南方民主党议员封杀，因为南方一心想把西部的国有土地分配给奴隶主。1861年，南方各蓄奴州脱离联邦后，他们的代表也退出国会。于是，北方共和党控制的国会便顺利通过了束之高阁已久的《宅基地法案》。该法案在1862年5月20日经林肯总统签署后生效。法案规定，任何美国公民（包括奴隶）年满21岁或一家之主，只要不使用武力对抗合众国政府，便可在西部地区获得160英亩的联邦公共土地，用于建造住房和耕作。丹尼尔·弗里曼（Daniel Freeman,1826—1908）是第一个依据该法案申请并获得土地的人。在1862年《宅基地法案》之后，美国还通过了几个宅基地法案或修正案，在1862年到1934年期间，联邦政府签发了160万份宅基地，将2.7亿英亩的国有土地分配给私人，分配的这些宅基地占当时美国领土面积的10%。根据1976年生效的《联邦土地政策管理法案》（FLPMA），从1976年开始（阿拉斯加州从1986年开始），联邦政府不再分配宅基地。

② 此处的“第一款”为译者所加。美国很多法案在“美国参议院和众议院共同规定”后面即是法案的第一条或第一款，没有“第一条”或“第一款”字样，接下来便是“第二条”或“第二款”。

③ 四分之一平方英里等于160英亩或大约65公顷。

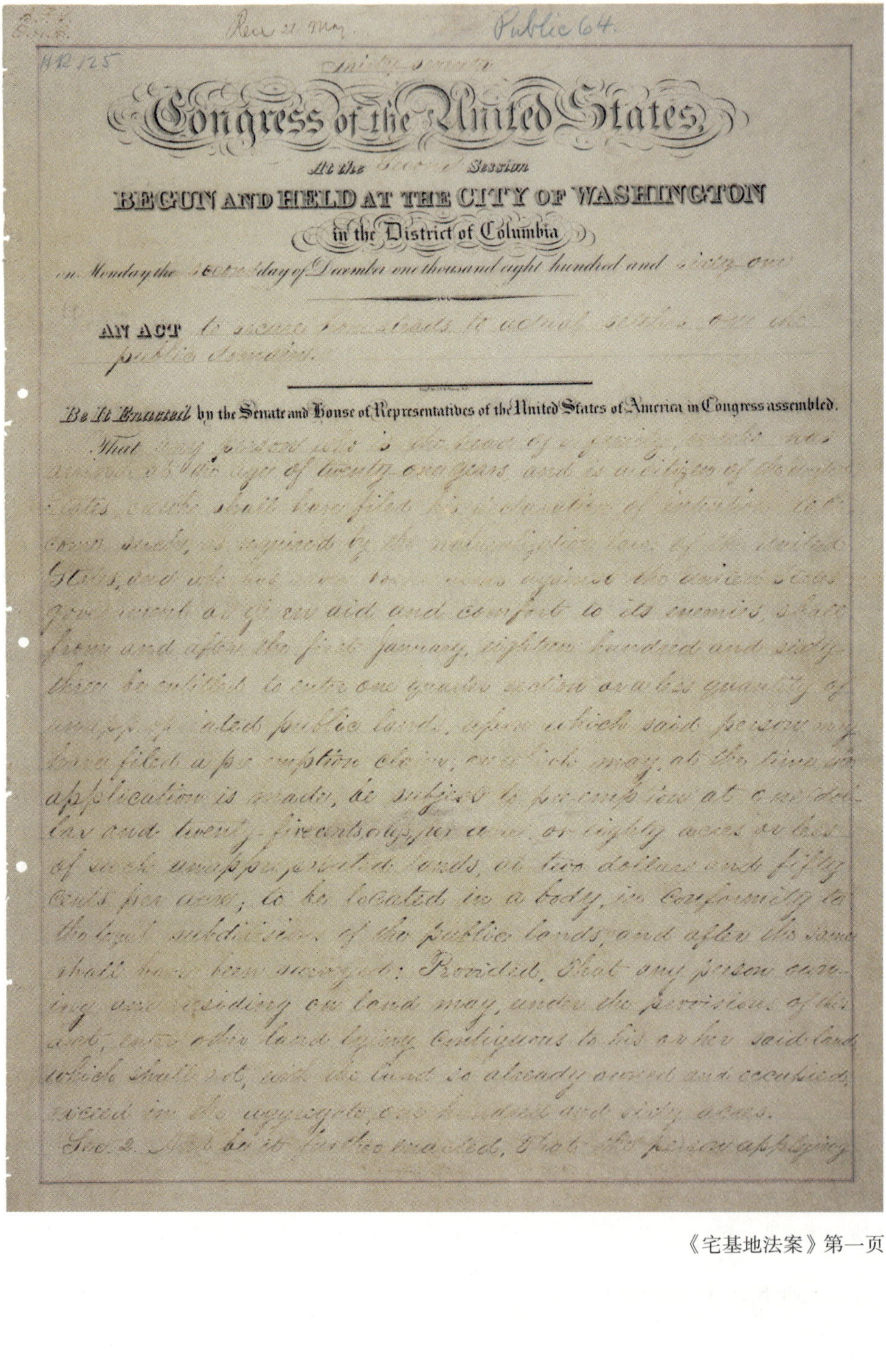
HR 125 Rec 21 May. Public 64.

Thirty-seventh

Congress of the United States,

At the Second Session

BEGUN AND HELD AT THE CITY OF WASHINGTON

in the District of Columbia

on Monday the second day of December one thousand eight hundred and sixty-one

AN ACT to secure homesteads to actual settlers on the public domain.

Be It Enacted by the Senate and House of Representatives of the United States of America in Congress assembled.

That any person who is the head of a family, or who has arrived at the age of twenty-one years, and is a citizen of the United States, or who shall have filed his declaration of intention to become such, as required by the naturalization laws of the United States, and who has never borne arms against the United States government or given aid and comfort to its enemies, shall from and after the first January, eighteen hundred and sixty-three be entitled to enter one quarter section or a less quantity of unappropriated public lands, upon which said person may have filed a pre-emption claim, or which may, at the time the application is made, be subject to pre-emption at one dollar and twenty-five cents, or less, per acre; or eighty acres or less of such unappropriated lands, at two dollars and fifty cents per acre, to be located in a body, in conformity to the legal subdivisions of the public lands, and after the same shall have been surveyed: Provided, That any person owning and residing on land may, under the provisions of this act, enter other land lying contiguous to his or her said land, which shall not, with the land so already owned and occupied, exceed in the aggregate, one hundred and sixty acres.

Sec. 2. And be it further enacted, That the person applying

《宅基地法案》第一页

测量之后不足八十英亩的，再另行获得未分配的公有土地，优先购买价格不高于每英亩两美元五十美分。但是，依照本款之规定，任何人拥有并居住在被分配的土地上，要想再另行获得一块相邻的土地，新并入的土地与其原有的土地面积之和不得超过一百六十英亩。

第二款

美国参议院和众议院进一步规定：申请获得未被分配的公有土地的人，在土地局申请和办理手续时，应在登记员或任何接待人员面前宣誓他或她是一家之主，或年满二十一岁，或将会在合众国陆军或海军服役，并且没有武力对抗合众国政府或支持、声援合众国敌人的记录，并且申请的土地只供自己排他性使用并获得利益，并且此次申请的土地只用作移民和耕作之目的，并非直接或间接地供其他个人或若干人使用或获得利益；在登记员或任何接待人员面前进行上述宣誓并记录在案后，并交纳十美元的登记费，他或她便可获得规定面积的土地。但是，要在此登记之日起满五年后方可获得土地批准书或产权证；如果从登记日起五年期满后或在五年期满后两年内的任何时间登记人死亡，则男性登记人的遗孀;如果男性登记人的遗孀也死亡，则男性登记人的继承人或遗产受赠人；如果登记人是寡妇，则她死亡后她的继承人或遗产受赠人；只要有两名证人证明他，她，或他们在此土地上居住或耕作距宣誓登记日期满五年，并宣誓上述土地中没有任何部分被分割出去，并且继承人或受赠人愿意效忠合众国政府，那么，在这种情况下，上述所列的他，她，或他们如果当时是合众国公民，则有权获得该土地的产权证;其他种情况则依照法律规定行事。还规定，如果父亲和母亲都死亡，留下的子女未满二十一岁，其子女有权获得产权证并交纳相关费用；遗嘱执行人、遗产管理人或监护人可以在上述子女最后一个双亲死后的两年内的任何时间，依照子女居住地所在州的法律，为了子女的利益出售上述土地，但不得为其他目的出售该土地；土地购买者一旦完成购买手续就拥有对该土地的绝对产权，交纳规定的费用后便有权获得合众国产权证。

第三款

美国参议院和众议院进一步规定：土地登记员应在土地局的登记簿和

地图上记录所有申请，并将所有登记汇总，连同他们找到的各种证明材料一起上报联邦土地总局。

第四款

美国参议院和众议院进一步规定：任何依照本法案之规定获得的土地，在获得土地产权证之前，均不得用作债务抵押物。

第五款

美国参议院和众议院进一步规定：根据第二款之规定，在宣誓书归档后的上述五年期限内的任何时间，当申请者宣誓登记获得土地后改变了自己的住所，或者在这期间内的任何时候离开该土地总计六个月以上，在这种情况下，上述登记的土地重归政府所有，但这需要证明，并应通知该土地上的居住者，政府收回土地符合土地局有关登记的各项规定。

第六款

美国参议院和众议院进一步规定：本法案规定一个人只能有权获得一块土地；为了使本法案有效地执行，授权土地总局局长起草和颁布相关法规，但不得与本法案相抵触；同时授权各地的土地局登记员和收费员对任何土地登记依据本法案进行补充解释，对同一块土地登记收费时，登记时由申请人交一半的费用，余下的另一半的费用等到办理土地产权证时由合法领证人交纳；但任何登记员或收款员两次收取的费用不得超过目前法律规定的最高费用。还规定，本法案不包含以任何手段损害或干涉任何现已存在的优先购买权。还规定，那些在本法生效时已经根据优先购买权进行登记获得土地的人，有权获得本法案所规定的各种权益。还规定，任何在合众国陆军或海军已服役或将要服役至少 14 天未满二十一岁的人，不管是正式服役还是志愿者，本法案规定，不管是在内战期间还是与外国交战期间，不享有本法案关于已满二十一岁的那部分权益。

第七款

美国参议院和众议院进一步规定：公元一千八百五十七年三月三日通过的法案的第五款“除了针对合众国的各种犯罪进行有效惩罚以及为了其他目的的法案之外的法案”，应扩展到所有宣誓、声明和宣誓书，本法案在此

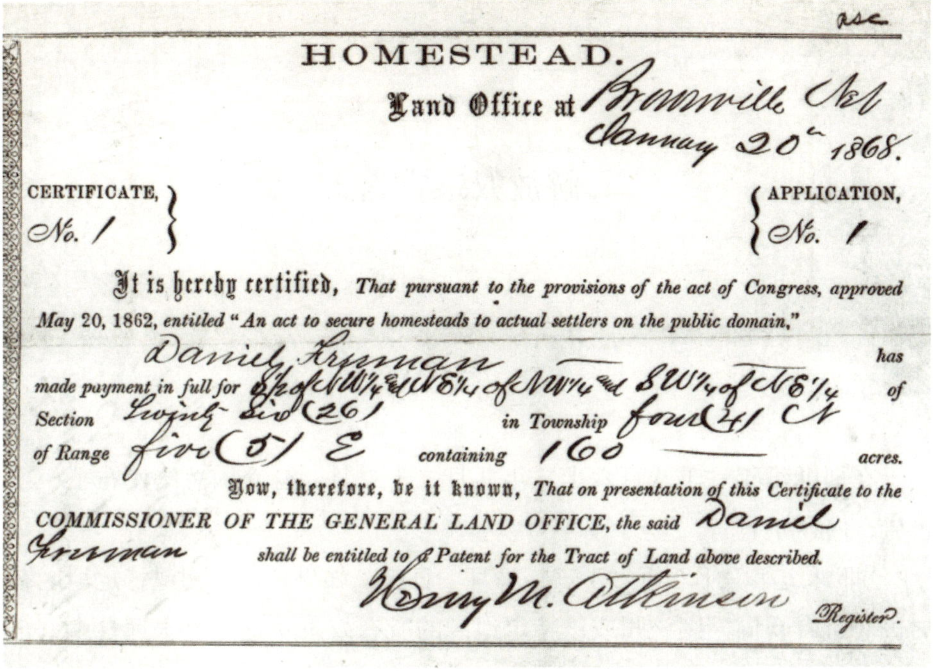

HOMESTEAD.

Land Office at Brownville Neb
January 20th 1868.

CERTIFICATE, No. 1

APPLICATION, No. 1

It is hereby certified, That pursuant to the provisions of the act of Congress, approved May 20, 1862, entitled "An act to secure homesteads to actual settlers on the public domain," Daniel Freeman has made payment in full for S½ of NW¼ & NE¼ of NW¼ and SW¼ of NE¼ of Section Twenty six (26) in Township four (4) N of Range five (5) E containing 160 acres.

Now, therefore, be it known, That on presentation of this Certificate to the COMMISSIONER OF THE GENERAL LAND OFFICE, the said Daniel Freeman shall be entitled to a Patent for the Tract of Land above described.

Henry M. Atkinson Register.

丹尼尔·弗里曼依照《宅基地法案》分配的土地产权证

特作出规定并授权。

第八款

美国参议院和众议院进一步规定：对本法案的任何解释均不得阻止任何依据本法案第一款之规定登记土地的人为个人利益按五年期限内的最低价格支付费用，也不得阻止从政府那里获得土地产权证，法律另行规定的除外，也不得阻止为获得优先购买权而根据现行法律对居住和耕作状况进行证明。

批准生效日期：1862 年 5 月 20 日

解放奴隶宣言[①]

Emancipation Proclamation

在耶稣纪年一千八百六十二年九月二十二日，合众国总统发布了一项公告，内容如下：

“耶稣纪年一千八百六十三年一月一日起，如果任何一州或特定地区有居民对抗合众国，则该州或该特定地区的所有奴隶从这天起永远自由；合众国行政部门，包括陆军和海军，会承认并捍卫上述人的自由，不会阻止他们中的任何人为自己获得自由而采取的任何努力。

“在上述年份的一月一日，合众国行政部门将以公告的形式列出当时对抗合众国的州和一些州的特定地区；在该日任何州派往合众国国会的代表只要产生于多数合格选民参加的选举，如果没有强有力的反证，这一事实即作为该州或该州居民没有对抗合众国政府的最后证据。”

现在，我，合众国总统亚伯拉罕·林肯，依宪法授予的陆海军总司令的权力，在武装叛匪对抗合众国政府及其权威时期，作为镇压上述叛匪所

① 美国内战的诱因就是奴隶制度问题。南方各州想把奴隶制度向西部地区扩展，而北方则要求奴隶制度仅限于南方各州。1861年2月4日，脱离联邦的南方各州成立美国邦联政府，4月12日内战爆发。内战爆发后的两年多时间里，北方一直处于劣势，联邦政府起初的战争宣传只是捍卫完整的联邦，而人民只想生活得幸福，不管什么联邦与联盟。《解放奴隶宣言》的发布使北方的战争宣传增加了“为自由而战”，从而使战争获得道德上的正义，虽然宣言作为政府行政命令只允许反叛地区的奴隶获得自由，但这些被宣布自由了的奴隶逃离南方加入北方军，这极大削弱南方联盟的经济基础，让北方军实力大增。内战结束时，北方联邦陆军中有18万黑人服役，占联邦陆军总人数的10%，另外还有2万名黑人在北方联邦海军服役。1863年7月1日葛底斯堡一战使战局扭转，北方军取得了战争主动权，最后赢得内战胜利。《解放奴隶宣言》只在反叛州和地区废除奴隶制，1865年12月6日生效的《美国宪法第十三条修正案》才在全国废除奴隶制。

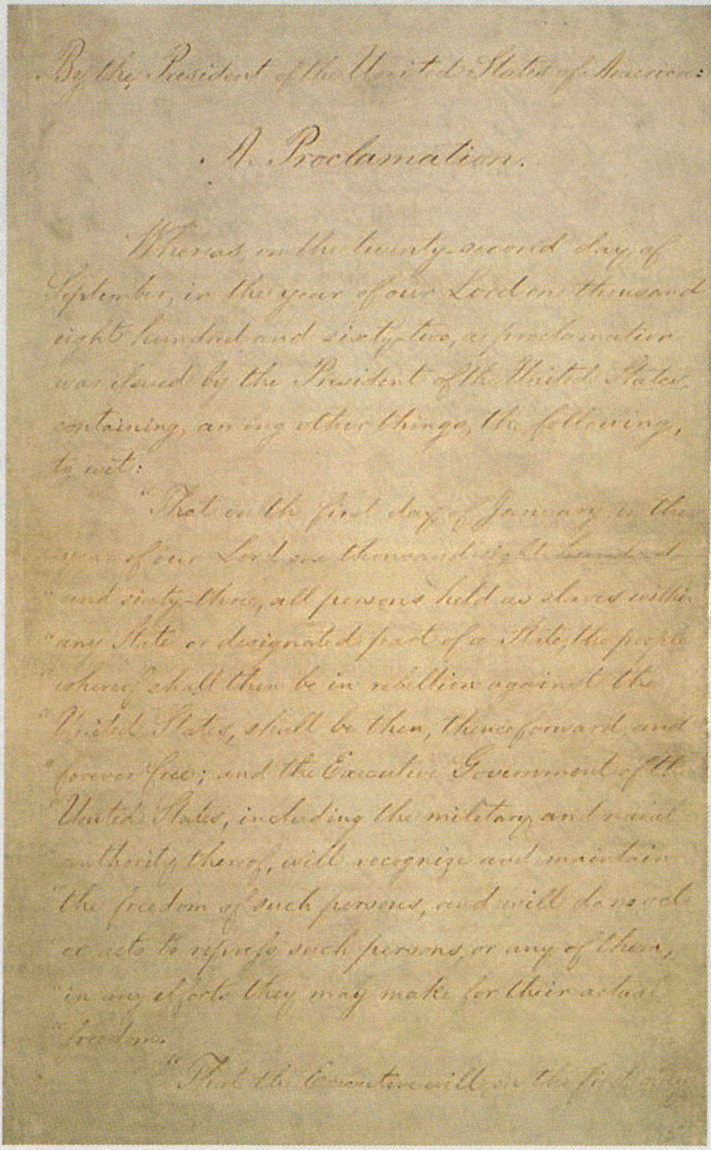

By the President of the United States of America:

A Proclamation.

Whereas on the twenty-second day of September, in the year of our Lord one thousand eight hundred and sixty-two, a proclamation was issued by the President of the United States, containing, among other things, the following, to wit:

"That on the first day of January, in the year of our Lord one thousand eight hundred "and sixty-three, all persons held as slaves within "any State or designated part of a State, the people "whereof shall then be in rebellion against the "United States, shall be then, thenceforward, and "forever free; and the Executive Government of the "United States, including the military and naval "authority thereof, will recognize and maintain "the freedom of such persons, and will do no act "or acts to repress such persons, or any of them, "in any efforts they may make for their actual "freedom.

"That the Executive will, on the first day

《解放奴隶宣言》第一页

采取的必要的战争手段，于耶稣纪年一千八百六十三年一月一日，也就是依我所提出的上述公告期满一百天之日，宣布今日正在发动叛乱对抗合众国的州及其居民，名单如下：

阿肯色州、得克萨斯州、路易安那州（不包括圣伯纳德、普莱克明斯、杰斐逊、圣约翰、圣查尔斯、圣詹姆斯、阿森松、阿萨姆泊申、泰勒博恩、拉福什、圣玛丽、圣马丁和奥尔良教区，但包括新奥尔良城）、密西西比州、亚拉巴马州、佛罗里达州、佐治亚州、南卡罗来纳州、北卡罗来纳州和弗吉尼亚州（不包括西弗吉尼亚的四十八个县以及伯克立、阿科马克、北安普顿县，还有伊丽莎白市、约克敦、安妮公主市、诺福克，但包括诺福克市和朴次茅斯市），本宣言对未列名的反叛州和反叛特定地区不具有效力，那些地区目前仍维持本宣言发布前的状态。

为实现上述目的，我依照宪法赋予我的权力，命令并宣布：在上述各州以及某些州的上述地区内的所有奴隶从今天开始获得自由，合众国行政部门，包括陆军和海军，承认并捍卫上述人的自由。

我同时奉告上述被宣告自由的人，除非有自卫必要时，不得采取任何暴力；我还建议他们，在任何允许的情况下，都要为获得合理的工资而诚实地劳动。

我还要宣告，上述获得自由的人只要符合条件，就可在合众国军队中服役，驻守要塞、据点、兵站和其他军事要地，也可以在合众国军队各类舰船上服役。

我们相信这是个正义的法令，因为它出于军事需要，而且由宪法授权。我在此恳请全人类对这个法令给予公正的评价，我也祈求全能的上帝对这个法令给予恩典。

我在此签上我的名字，并加盖合众国国徽，以兹证明。

本宣言于耶稣纪年一千八百六十三年即美国独立第八十七年的一月一日在华盛顿市发布。

合众国总统：亚伯拉罕·林肯

国务卿：威廉·H·苏华德

白宫总统办公室马丁·路德·金头像上面的墙上挂着《解放奴隶宣言》

*

葛底斯堡演讲①

Gettysburg Address

八十七年前，我们的先辈们在这块大陆上建立了一个新的国家，她孕育于自由之中，信奉“人人生而平等”的理念。

我们正进行一场伟大的内战，就是要考验这个国家乃至任何坚信自由和平等的国家能否长久生存下去。现在，我们在内战中的一个伟大战场上集会，就是要从这个战场上奉献出一块土地，作为那些为国家生存而在此阵亡的将士们的长眠之地。我们这样做合情合理，恰如其分。从更广泛的意义上说，我们奉献不了什么，我们不能让它神圣，我们不能让这块土地成为圣地。那些曾在这里浴血奋战的勇士们，不管活着的还是死去的，已经神圣了这块土地，这是我们卑微的力量远远不能及的。我们今天在这里说的，世界并不在意，也许很快就会被忘掉；但发生在这里的英雄们的壮

① 1863年11月19日，林肯总统在宾夕法尼亚州葛底斯堡的国家公墓揭幕仪式上发表了此篇演讲，哀悼内战期间葛底斯堡战役阵亡的将士。在这篇仅有242个单词的演讲中，林肯重新定义这场内战的性质是“让这个国家重新获得自由”。《葛底斯堡演讲》的价值在于它精准地定义了人民政府的性质，即“民有、民治、民享”（government of the people, by the people, for the people）。这句话源自欧洲宗教改革的先驱约翰·威克里夫（John Wycliffe,1331—1384）。威克里夫在他英译本《圣经》的序言里写道：“本《圣经》赞成民有、民治、民享的政府。”（This Bible is for the government of the people, for the people and by the people.）

孙中山在解释他提出的“三民主义”时多次提到林肯的这句名言。1917年2月21日，他在《民权初步》序里写道：“美国总统林肯氏有言曰：‘民之所有，民之所治，民之所享。’此之谓民国也。”1924年，他在发表《三民主义》的演讲中进一步解释说：“我们三民主义的意思，就是民有、民治、民享；这个民有、民治、民享的意思，就是国家是人民所共有，政治是人民所共管，利益是人民所共享。”

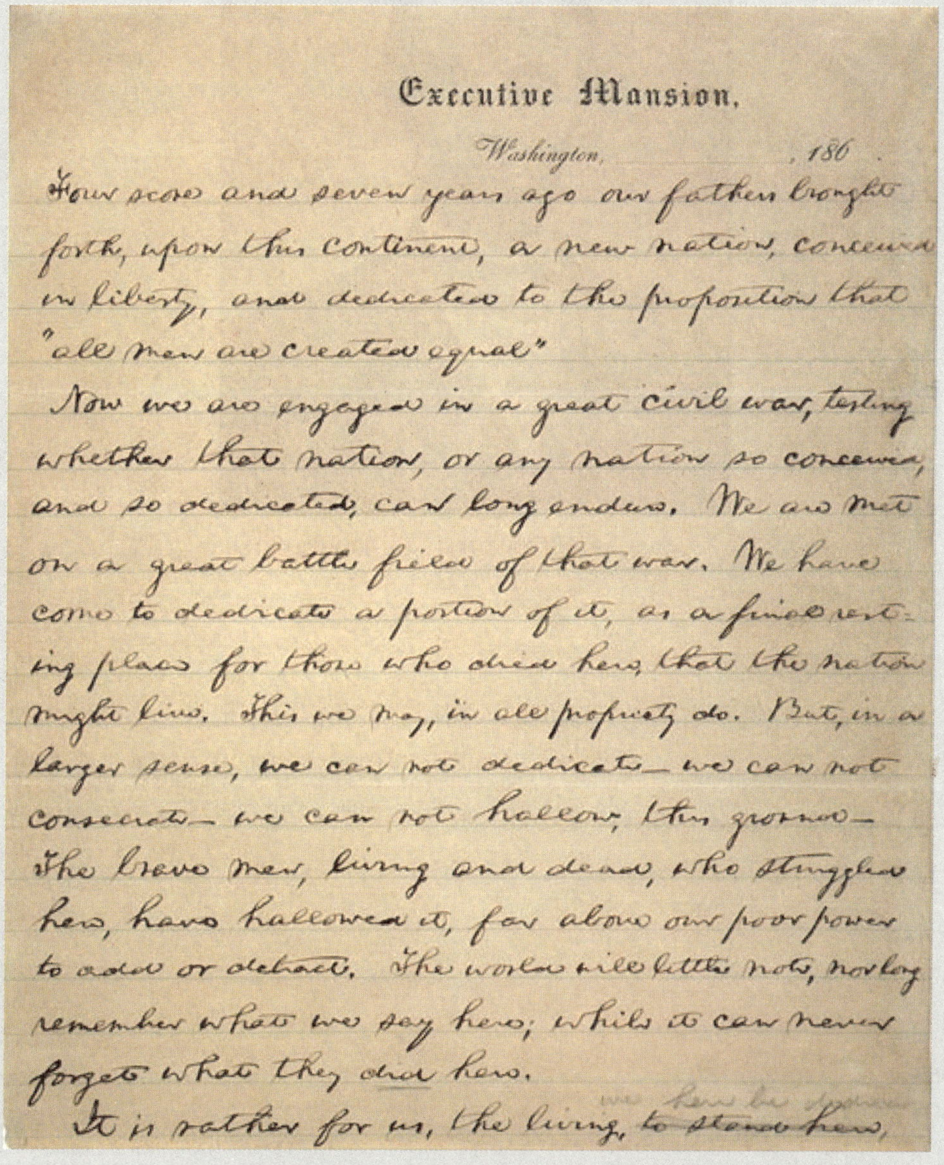

Executive Mansion,

Washington, , 186 .

Four score and seven years ago our fathers brought forth, upon this continent, a new nation, conceived in liberty, and dedicated to the proposition that "all men are created equal"

Now we are engaged in a great civil war, testing whether that nation, or any nation so conceived, and so dedicated, can long endure. We are met on a great battle field of that war. We have come to dedicate a portion of it, as a final resting place for those who died here, that the nation might live. This we may, in all propriety do. But, in a larger sense, we can not dedicate— we can not consecrate— we can not hallow, this ground— The brave men, living and dead, who struggled here, have hallowed it, far above our poor power to add or detract. The world will little note, nor long remember what we say here; while it can never forget what they did here.

It is rather for us, the living, we here be dedicated ~~to stand here,~~

美国国会图书馆收藏的《葛底斯堡演讲》手稿第一页

亚伯拉罕·林肯总统，摄于1863年11月

举将永远被世界铭记。

对我们这些活着的站在这里的人们而言，我们应该把自己奉献给先烈们的未竟事业，他们的光荣牺牲也增强了我们为他们所追求的事业的奉献精神，我们在此立下誓言，绝不能让将士们白白死去；要让这个国家重新获得自由；要让民有、民治、民享的政府永世长存。

*

林肯总统连任就职演讲 ①

President Lincoln's Second Inaugural Address

同胞们：

我的第二次总统就职演讲无须像我的第一次总统就职演讲那样长篇大论。第一次就职时，对要采取的路线进行比较详细的说明是恰当的，也应该如此。现在，我的四年任期已满，这期间残酷的内战一直是举国上下关注的焦点，也一直消耗着国家的巨量资源，关于内战的进展情况我一直不间断地发布公告，现在也没什么新的情况值得奉告。我们国家的一切取决于我们军队的战况，而公众了解的我们军队的进展情况和我所了解的一样多；我相信，全国人民有理由为我们军队的节节胜利而欢欣鼓舞。我们对最终胜利抱有很大的希望，在此无须预言。

在四年前的这个场合里，一触即发的内战让所有人焦虑不安。大家害怕战争，都想避免战争。当时，我就在这里发表就职演讲，竭尽所能想不

① 这是林肯1865年3月4日在总统连任就职典礼上的演讲。林肯的总统任期基本是在残酷的内战中度过的。内战吞噬了60万人的生命。本篇演讲是迄今最短的美国总统就职演讲，只有702个单词。林肯呼吁北方与南方宽容和解，摈弃前嫌，投入战后重建，“不要对任何人怀有恶意，要对所有人宽容慈悲”成为弥合内战创伤的总的指导方针。随着最后一支叛军于1865年5月26日投降，历时4年的残酷内战彻底结束。但林肯总统未能看到胜利的这一天，他于1865年4月26日遭暗杀身亡。内战结束后，美国联邦政府执行了已故总统林肯的战后重建路线，没有宣布任何战犯，没有处决或流放任何叛军首领，只对“联盟国总统”杰斐逊·戴维斯等极少数反叛分子进行了短暂的监禁，大部分反叛分子恢复了战前职务。南方各州在国会的议员席位恢复后，内战期间南方联盟的58名议员、6名内阁成员和4名叛军将领成为联邦国会议员。

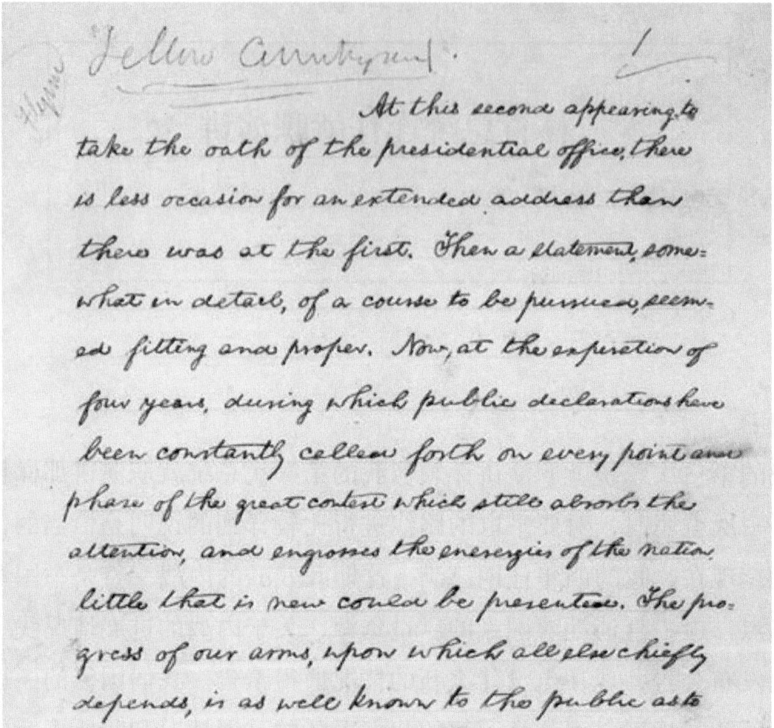

"Fellow Countrymen:" 1

At this second appearing to take the oath of the presidential office, there is less occasion for an extended address than there was at the first. Then a statement, somewhat in detail, of a course to be pursued, seemed fitting and proper. Now, at the expiration of four years, during which public declarations have been constantly called forth on every point and phase of the great contest which still absorbs the attention, and engrosses the energies of the nation, little that is new could be presented. The progress of our arms, upon which all else chiefly depends, is as well known to the public as to myself; and it is, I trust, reasonably satisfactory and encouraging to all. With high hope for the future, no prediction in regard to it is ventured.

On the occasion corresponding to this four years ago, all thoughts were anxiously directed to an impending civil war. All dreaded it—all sought to avert it. While the inaugeral address was being delivered from this place, devoted altogether to saving the Union without war, insurgent agents were in

《林肯总统连任就职演讲》手稿第一页

通过战争手段挽救联邦，因为华盛顿的叛乱分子代表[①]也在寻求不通过战争来摧毁联邦，他们想通过协商来瓦解联邦，分裂联邦。双方都声称反对战争，但其中的一方却为了毁灭这个国家而不惜发动战争；而另一方为了使国家免遭毁灭只有接受战争。战争就这样爆发了。

当时，我们全国八分之一的人口是黑人奴隶，这些奴隶并非在全国普遍分布，主要分布在美国南半部各州。这些奴隶构成一种巨大的特殊利益。大家都知道，这种特殊利益就是内战爆发的原因。为了巩固、维护和扩大这种利益，叛乱分子不惜采用战争手段分裂联邦；而政府也声明不会干涉南部各州的这种利益，只不过是限制这种利益向其他州扩张。当初，双方都没想到战争规模会如此之大，持续时间会如此之长。双方也没料到引发这场战争的原因会随着这场战争的结束而终结，更没料到会在战争结束前就终结。[②]双方都想通过一次轻而易举的胜利结束战争，并不希望通过战争取得一个根本性的举世震惊的结果。双方都诵读相同的《圣经》，向同一个上帝祈祷，每一方都祈求获得上帝的帮助战胜对方。人们竟敢要寻求正义的上帝帮助自己去从别人的血汗里榨取面包，这看上去不可思议；但我们不要对此说三道四，以免对方也会这样回敬我们。上帝不会答应这种祈祷，任何一方都没有如愿以偿。全能的上帝有自己的意志：“世界有祸了，因为有罪恶。虽然罪恶在所难免，但祸及作恶的人。”[③]如果我们把美国的奴隶制看作是一种罪恶，那么，按照上帝的启示，这种罪恶是一定要来的；奴隶制持续了上帝安排的一段时间，上帝现在要消除奴隶制，为此，上帝便把可怕战争降临到美国北方和南方，因为祸及作恶的人，难道我们认为这有悖于众多信徒所信仰的上帝的神性吗？我们天真地希望着，虔诚地祈祷着，盼望战争灾难尽快结束。但是，假如上帝要让战争继续下去，直到把奴隶们二百五十年来通过没有回报的辛勤劳动所积累的财富彻底毁灭，直到奴隶在皮鞭下流的每滴血都被军人在刀剑下流的每滴血偿还，并且正如三千

① 指南方各州在国会的议员。

② 《解放奴隶宣言》经林肯总统1861年1月1日签发后开始生效。

③ 出自《圣经·新约·马太福音》第18章第7节。

林肯总统连任就职典礼现场

年前说的那样，我们仍然说："上帝的判决是公正、可信的。"①

不要对任何人怀有恶意，要对所有人宽容慈悲；要坚持上帝指引我们认识到的正义，努力完成我们所从事的事业；包扎好国家的战争创伤，照顾好参战人员以及战死者的遗孀和孤儿，尽一切努力实现并捍卫同胞之间以及美国和世界各国的公平正义和持久和平。

亚伯拉罕·林肯

1865年3月4日

① 出自《圣经·旧约·诗篇》第19章第9节。

*

北弗吉尼亚军队投降协议 ①

Surrender of the Army of Northern Virginia

弗吉尼亚阿波马托克斯法院村

1865 年 4 月 10 日

今天签订的这个协议，是关于北弗吉尼亚军队向合众国当局投降的。

---

① 北弗吉尼亚军队是美国内战期间南方邦联军的主力部队，内战初期有9万人，投降时有5万人。阿波马托克斯法院村战役是美国内战最后一次战役，该战役于1865年4月9日早晨在罗伯特·爱德华·李（Robert Edward Lee，1807—1870）率领的南方邦联军和尤里西斯·S·格兰特（Ulysses S. Grant，1822—1885）率领的北方联邦军之间打响，李战败后投降，投降协议在肉商威尔默·麦克莱恩（Wilmer McLean，1814—1882）的住宅内举行。历史巧合的是，内战首场战役于1861年7月21日也是在这打响的。投降前，有人建议李将军打游击战。但李将军认为，游击战让军人和平民的角色混杂在一起，会把暴力引向平民，他宁肯自己作为战犯上绞刑架，也不愿意看到同胞之间的杀戮继续下去。

投降协议签订后，北方军鸣炮庆祝南方军投降，格兰特马上下令禁止说：“反叛分子现在又是我们的同胞了，不庆祝他们的失败才是我们最好的喜悦表达方式。”李将军回到自己的军营对士兵们说：“孩子们，我已经为你们尽了最大努力，你们现在可以回家了。如果你们也能像当士兵一样当个好公民，你们会过上好日子的。我将永远为你们而骄傲。再见了！愿上帝保佑你们。”

南北战争爆发之初，林肯总统原本任命李为联邦军指挥官，但由于李的家乡弗吉尼亚州加入南方邦联，李选择为自己的家乡而战，便辞去北方的军职。内战接近尾声，李被南方邦联总统杰斐逊·戴维斯（Jefferson Davis，1808—1889）任命为南方军总司令。作为叛军总司令的李投降后，没有被定为战俘，也没被关押，而是被聘为华盛顿学校（现在的华盛顿与李大学）校长直至去世。李作为败军之将，战后声望不减反增，被称作是“完美军人”，其受尊敬程度几乎与华盛顿齐名，他的塑像到处可见，甚至还坐落在国会大厦内，许多道路、学校以他的名字命名。

1861年4月12日爆发的美国内战，官方宣布结束日为1865年5月9日，最后一次战斗是1865年6月22日。战争期间，北方联邦军有36.5万人死亡，28.2万人负伤；南方邦联军有26万人死亡，13.7万人负伤。

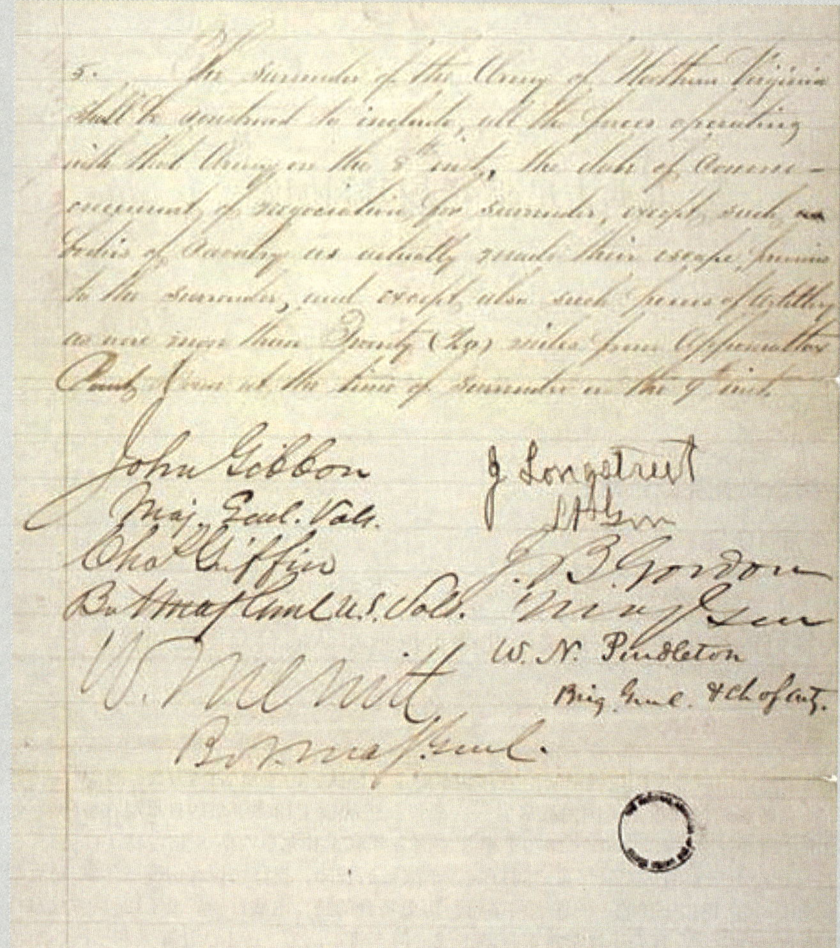
5. The surrender of the Army of Northern Virginia shall be construed to include all the forces operating with that Army on the 8th inst., the date of commencement of negotiation for surrender, except such bodies of cavalry as actually made their escape previous to the surrender, and except also such pieces of artillery as were more than twenty (20) miles from Appomattox Court House at the time of surrender on the 9th inst.

John Gibbon
Maj. Genl. Vols.
Chas. Griffin
Bvt. Maj. Genl. U.S. Vols.
W. Merritt
Bvt. Maj. Genl.

J. Longstreet
Lt. Genl.
J. B. Gordon
Maj. Genl.
W. N. Pendleton
Brig. Genl. & Ch. of Arty.

《北弗吉尼亚军队投降协议》第二页

第一款

军队应按整建制单位列队到指定的地点，交出武器、军旗、军刀、手枪等，然后在各自指挥官带领下列队回到自己营地。

第二款

所有公共马匹和其他任何形式的公共财产交给合众国当局指派的军需官。

第三款

如果上述移交中有允许军官随身携带的私人行李，在移交给最近的军需部门后归还给军官个人，并提供收据。

第四款

通信兵和陆军及骑兵受伤人员的马匹如是个人财产，允许他们带走。①

第五款

北弗吉尼亚军队的投降包括本月 8 日，即谈判投降事宜开始日期，该军队所有军事力量，在该日期前逃跑的骑兵不包括在内，在 9 日谈判投降事宜时距离阿波马托克斯法院村超过 20 英里的步兵也不包括在内。

罗伯特·李将军，摄于1864年3月

① 李将军看过本投降协议后，恳请格兰特将军允许他的所有士兵带走所有私人马匹，以遣散回家后好播种耕田。格兰特将军答应了李将军的请求，但没有更改投降协议文本。

购买阿拉斯加条约[1]

Alaska Purchase Treaty

美利坚合众国与全俄罗斯皇帝陛下[2]，希望尽可能加固两者之间业已建立的良好的相互理解，为此，合众国总统[3]指派国务卿威廉姆·H·苏厄德为全权特使，全俄罗斯皇帝陛下指派枢密顾问及派驻合众国的全权公使爱德华·德·斯托克尔为全权特使，上述为本次缔约的全权特使经用恰当方式协商后达成并签署以下条款：

第一条

全俄罗斯皇帝陛下同意根据本条约将阿拉斯加割让给合众国，从本条约换约之日起，皇帝陛下现在所拥有的在美洲大陆的领地及其临近岛屿范围内的所有主权转让给合众国，具体版图范围是，东部边界是1825年2月28–16[4]日俄国与不列颠签订的条约第三条和第四条规定的俄国与不列颠在北美领地的边界，该条约这样规定：

---

① 《购买阿拉斯加条约》1867年3月30日在美国首都华盛顿签署，1867年5月28日获得美国参议院批准，1867年6月20日换约生效。1867年10月18日，俄国和美国举行了阿拉斯加交接仪式，这一天被定为“阿拉斯加日”。美国用720万美元金币购买了172万平方公里的阿拉斯加后并没有理会这个土地，1867—1884年它一直是美国的“部分”（department），1884—1912年改称“地区”（district），1912—1959年改称“领地”（territory）。在阿拉斯加居民的一直努力下，尤其是1946年阿拉斯加领地居民要求阿拉斯加成为美国一个州的公投通过后，国会终于在1958年6月30日通过阿拉斯加的建州法案，1959年1月3日阿拉斯加正式成为美国的第49个州。

② 指沙皇亚历山大二世，1818—1881，1855—1881在位。

③ 指安德鲁·约翰逊，Andrew Johnson，1808—1875年，美国第十七任总统。

④ 原文如此。

美国为购买阿拉斯加向俄国开出的720万美元金币的支票

“从威尔士亲王岛最南端开始画线，即北纬 54 度 40 分，西经 131 和 133 度之间（格林尼治子午线），该线沿着波特兰海峡一直向北交于北纬 56 度的大陆边缘；接着，沿着与海岸线平行的山脊画线交于西经 141 度线（同是格林尼治子午线）；最后，从上面的那一点开始沿着西经 141 度线一直延伸到北冰洋。”

第四条定义了上一条的分界线：

“第一，威尔士亲王岛全部归属俄国（根据本条约，归属合众国）。第二，从北纬 56 度到西经 141 度的交点并与海岸线平行延伸的山脊当距离海岸超过 10 海里格[①]时，上述在不列颠属地和俄国所属海岸线之间应有一条沿海岸线走向平行的曲线，该曲线不得超过海岸线外 10 海里格（这即是本条约规定的领土割让边界）。”

本条约割让领土的西部边界这样划定：在北纬 65 度 30 分的白令海峡画线，交于克鲁森施滕或叫艾格纳鲁克岛与拉托马诺夫岛或叫奴拿布克岛

① 1海里格等于3海里。

之间子午线中点，该交点为初始点，从该点向正北一直延伸到北冰洋。还是西部边界，在上述的初始点开始，向大致西南方向延伸，通过白令海峡和白令海，然后通过圣劳伦斯岛西北端点与楚克斯基角之间的连线的中点，交于西经 172 度子午线；接着，从上述交点开始向西南方向延伸，穿过阿图岛与位于北太平洋的科曼多斯基群岛中的科珀岛之间连线的中点，延伸至西经 193 度子午线，本条约割让领土包括该子午线以东的整个阿留申群岛。

第二条

本条约上一条规定割让的领土，包括所有公共土地与广场、空地、所有公共建筑、防御工事、兵营和其他非私有建筑的财产所有权。但是，签约双方同意，在割让领土上由俄国政府建筑的所有教堂应视为保留给继续选择在该教堂崇拜的信仰希腊东正教教民的财产，所有现存的与本条约规定的割让领土有关的政府档案、文件、资料应交给合众国的代表；但是，要制作这些档案材料的真实副本，一旦俄国政府或俄国官员或俄国臣民提出申请，合众国应随时提交。

第三条

被割让领土上的居民[①]，根据他们的选择，可保留他们的自然国籍，在三年内可以返回俄国；如果他们选择留在割让的领土上，除原始部落外，应让他们获得合众国公民享受的所有权利、特权和豁免权，同时，应保留并捍卫他们的自由权利、财产权利和宗教信仰权利。对割让领土上的原始部落，由合众国随时制定的法律和规章规定。

第四条

全俄罗斯皇帝陛下将指派方便派遣的一个或几个代表，专门负责向合众国同等代表办理上述领土割让事宜，包括领土、主权、财产、附属物，并为执行本条约采取任何必要的行动。

本条约批准换约后立即生效，生效后，合众国将对割让领土拥有完全的绝对的主权，无须等待正式交接。

---

① 签订条约时，阿拉斯加人口4万人左右，其中有2500名俄国人及其后裔。

第五条

本条约批准换约后，割让领土上的所有防御工事、军营应转交给合众国的代表，并且，割让领土上的俄国军队应在方便可行的前提下尽快撤离。

第六条

对于上述割让领土，合众国同意在本条约批准换约后的十个月内，由在首都华盛顿的财政部向全俄罗斯皇帝陛下授权的外交代表或他的其他代表支付720万美元的金币。

此次领土转让没有任何保留，除私有财产属于其所有者个人外，该领土上不存在享有任何特权、特许权和专有权的俄国或其他任何国家或任何一方的任何公司；本次割让同时转交俄国在该领土或领地及其附属物上拥有的所有权利，特许权和特权。

第七条

签约一方，当本条约被合众国总统经参议院建议和同意按时批准后，签约另一方，当本条约被全俄罗斯皇帝陛下批准后，应在上述批准日期算起的三个月内尽快在华盛顿换约。

缔约双方全权特使真诚地签署了本条约，并加盖封印。

耶稣纪年一千八百六十七年三月三十日签署于华盛顿。

威廉姆·H·苏厄德（封印）

爱德华·德·斯托克尔（封印）

上述条约在规定的期限被双方批准，合众国国务卿威廉姆·H·苏厄德与全俄罗斯皇帝陛下指派的枢密顾问及派驻合众国的全权公使爱德华·德·斯托克尔于6月20日在华盛顿分别代表各自政府交换了被批准的条约，现在，我，美利坚合众国总统安德鲁·约翰逊，向世人公布该条约，以确保该条约从头到尾的任何条款都得到合众国及其公民的真诚遵守和执行。

《购买阿拉斯加条约》签字时的情景

我在下面亲手签名，并加盖合众国国徽，以兹证明。

耶稣纪年一千八百六十七年，即合众国独立九十一年的六月二十日签署于华盛顿市。

安德鲁·约翰逊（美国国徽印）

证人：

威廉姆·H·苏厄德

*

电灯泡发明专利申请[①]

Patent Application for the Light Bulb

致尊敬的专利委员：

您的专利申请人新泽西州门洛帕克的托马斯·A·爱迪生，恳请获得电灯泡改进发明和电灯泡制造方法的专利特许证，附件是对此发明的详细解释说明。

我还恳请您接受新泽西州纽约市的莱缪尔·W·瑟雷尔作为我的专利代理人，他拥有在专利局办理与本专利相关的事务全权，可以替换、撤回专利申请，可以对针对该申请提起诉讼，可以对申请改动或改善，可以接受该项专利。

美国发明家托马斯·爱迪生

1879 年

① 1880年1月27日，托马斯·爱迪生（1847—1931）收到了他发明的白炽灯灯泡专利，很快，电灯泡被世界广泛使用。电灯泡的发明推动了历史的发展，让人类告别了煤气灯时代进入电灯时代。1929年10月21日，在庆祝爱迪生发明电灯泡50周年仪式上，德国的阿尔伯特·爱因斯坦和法国的玛丽·居里等世界著名科学家均到场祝贺，由此可以见证爱迪生这项发明对世界文明的贡献。

没接受过正规教育的爱迪生一生获得了1093项美国发明专利，另外在其他国家还拥有众多专利，他是人类历史上迄今最多产和最伟大的发明家。他发明的留声机、电灯和电影改变了世界和人类生活方式。他发明的发电机让美国一跃成为世界上最伟大的工业化国家。

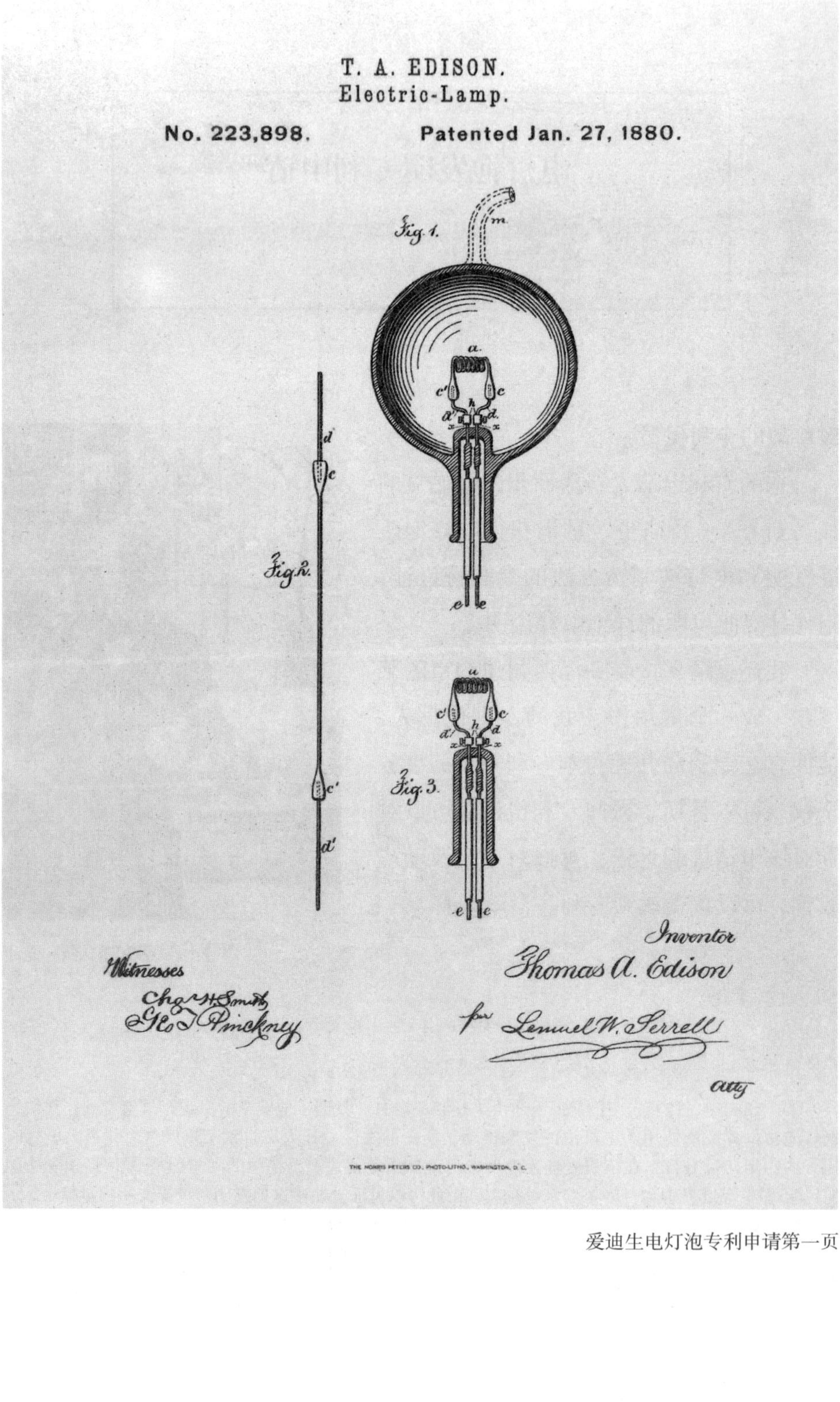

爱迪生电灯泡专利申请第一页

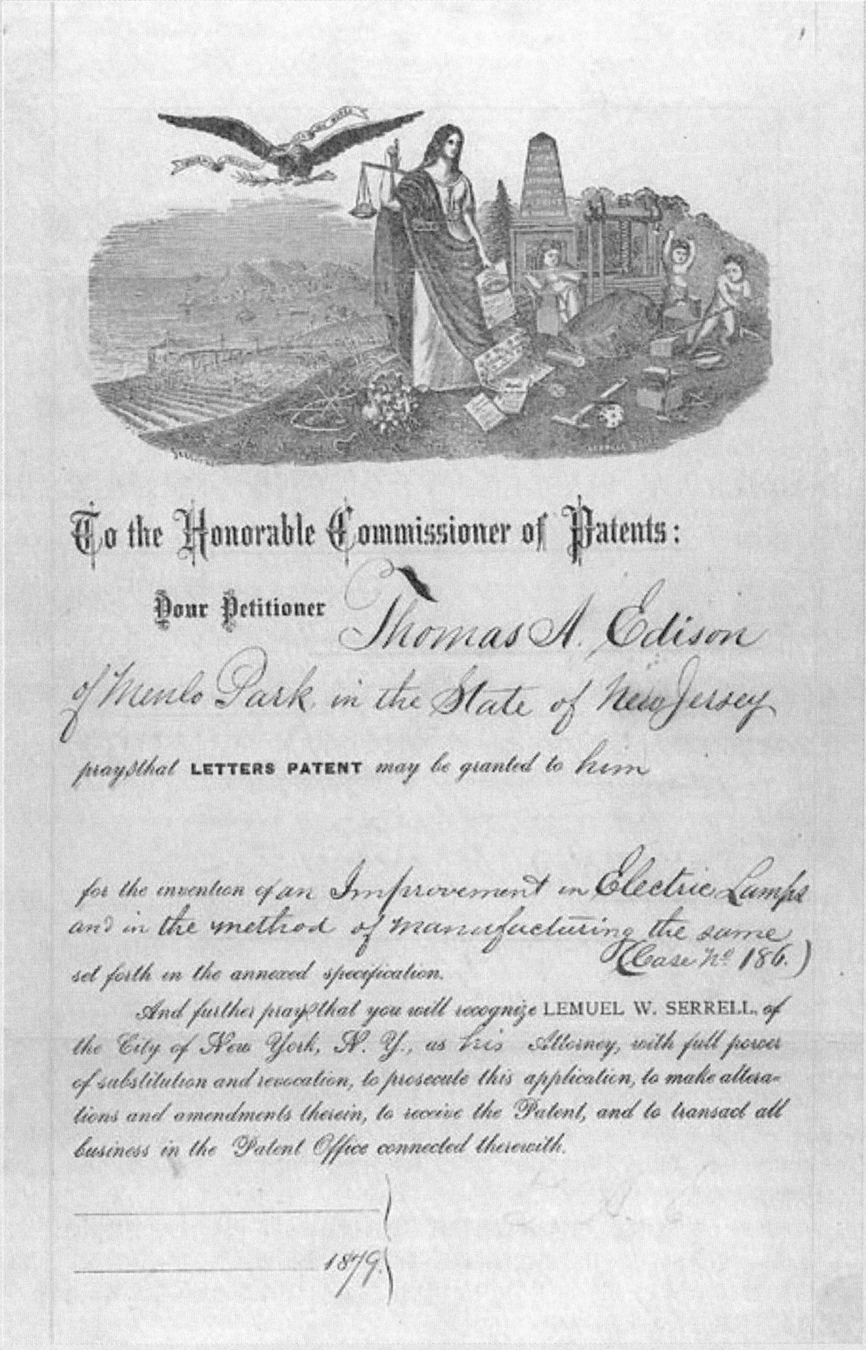

To the Honorable Commissioner of Patents:

Your Petitioner Thomas A. Edison of Menlo Park in the State of New Jersey prays that LETTERS PATENT may be granted to him

for the invention of an Improvement in Electric Lamps and in the method of manufacturing the same (Case No. 186.) set forth in the annexed specification.

And further prays that you will recognize LEMUEL W. SERRELL, of the City of New York, N. Y., as his Attorney, with full power of substitution and revocation, to prosecute this application, to make alterations and amendments therein, to receive the Patent, and to transact all business in the Patent Office connected therewith.

1879.

爱迪生电灯泡专利申请第二页

*

排华法案①

Chinese Exclusion Act

合众国政府认为，华人劳工危害了合众国某些地区的良好秩序，为此，美利坚合众国参议院和众议院共同决定：

第一款②

从本法案通过后期满九十天后的第一天开始的十年内，合众国暂停输入华人劳工；在该期间内，任何华人劳工来合众国均为非法，本法案通过时已在合众国的华人劳工如在本法案通过期满九十天后仍滞留在合众国也视为非法。

第二款

从世界任何地点驶往合众国的任何船只的船长明知船上有华人劳工，仍把任何华人劳工或允许任何华人劳工登陆合众国，这种行为构成犯罪，判处每一名华人劳工登陆罚款不超过五百美元，也可同时判处不超过一年的

① 1882年5月6日批准生效的《排华法案》是美国历史上第一个也是唯一一个针对某一族裔的限制移民法案，其主要内容是：10年内禁止华人劳工入境，已居住在美国的华人如果没有规定的证件一律驱逐出境。美国国会两次延期《排华法案》后，于1902年立法规定《排华法案》永久有效。第二次世界大战期间，中国与美国结为同盟，1943年2月，宋美龄在美国国会发表了声情并茂的演讲，要求废除《排华法案》。1943年12月17日，罗斯福总统签署了国会通过的法案废除《排华法案》，他说："国会和个人一样，也会犯错误。我们要有足够的勇气承认过去的错误，并加以改正。"美国参议院和众议院分别于2011年10月6日和2012年6月18日全票通过一项法案，为1882年的《排华法案》等歧视华人法律表示歉意。

② 此处的"第一款"为译者所加。美国很多法案在"美国参议院和众议院共同决定"后面即是法案的第一条或第一款，没有"第一条"或"第一款"字样，接下来便是"第二条"或"第二款"。

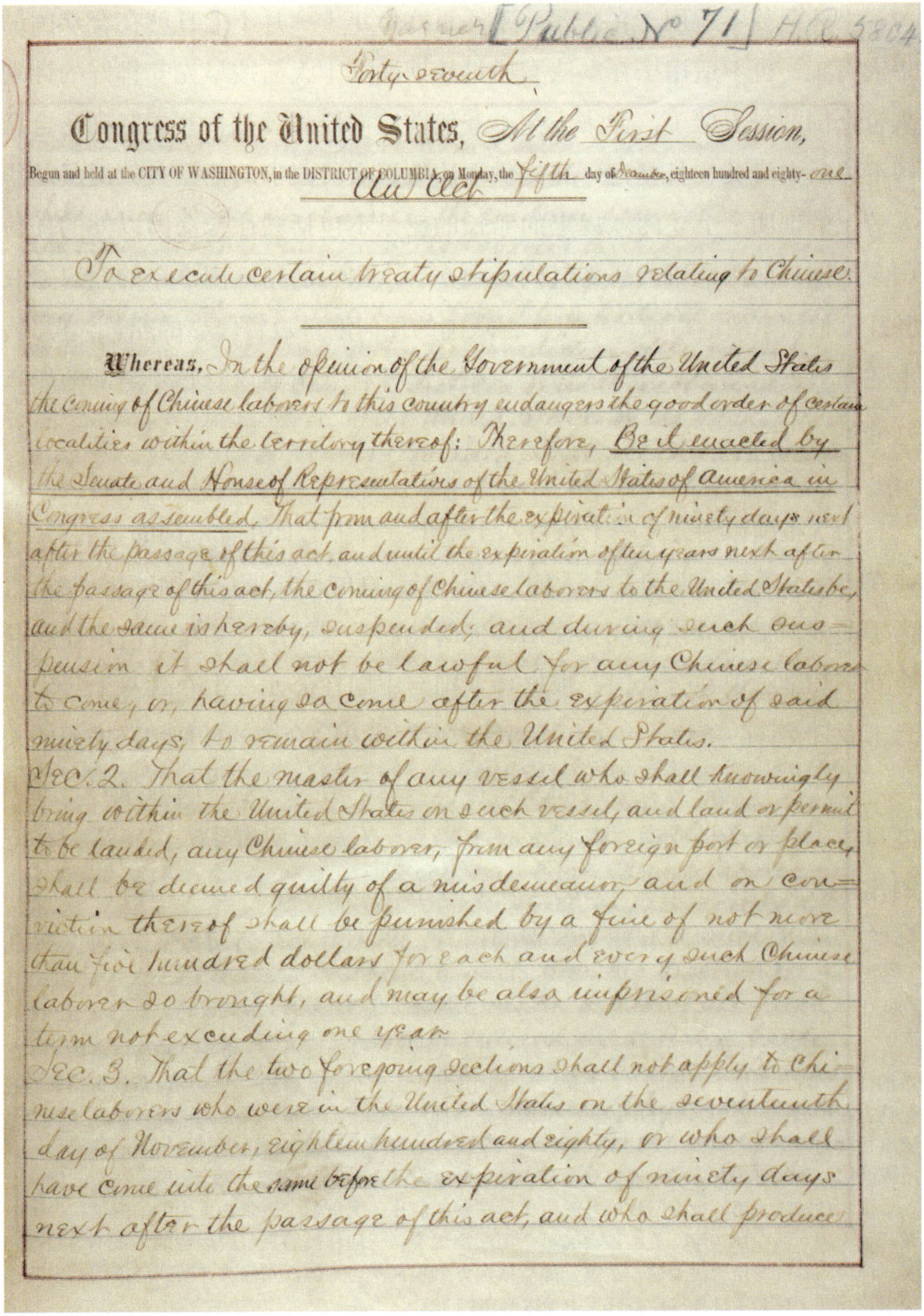

[Public No 71] H.R. 5804

Forty-seventh

Congress of the United States, At the First Session,

Begun and held at the CITY OF WASHINGTON, in the DISTRICT OF COLUMBIA, on Monday, the fifth day of December, eighteen hundred and eighty-one

An Act

To execute certain treaty stipulations relating to Chinese.

Whereas, In the opinion of the Government of the United States the coming of Chinese laborers to this country endangers the good order of certain localities within the territory thereof: Therefore, Be it enacted by the Senate and House of Representatives of the United States of America in Congress assembled, That from and after the expiration of ninety days next after the passage of this act, and until the expiration of ten years next after the passage of this act, the coming of Chinese laborers to the United States be, and the same is hereby, suspended; and during such suspension it shall not be lawful for any Chinese laborer to come, or, having so come after the expiration of said ninety days, to remain within the United States.

Sec. 2. That the master of any vessel who shall knowingly bring within the United States on such vessel, and land or permit to be landed, any Chinese laborer, from any foreign port or place, shall be deemed guilty of a misdemeanor, and on conviction thereof shall be punished by a fine of not more than five hundred dollars for each and every such Chinese laborer so brought, and may be also imprisoned for a term not exceeding one year.

Sec. 3. That the two foregoing sections shall not apply to Chinese laborers who were in the United States on the seventeenth day of November, eighteen hundred and eighty, or who shall have come into the same before the expiration of ninety days next after the passage of this act, and who shall produce

《排华法案》第一页

监禁。

第三款

上述两款不适用于在公元一千八百八十年十一月十七日就在合众国的华人劳工，也不适用于在本法案通过后期满九十天前按早先安排好的计划来合众国的华人劳工，但华人劳工登船前应向船长登记，并在船到达合众国港口后向海关关长登记，并提供本法案下文所要求的他是本款提及的华人劳工的证明；上述两款规定的船长的船只不包括驶往合众国以外的任何国家的港口的因危难或恶劣气候必须在合众国司法辖区内靠岸的船只，或驶往其他国家的港口或地点只在合众国的任何港口短暂停靠的船只，但是，上述船只上运载的所有华人劳工在船只离开合众国港口时必须全部随船离开港口。

第四款

为了正确识别公元一千八百八十年十一月十七日在合众国的华人劳工，或在本法案通过后期满九十天前按早先安排好的计划来合众国的华人劳工，为了向他们提供恰当的权利证明，证明他们是依照个人意愿自由选择离开合众国和继续前往合众国，根据合众国与中国在公元一千八百八十年十一月十七日签订的条约①，在有任何华人劳工离开合众国的任何地区的海关关长，对任何载有华人劳工的船只在自己的地区清关或即将离港驶向一外国港口前，都要亲自或通过其代表登上船只，对船上所有华人劳工进行登记制作花名册，花名册应载明华人劳工的姓名、年龄、职业、上次的居住地、体貌特征以及其他所有便于鉴别的信息，华人劳工花名册要妥善地保管在

① 1868年7月28日，中国与美国签订《中美天津条约续增条约》，也称《蒲安臣条约》。该条约依照国际法确立了两国的对等地位，是中国近代史上首个对等条约。《蒲安臣条约》主要内容包括：在中国让给外国人居住的地段，中国皇帝有征用权；中国皇帝有权在美国港口派驻领事，其领事特权与豁免权和英俄驻美领事相同；两国公民在对方境内免受宗教迫害；两国政府尊重移民自由；两国公民均可到对方的政府公立学校求学，并享有最惠国国民待遇，两国公民可在对方境内设立学堂。1872年，第一批中国政府公派留美学童乘船前往美国求学。该条约也为中国劳工移民美国敞开了大门。但在1879年，美国国会通过一项法案规定：任何移民船只每次运载的华工不得超过15名，但美国总统海斯否决了这一法案，随后派国务卿埃瓦茨与中国谈判修改《蒲安臣条约》中的移民条款，并于1880年11月17日签订《中美续修条约》。

海关；海关关长或其代表在制作华人劳工花名册的同时应向任何上述离开合众国的华人劳工免费发放证明，该证明要由关长或其代表签字，并加盖他所在的海关公章，证明式样由财务部部长规定，上面载明持证华人劳工的姓名、年龄、职业、上次的居住地、体貌特征以及其他所有便于鉴别的信息，证明上载明的任何事项必须与上述华人劳工花名册上载明的事项一致。在船只离港前，任何收到该证明的华人劳工离开船只时必须将该证明交给船长代为保管，如果该离船华人劳工在船只离港时未能登船，船长要将其代为保管的华人劳工证明寄给海关关长，由关长宣布该证明注销。如果华人劳工返回重新进入合众国，要将发给他的上述证明交给他要登陆地区的海关关长，关长将该证明在海关存档，用于证明注销后的恢复。

第五款

在本法案第五款里提到的在合众国境内的任何华人劳工如果希望通过陆路离开合众国，有权要求并免费获得本法案第四款里规定的签发给从水路离开合众国的华人劳工相同的身份证明；在合众国与外国接壤的地区，如有华人劳工希望获得该证明，该地区海关税收官收到华人劳工的申请后应免费为其发放，并登记造册，具体规定同本法案第四款的此项规定。

第六款

为严格实施本法案提到的合众国与中国签订的条约的第一条款和第二条款①，本法案提及的条约②规定的来美国的要求，任何已来到合众国的华人

---

① 指1880年11月17日《中美续修条约》，条约全文如下：

第一款：大清国、大美国共同商定，如有时大美国查华工前往美国，或在各处居住实于美国之益有所妨碍，或与美国内及美国一处地方之平安有所妨碍，大清国准大美国可以或为整理，或定人数、年数之限，并非禁止前往。至人数、年数，总须酌中定限，系专指华人续往美国承工者而言，其余各项人等，均不在限制之列。所以定限办法，凡续往承工者，只能令其按照限制进口，不得少有凌虐。

第二款：中国商民，如传教、学习、贸易、游历人等，以及随带并雇佣之人，兼已在美国各处华工，均听其往来自便，俾得受优待各国最后之利益。

第三款：已在美国各华工，及他项华人等，无论长居暂住，如有偶受他人欺侮之事，美国应即尽力设法保护，与待他国人最优者，一体相待，俾得各受按约应得之利益。

第四款：两国既将以上各款议定，美国如有时按照所定各款妥立章程，照知中国。如所定章程于中国商民有损，可由中国驻美钦差大臣与美国外部公同妥议。中国总理衙门亦可与美国驻京钦差大臣，公同妥为定议。总期彼此有益无损。

② 指1880年11月17日签订的《中美续修条约》。

如不是劳工，应依照该条约和本法案予以证明；如果是计划来合众国的华人不是劳工，则应由中国政府逐一给予证明，该证明由中国政府主管部门签发证明书，证明书应用英文书写，或（如果不用英文书写）附加英文译文，证实来美国的正当性，证明书上应载明姓名、官职（如果是公职人员的话）、年龄、身高、其他所有体貌特征、曾经从事的职业和目前从事的职业、在中国的居住地。该证明作为初步证据，由持证人在美国登陆后亲自递交给美国港口所在地区的海关关长或他的代表。

第七款

任何人故意错误地更改或替换证明书上的名字，或伪造证明书，或故意发出伪造的或欺骗性的证明书，都构成犯罪；犯有此类罪行的人将被判处不超过一千美元的罚款和不超过五年的监禁。

第八款

从任何国家的任何港口或地点进入合众国的船只的船长，在他递交船运货物清单的同时，如果该船没有运输货物，则在依法报关的同时，除了其他要求报告的事项外，在登陆或允许登陆前，应向船只抵达的港口所在地区的海关关长提交单独的包括该船在任何外国港口或地点搭载的当时仍在船上的所有华人乘客的花名册。该花名册上应载明华人乘客的姓名（如果是中国政府的公务人员及其随从因公旅行，应注明），各自证明书上的名字和其他事项；船长在制作该花名册时应依照船运货物申报法律的要求写下誓词。任何船长故意拒绝或忽视本款的规定，将依照对拒绝或疏忽提交货运清单的处罚进行处罚。

第九款

在任何上述航线的船只上的任何华人乘客登陆前，海关关长或其代表应对所有华人乘客对照花名册逐一核实；违反法律的任何人员不得在合众国登陆。

第十款

任何船只的船长故意违反本法案的任何规定，则丧失进入合众国的资格，该船只进入合众国任一地区，或在任一地区被发现，该地区法院可将其没收并定罪。

第十一款

任何人故意把任何华人通过陆路非法带入合众国，或故意帮助或支持把任何华人通过陆路非法带入合众国，或帮助或支持把任何华人从任何船只非法登陆合众国，均构成犯罪，判处不超过一千美元的罚款和不超过一年的监禁。

第十二款

任何华人如果不能向海关官员递交证明书，不得从陆路进入合众国，该证明书与从船只登陆合众国的证明书相同。任何华人如果在合众国境内被发现违法，经过合众国法院审理认为该华人不具备在合众国合法停留的资格，根据合众国总统的命令将该华人遣送到他来合众国时的出发国家，遣返费用由合众国支付。

第十三款

本法案不适用于在合众国从事公务旅行的中国政府的外交人员和其他官员，他们的随身证件的效力等同于本法案规定的证明书的效力，本法案对其他华人的规定不适用于他们、他们的使团以及他们的家庭随从。

第十四款

从本法案生效之日起，任何州法院或合众国法院不得给予任何华人美国公民身份；任何与本法案相抵触的法律宣布作废。

第十五款

本法案的“华人劳工”指美国矿业雇用的熟练的和不熟练的华人。

*

彭德尔顿法案 ①

Pendleton Act

关于调整和改进合众国公务员制度的法案

美国参议院和众议院共同决定：

第一款 ②

授权总统经咨询参议院并获得参议院的批准后任命三名公务员管理委员，但其中来自同一党派的委员不得超过两人，上述三名公务员管理委员组成合众国公务员管理委员会。公务员管理委员不得担任合众国的其他职务。

---

① 本法案1882年12月27日在参议院通过，1883年1月4日在众议院通过，1883年1月16日由切斯特·艾伦·阿瑟总统签署生效。《彭德尔顿法案》颁布至今虽几经修订，但一直是美国公务员制度的基本法律。该法案生效时，13.2万联邦雇员中只有10%属于公务员系列；当今，270万联邦雇员中有90%属于公务员系列。

美国建国初期很多公职人员是没有报酬的，甚至是自己掏腰包履行政府管理职能，如调查案子要自己出旅差费。所以，美国政府初期的公务员大多来自富裕家庭，因为穷人自己掏不起这份钱去履行公务。后来人们发现，政府不能被富人控制，所以，人们就“凑份子”（纳税）给公务员发工资，这样，不管是穷人还是富人，都有机会参与政府管理。公务员吃上了“皇粮”，便以此为业，脱离了社会生产，专司政府管理职能。但从1829年开始进入“政党分肥”时期，即竞选获胜的党派排除异己，基本上只用自己的人或亲近自己党派的人，这导致公务员队伍的频繁集体更迭，更严重的是，许多不具备公务员资格的人也因裙带关系把持着重要的公务员职位，由此带来政府管理效率低下，腐败蔓延。《彭德尔顿法案》就是在这种背景下出台的，它旨在建立一套科学的公务员录用和管理制度。该法案规定政府工作人员必须保持中立，不参加政治活动和提供政治捐款，不得以政治原因解雇政府工作人员。

② 此处的“第一款”为译者所加。美国很多法案在“美国参议院和众议院共同决定”后面即是法案的第一条或第一款，没有“第一条”或“第一款”字样，接下来便是“第二条”或“第二款”。

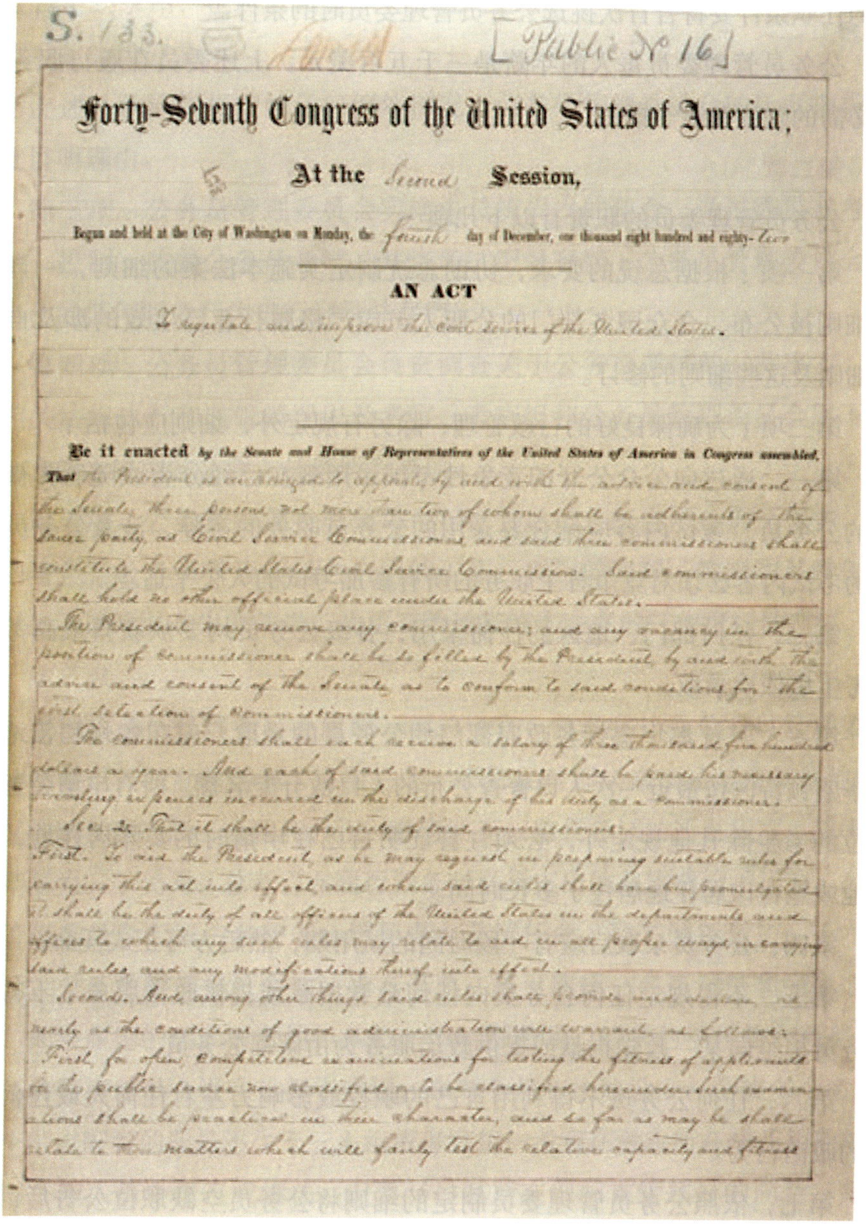
S. 133.　　[Public No 16]

Forty-Seventh Congress of the United States of America;

At the Second Session,

Begun and held at the City of Washington on Monday, the fourth day of December, one thousand eight hundred and eighty-two

AN ACT

To regulate and improve the civil service of the United States.

Be it enacted by the Senate and House of Representatives of the United States of America in Congress assembled, That the President is authorized to appoint, by and with the advice and consent of the Senate, three persons, not more than two of whom shall be adherents of the same party, as Civil Service Commissioners, and said three commissioners shall constitute the United States Civil Service Commission. Said commissioners shall hold no other official place under the United States.

The President may remove any commissioner; and any vacancy in the position of commissioner shall be so filled by the President, by and with the advice and consent of the Senate, as to conform to said conditions for the first selection of commissioners.

The commissioners shall each receive a salary of three thousand five hundred dollars a year. And each of said commissioners shall be paid his necessary traveling expenses incurred in the discharge of his duty as a commissioner.

Sec. 2. That it shall be the duty of said commissioners:

First. To aid the President, as he may request, in preparing suitable rules for carrying this act into effect, and when said rules shall have been promulgated it shall be the duty of all officers of the United States in the departments and offices to which any such rules may relate to aid, in all proper ways, in carrying said rules, and any modifications thereof, into effect.

Second. And, among other things, said rules shall provide and declare, as nearly as the conditions of good administration will warrant, as follows:

First, for open, competitive examinations for testing the fitness of applicants for the public service now classified or to be classified hereunder. Such examinations shall be practical in their character, and so far as may be shall relate to those matters which will fairly test the relative capacity and fitness

《彭德尔顿法案》第一页

哥伦比亚特区的考试由总统或考官组领导，在哥伦比亚特区以外的任何地区，合众国的税务官、邮政局长和其他官员要合理地提供各自部门的公共建筑用作考场，为考试提供各种便利。

第四款

内政部部长负责为公务员管理委员会履行职责和组织考试在华盛顿市提供合适且便利的办公室和宿舍，办公室和宿舍应配备家具、暖气、照明，并提供必要的文具和其他相关物品，还要提供必要的印刷保障。

第五款

上文所列任何委员、考官、抄写员、通讯员以及任何公职人员，不管是自己还是伙同他人采取压制、欺骗、设置障碍等手段，依照相关法规侵犯了考试申请者权利，或者在考试分数、等级评定、能力评估、考试报告上作弊或协助作弊，或对与考试相关的事项进行虚假陈述，或者向任何人提供特别的或秘密的信息以提高或降低考生的成绩，影响录用、任命、晋升，这均属腐败，任何有此类行为的人构成犯罪，被判处一百美元至一千美元的罚款，或十天至一年的监禁，罚款和监禁可同时采用。

第六款

本法案通过后的六十天内，财政部部长负责根据修订的美国法典第一百六十三条，对税收官、海军军官、测量员、评估员雇用的人员分级，不管是为上述个人职务雇用或为了公共服务雇用，每个现有关税区的这类雇员人数总数为五十人。以后，根据总统或财政部部长的指示不时地对任何其他关税区相关部门的雇员进行调整或分级。根据类似的请求，为了实施本法案，财政部部长应安排、调整财政部任何关税区内尚未分级的其他公职人员级别，任何这样的安排和分级应报总统。

第二，在上文规定的六十天内，邮政总长负责根据修订的美国法典第一百六十三条，分别安排各类公职人员的分级，不管是为了公共服务、办公室职员还是合众国的任何邮政局的职员，每个邮政局的人数为五十人。以后，根据总统的指示，邮政总长负责不时地对邮政部门的公职人员参照邮政局的职员分级调整和分级；任何这样的调整和分级应报总统。

第三，财政部部长和邮政总长以及修订的美国法典第一百五十八条所规定的每个部门的最高领导，为更好地实施本法案，根据总统的指示，为公务员考试之目的，分别修订或整理各自部门的现有分级，根据迄今可行的情况包括一个或更多的分级，公共服务领域过去未被分级的下属职位、职员要在适合各自部门的考试后分级。

第七款

本法案通过满六个月后，不得再未经考试任命任何官员或职员，不得未经考试雇用或提升现行分级下的任何公职人员，要按照上述法规对现有公职人员和新申请者一起考试，择优录用。只有极个别的公职人员在下述情况下可以免除考试继续雇用。但这不得理解成是体面地免除修订的美国法典第一千七百五十四条规定的陆军或海军服兵役的义务，也不得理解成剥夺总统根据修订的美国法典第一千七百五十三条授予的总统的与本法案不一致的职权;任何非行政部门的政府官员，或任何以工人身份雇用的职员，也要求按此分级；除经参议院批准，不得任命没有分级或通过考试的人。

第八款

任何政府部门不得录用或留任习惯饮用麻醉类饮料的人，本规定适用于本法案的所有条款。

第九款

如果一个家庭已经两名或两名以上的成员是本法案规定的任何级别的公职人员，则该家庭任何其他成员均丧失成为公务员的资格。

第十款

任何组织考试或录取工作人员不得接受或考虑任何参议员、众议员为任何依照本法案申请公务员职位的人的推荐信，但个人性格和住处说明除外。

第十一款

任何参议员、众议员或领地派驻国会的代表，或竞选中的参议员、众议员或领地派驻国会的代表，或参议院或众议院的任何雇员，合众国的任何行政、司法或陆海军官员，任何行政、司法或陆海军部门的任何职员或雇员，均不得出于任何政治目的直接或间接地以任何方式索要或接受任何合众国公务员，或合众国任何部门的职员或雇员，或由合众国财政发放工资或报酬的人的任何财物、捐献或资助。

第十二款

任何人在本法案提及的任何合众国官员或雇员所使用的任何房间或建筑里，或者在任何海军基地、要塞、军械库，均不得出于任何政治目的以任何方式索要或接受任何金钱捐献或任何其他有价物。

第十三款

本法案提及的任何合众国官员或雇员，不得以许诺或威胁或解雇或提升或降级或奖励等任何借口，要求任何其他合众国官员或雇员进行有任何政治目的的金钱或有价物捐献，或克扣金钱或有价物。

第十四款

合众国任何官员、职员或其他任何人，不得为宣传任何政治主张而直接或间接地给予任何其他合众国官员、职员或其他人任何金钱或其他有价物，也不得给予任何参议员、众议员或领地派驻国会的代表任何金钱或其他有价物。

第十五款

任何人违反上面四款规定构成犯罪，根据法院自行裁量权判处不超过五千美元的罚款，或不超过三年的监禁，或罚款与监禁并罚。

本法案于 1883 年 1 月 16 日签署生效。

*

谢尔曼反垄断法案[①]

Sherman Anti-Trust Act

美利坚合众国第 51 届国会第一次会议，

于一千八百八十九年十二月二日在华盛顿市召开。

保护贸易和商业免受非法限制及垄断法案

美利坚合众国参议院与众议院共同颁布：

第一款

任何以垄断等形式或共谋订立的限制各州之间或与外国的贸易或商业的协议，均属非法。任何人订立此类协议或参与任何联合或共谋构成犯罪，根据法院的自行裁量权，上述犯罪之人将被判处不超过五千美元的罚款，或不超过一年的监禁，或罚款与监禁并罚。

第二款

任何人垄断或试图垄断，或与其他个人或人们联合或共谋垄断各州之间或与外国的任何领域的贸易和商业，均属犯罪。上述犯罪之人将被判处不超过五千美元的罚款，或不超过一年的监禁，或罚款与监禁并罚。

① 该法案的全称是《保护贸易和商业免受非法限制及垄断法案》，1890年7月2日由本杰明·哈里森总统签署生效。该法案是美国联邦第一个反垄断立法，也是美国历史上第一个授权联邦政府控制、干预经济的法案。该法案奠定了反垄断立法的坚实基础，至今仍然是美国乃至世界很多国家反垄断法的基本准则。

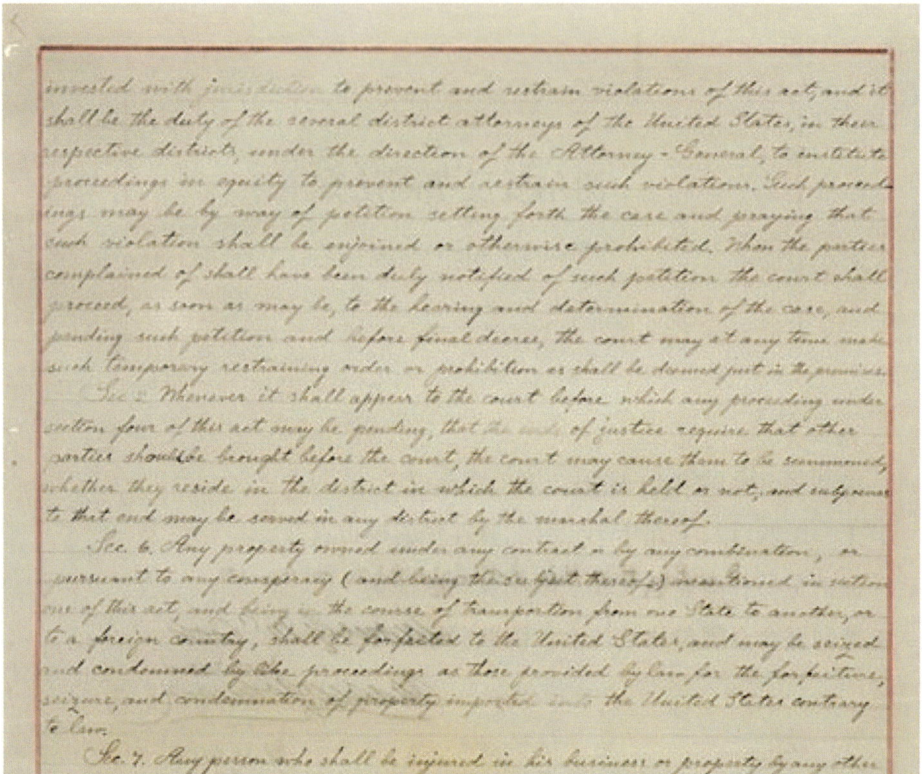
invested with jurisdiction to prevent and restrain violations of this act; and it shall be the duty of the several district attorneys of the United States, in their respective districts, under the direction of the Attorney-General, to institute proceedings in equity to prevent and restrain such violation. Such proceedings may be by way of petition setting forth the case and praying that such violation shall be enjoined or otherwise prohibited. When the parties complained of shall have been duly notified of such petition the court shall proceed, as soon as may be, to the hearing and determination of the case; and pending such petition and before final decree, the court may at any time make such temporary restraining order or prohibition as shall be deemed just in the premises.

Sec. 5. Whenever it shall appear to the court before which any proceeding under section four of this act may be pending, that the ends of justice require that other parties should be brought before the court, the court may cause them to be summoned, whether they reside in the district in which the court is held or not; and subpoenas to that end may be served in any district by the marshal thereof.

Sec. 6. Any property owned under any contract or by any combination, or pursuant to any conspiracy (and being the subject thereof) mentioned in section one of this act, and being in the course of transportation from one State to another, or to a foreign country, shall be forfeited to the United States, and may be seized and condemned by like proceedings as those provided by law for the forfeiture, seizure, and condemnation of property imported into the United States contrary to law.

Sec. 7. Any person who shall be injured in his business or property by any other person or corporation by reason of anything forbidden or declared to be unlawful by this act, may sue therefor in any circuit court of the United States in the district in which the defendant resides or is found, without respect to the amount in controversy, and shall recover three fold the damages by him sustained, and the costs of suit, including a reasonable attorney's fee.

Sec. 8. That the word "person," or "persons," wherever used in this act shall be deemed to include corporations and associations existing under or authorized by the laws of either the United States, the laws of any of the Territories, the laws of any State, or the laws of any foreign country.

Thomas B. Reed
Speaker of the House of Representatives.

Approved July 2nd 1890
Benj. Harrison

Levi P. Morton
Vice-President of the United States and
President of the Senate

《谢尔曼反垄断法案》第二页

第三款

任何以垄断等形式或共谋订立的限制合众国任何领地或哥伦比亚特区，或限制任何领地之间，或限制任何领地、各州及哥伦比亚特区之间的，或限制与外国的，或限制哥伦比亚特区与任何一州或一国的贸易或商业的协议，均属非法。任何人订立此类协议或参与任何联合或共谋构成犯罪，上述犯罪之人将被判处不超过五千美元的罚款，或不超过一年的监禁，或罚款与监禁并罚。

第四款

授权合众国巡回法院司法管辖权，预防和制止违反本法案的行为；为预防和制止违反本法案的行为，合众国各司法区的检察官遵照司法部长的指示负责对本地区此类案件依衡平法[①]提起诉讼。此类诉讼可通过起诉书陈述案由，请求法院阻止或禁止此类违法行为。法院收到检察官的起诉书后要及时告知被告方，并尽快审理和判决；在审理期间和最终判决前，法院如认为必要，可随时签发临时限制令或禁令。

第五款

依据本法案第四款，在案件审理的任何期间，不管事先是否出庭过，为司法公正需要另一方出庭时，法院应向其签发传票，不管被传唤的当事人是否居住在本法院的司法区内；各司法区执法官负责送达该传票。

第六款

依照本法案第一款提及的任何协议或联合，或依照任何共谋（共谋之事项）所拥有的财产，从一州运往另一州，或运往外国，将被没收归合众国所有，查封和征用诉讼程序与关于对进口到美国的财产没收、查封和征用的法律规定相同。

第七款

任何人因另一人或公司从事本法案禁止或宣布非法的事项而造成经营

---

① 衡平法强调以“公平、正义、公理”审理案件；同普通法相比较，衡平法的诉讼程序比较简单，不设陪审团，一般采用书面形式审理、判决。

或财产损失，不管争议的损失大小，均可在被告方居住地或被发现地的司法区的合众国任一个巡回法院提起诉讼，诉求三倍于损失的赔偿及包括合理的律师费在内的诉讼费。

第八款

本法案任何一处所使用的单数“人”或复数“人们”，包括依照合众国法律、任何领地法律、任何一州法律或任何其他国家法律批准成立的公司和协会。

批准生效日期：1890 年 7 月 2 日

*

威尔逊总统的十四点计划①

President Wilson's 14 Points

我们的愿望和目标是，当和平起步时，和平进程必须是绝对公开，并保证从此以后不再有也不允许秘密交易等类似事情。征服和扩张的日子一去不复返了，同样，会在意料不到的时候搅乱世界和平的有益于个别政府的秘密盟约也已悄然逝去。只要一个国家的意图符合正义与世界和平，它就有可能在现在或在任何其他时间申明自己的意图和目标。每个不想让自己的思想在旧时代徘徊的政府官员都看到了这令人快慰的事实。

我们之所以参加了这次战争，是因为正义受到侵犯，这使我们痛心入骨。只有恢复了正义，确保世界正义从此永不受践踏，我国人民的生活才能延续下去。因此，我们在这次战争中所要求的，绝不是仅仅和我们本身有关的东西，我们所要求的是：让世界适合人类居住，使人们安居乐业，尤其是让热爱和平的国家感到安全，就像我们自己的国家一样，使它按照自己

① 这十四点计划是伍德鲁·威尔逊总统1918年1月8日在国会演讲的主要内容，是威尔逊提出的结束第一次世界大战的纲领及战后世界蓝图。威尔逊提出要废除秘密协定，削减军备，重新调整殖民地国家土著居民与殖民者的利益，确保海洋通航自由，消除各国之间的贸易壁垒，尊重受压迫的少数民族的民族自决权。他最后提出："建立一个普遍性的国家联合组织，其目的是各国互相保证政治独立和领土完整，国家不分大小，一律平等。"这个国家联合组织就是联合国的前身"国际联盟"。在1919年巴黎和会上，威尔逊领导起草了《国际联盟盟约》，并在1920年1月10日《凡尔赛条约》生效的同时宣告国际联盟成立。威尔逊因对成立国际联盟所做的贡献获得1919年诺贝尔和平奖。为让美国人民认识国际联盟及美国加入该组织的好处，争取参议院批准美国加入国际联盟，威尔逊在全国进行了37场演讲，但终未能如愿，参议院始终没有批准。他遗憾地说："美国不加入国际联盟，不出25年还会爆发一次世界大战。"

frankness, a largeness of view, a generosity of spirit, and a universal human sympathy which must challenge the admiration of every friend of mankind; and they have refused to compound their ideals or desert others that they themselves may be safe. They call to us to say what it is that we desire, in what, if in anything, our purpose and our spirit differ from theirs; and I believe that the people of the United States would wish me to respond, with utter simplicity and frankness. Whether their present leaders believe it or not, it is our heartfelt desire and hope that some way may be opened whereby we may be privileged to assist the people of Russia to attain their utmost hope of liberty and ordered peace.

3 It will be our wish and purpose that the processes of peace, when they are begun, shall be absolutely open and that they shall involve and permit henceforth no secret understandings of any kind. The day of conquest and aggrandizement is gone by; so is also the day of secret covenants entered into in the interest of particular governments and likely at some unlooked-for moment to upset the peace of the world. It is this happy fact, now clear to the view of every public man whose thoughts do not still linger in an age that is dead and gone, which makes it possible for every nation whose purposes are consistent with justice and the peace of the world to avow now or at any other time the objects it has in view.

We entered this war because violations of right had occurred which touched us to the quick and made the life of our own people impossible unless they were corrected and the world secured once for all against their recurrence. What we demand in this war, therefore, is nothing peculiar to ourselves. It is that the world be made fit and safe to live in; and particularly that it be made safe for every peace-loving nation which, like our own, wishes to live its own life, determine its own institutions, be assured of justice and fair dealing by the other peoples of the world as against force and selfish aggression. All the peoples of the world are in effect partners in this interest, and for our own part we see very clearly that unless justice be done to others it will not be done to us. The programme of the world's peace, therefore, is our programme; and that programme, the only possible programme, as we see it, is this:

I. Open covenants of peace, openly arrived at, after which there shall be no private international understandings of any kind but diplomacy shall proceed always frankly and in the public view.

II. Absolute freedom of navigation upon the seas, outside territorial waters, alike in peace and in war, except as the seas may be closed in whole or in part by international action for the enforcement of international covenants.

III. The removal, so far as possible, of all economic barriers and the establishment of an equality of trade conditions among all the

威尔逊总统的演讲稿提出“十四点计划”的页面

选择的方式去生活，由自己决定自己的国家制度，使世界其他国家的民族公正地对待它，使其免遭暴力和侵略。事实上，全世界各民族在这方面都有共同的利益，就我们本身而言，我们清楚地意识到，要想让别人公正地对待我们，我们必须首先要公正地对待别人。因此，世界和平计划就是我们的计划。依据我们之所见，这是个唯一可行的计划。该计划就是：

一、以公开方式缔结和平条约，并向世界公布这个条约。然后，不得有任何类型的秘密国际谅解，必须在公众面前坦诚地进行外交活动。

二、在各国领海以外的海洋上，确保航行的绝对自由，不管在和平时期还是在战时，均是如此。只有在执行国际公约时，才可以通过国际行动封锁某一海域的全部或部分。

三、尽最大可能，在所有赞同和平、联合维护和平的国家消除所有的经济壁垒，建立平等的贸易环境。

四、各国要提出足够的保证，把国家军备缩减到与保卫国内安全相称的最低限度。

五、要自由、开明、不偏不倚地调整所有殖民地国家的诉求，并严格遵守以下原则：在决定所有独立国家提出的诉求时，公众的切身利益必须与拟建政府的要求一样，得到同等重视。

六、俄国领土上的所有占领军应该撤退，所有与苏俄有关的问题应得到圆满解决，需要得到世界其他国家最好、最全面的合作，以让苏俄得到不受牵制和阻挠的机会，自主决定它自己的政治前途和国家政策，确保真诚地欢迎它在它自己所选择的制度下进入自由国家社会。不仅仅是欢迎，我们还要为它提供所需的以及它渴望得到的各种援助。在未来几个月里，俄国姊妹国家对它的态度——包括它们对俄国提出的与这些国家利益不符的需求的理解，以及这些国家开明和无私的同情心——是对这些国家对俄国亲善关系的严峻考验。

七、整个世界应同意，占领比利时的外国军队必须撤走，确保其领土完整，不要有任何企图限制它与其他自由国家享受同样的主权。其他任何单独行动都不可能像这样的计划一样，在各国中间恢复对它们为调整它们彼此之间关系而拟订的法律的信心。没有这个治愈战争创伤的行动，国际法的整个体系和效用就会永远受到损害。

八、法国全部领土应获自由，归还被占的法国领土。普鲁士于1871年在阿尔萨斯—洛林问题上对法国的错误做法，使世界和平受到将近五十年的挫折，必须对之予以纠正，为了所有国家的利益应该再次确保和平。

九、必须依照明晰可辨的民族生活界线，重新调整意大利边界。

十、我们希望保证并确定奥匈帝国统治下各民族的国际地位，应该给予他们自主发展的最大程度的自由机会。

十一、在罗马尼亚、塞尔维亚和门的内哥罗的占领军应该撤出，归还被占领土；给予塞尔维亚自由安全的出海通道；而几个巴尔干国家的相互关系，应按照历史上业已形成的归属和民族关系，通过友好协商加以确定，同时，对这几个巴尔干国家的政治和经济独立以及领土完整，也应当给予国际保证。

十二、对于当前奥斯曼帝国的土耳其本土，应确保其主权安全，但对现在土耳其人统治下的其他民族，则应确保他们有确实安全的生活和绝对不受干扰的自主发展的机会；同时，达达内尔海峡[①]应在国际保证下永远开放，使之成为世界各国船只和商务的自由通路。

十三、应建立一个独立的波兰国，它的疆域包括所有无可置疑的波兰人所居住的领土，并应确保它获得自由安全的出海通道，而它的政治和经济独立以及领土完整，则应由国际公约予以保证。

十四、必须根据专门国际公约成立一个普遍性的国家联合组织，其目的是各国互相保证政治独立和领土完整，国家不分大小，一律平等。

从这些必要的纠正错误和伸张公理的举措来看，我们觉得自己是联合起来反对帝国主义者的各国政府和人民的亲密伙伴。我们有着共同的利益和一致的目标。我们应并肩战斗、合作到底。

为了这些安排与和约的签订，我们愿意一直战斗下去，直到所有的目

① 在土耳其欧亚两部分之间，连接马尔马拉海与爱琴海。

标都得以实现。然而，我们唯一的希望就是正义获胜，我们唯一的渴望就是稳定的和平，而这一和平只有在消除战争的主要因素后才可获得，我所提出的计划确实能消除这些战争因素。

我们不嫉妒德国的伟大，本计划不含任何损害德国伟大的内容。德国在建设方面取得的成就和在学术以及和平事业上的卓越表现让人羡慕不已，我们对此毫无恶意。我们不愿伤害德国，也不愿意用任何方式阻碍德国行使它的合法权利。如果德国愿意通过公正的条约、法律和平等的交往与我们及世界上其他爱好和平的国家联合起来，我们则不愿意用武力或敌对的贸易措施来对付德国。我们希望它在世界民族中——即我们现在所生活的新世界里——占据一个平等的地位，而不是统治的地位。

*

社会保障法案[①]

Social Security Act

本法案的宗旨是，通过建立联邦老年人权益制度提供普遍的社会福利，使各州能够筹集更多的款项用于老年人、盲人、无生活来源者、残疾儿童、母子福利、公共健康和实施失业补偿金法律，建立社会保障委员会，加大税收，以及其他目的。

本法案由美利坚合众国参议院和众议院共同颁布。

第一章　联邦政府给各州老年救助[②]计划的补贴

拨款

条款 1. 为使各州能根据自己州的实际情况为本州贫困老人提供尽可能

① 美国总统富兰克林·罗斯福1935年8月14日签署了《社会保障法案》，美国开始在联邦层面上建立老年人养老、工伤保险、失业保险、母子救助、残疾人资助等社会保障体系。在这之前，社会保障除退伍军人养老外主要由州政府和地方政府负责。建立社保制度，是罗斯福总统的主要政绩之一，他在为这一制度辩护时说："我们建立工薪税制度，就是赋予纳税者法律上、道义上和政治上领取养老金的权利。有了这个税，没有哪个该死的政治家胆敢废除我的社会保障项目。"

美国的社会保障制度远远落后于欧洲。英国早在1536年就颁布了《济贫法》，政府为穷人提供食品和医疗等方面的救助。德国1889年颁布了《老年和残疾人保险法案》。英国1911年通过了《国民保险法案》，建立了失业保险、养老、医疗等社会福利。英国全民享有基本养老金，2012—2013财年，所有英国公民到了退休年龄，不管过去有没有工作，为谁工作，都能领到每周107.45英镑的基本养老金。英国1946年还通过了《国民医疗服务法案》，实行全民毫无差别的免费医疗。法国从1956年开始就实行了没有任何条件和区别的全民基本养老金制度，即所有在法国国土上居住的人，只要到了60岁就可以按月领取基本养老金。2010年，基本养老金标准为单身老人每月709欧元，夫妻老人每月1158欧元。北欧一些国家的社会福利标准更高。

② 就是养老金。

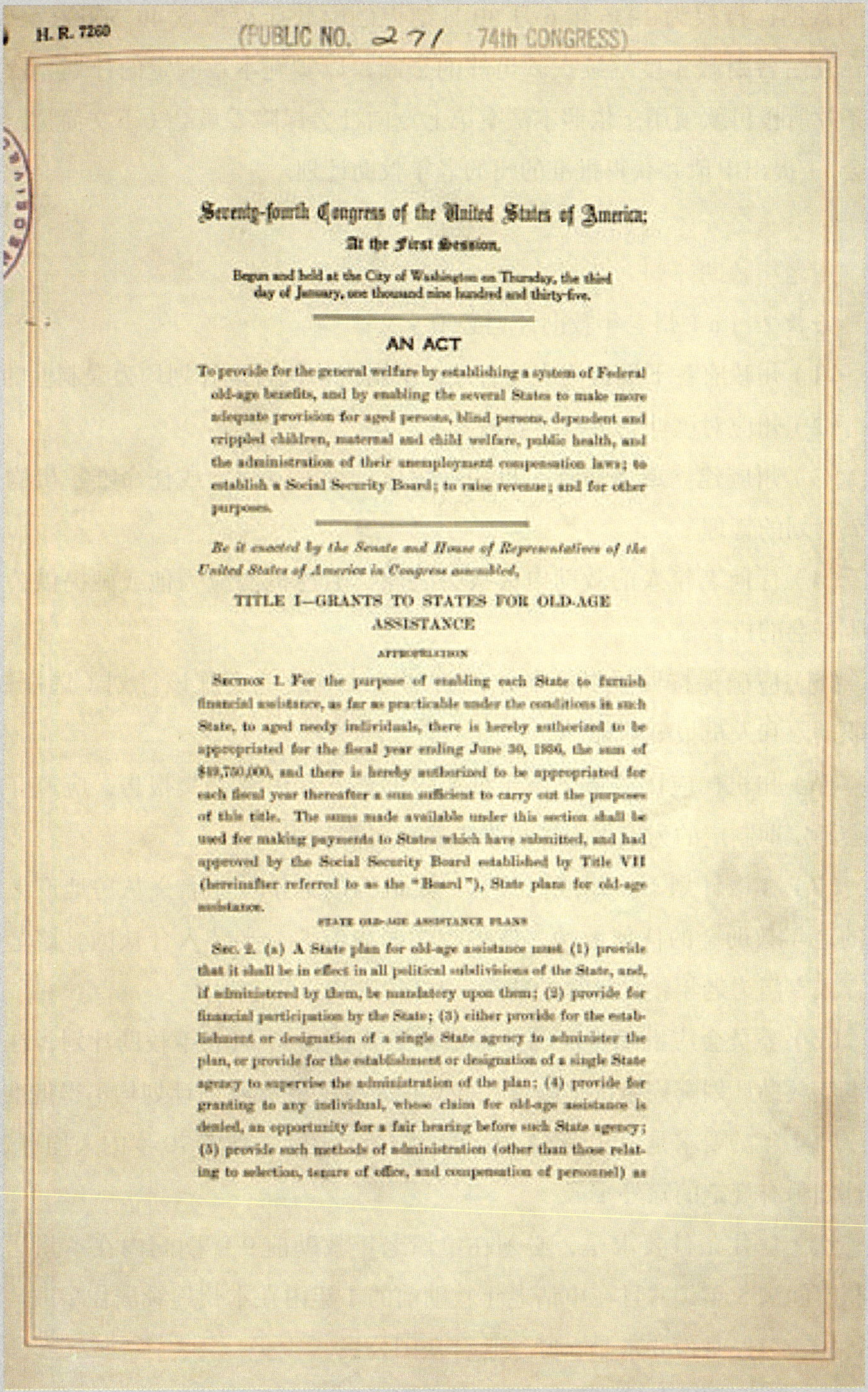

H. R. 7260

(PUBLIC NO. 271 74th CONGRESS)

Seventy-fourth Congress of the United States of America;

At the First Session,

Begun and held at the City of Washington on Thursday, the third day of January, one thousand nine hundred and thirty-five.

AN ACT

To provide for the general welfare by establishing a system of Federal old-age benefits, and by enabling the several States to make more adequate provision for aged persons, blind persons, dependent and crippled children, maternal and child welfare, public health, and the administration of their unemployment compensation laws; to establish a Social Security Board; to raise revenue; and for other purposes.

Be it enacted by the Senate and House of Representatives of the United States of America in Congress assembled,

TITLE I—GRANTS TO STATES FOR OLD-AGE ASSISTANCE

APPROPRIATION

SECTION 1. For the purpose of enabling each State to furnish financial assistance, as far as practicable under the conditions in such State, to aged needy individuals, there is hereby authorized to be appropriated for the fiscal year ending June 30, 1936, the sum of $49,750,000, and there is hereby authorized to be appropriated for each fiscal year thereafter a sum sufficient to carry out the purposes of this title. The sums made available under this section shall be used for making payments to States which have submitted, and had approved by the Social Security Board established by Title VII (hereinafter referred to as the "Board"), State plans for old-age assistance.

STATE OLD-AGE ASSISTANCE PLANS

SEC. 2. (a) A State plan for old-age assistance must (1) provide that it shall be in effect in all political subdivisions of the State, and, if administered by them, be mandatory upon them; (2) provide for financial participation by the State; (3) either provide for the establishment or designation of a single State agency to administer the plan, or provide for the establishment or designation of a single State agency to supervise the administration of the plan; (4) provide for granting to any individual, whose claim for old-age assistance is denied, an opportunity for a fair hearing before such State agency; (5) provide such methods of administration (other than those relating to selection, tenure of office, and compensation of personnel) as

《社会保障法案》第一页

多的救助，授权为1936年6月30日结束的财政年度拨款49750000美元，并在此后各财政年度继续拨款足够的金额，以实施本章制定的计划。依照本条款所拨付款项用于依照本法案第七章向社会保障委员会（下文简称“委员会”）提出申请并获得批准的州的老年救助计划。

州老年救助计划

条款2.（a）州老年救助计划必须：

（1）州政府各下属机构应均有效，下属机构执行该计划均为强制性的；

（2）州应对该计划进行财政拨款；

（3）州应建立或任命唯一机构管理该计划，或建立或任命唯一机构监督该计划的管理；

（4）任何老年人的救助申请被否决后，上述机构应为他或她提供公正的听证会的机会；

（5）应确保按照委员会制定的管理方法有效地实施该计划（选择权、任职期限和人员报酬除外）；

（6）州机构应按委员会不定期要求的格式和内容提交报告，应遵守委员会不定期制定的为确保上述报告正确和属实的规定；

（7）在该计划下，州或任何其下属机构以老年救助名义从房地产上收缴的老年救助金的任何数额，应将收缴的净值的一半转入合众国。该笔款项存入专门为老年救助设置的账户。

（b）委员会应批准任何满足本章本条款（a）项的老年救助计划，在以下老年救助计划资格条件里附加任何其他条件的老年救助计划均不得批准：

（1）年龄要求是，年满65岁，至1940年1月1日满70岁的人均有效，该计划另有规定的除外；或

（2）居住条件要求是，必须在申请老年救助前9年期间内在本州居住累积时间满5年，并且在申请老年救助前的1年内在本州连续居住；或

（3）公民身份要求是，必须是合众国公民。

对各州的支付

条款 3.（a）上述联邦政府拨付款项，财政部部长应按季度支付给老年人救助计划获得批准的州，首个季度起始时间是 1935 年 7 月 1 日。

（1）州应每个季度另外出资联邦政府每个季度对老年人救助计划拨款的一半用于本州已满 65 岁未被公共机构收养的老年人的救助，但已获得每月救助额 30 美元以上的老年人除外，并且

（2）州按联邦政府支付额度的 5% 出资用于支付州老年人救助计划的管理费用，或支付联邦老年人救助计划的管理费用，或支付上述两项计划的管理费用，此笔款项不得挪作他用；但被委员会批准的州老年人救助计划在 1937 年 7 月 1 日前不需要州出资，在任何情况下，任何州申请并公示并举行了听证会后，委员会发现该出资被州宪法阻止的除外。

（b）支付额度的计算和支付方法如下：

（1）委员会应在每一季度前按本条（a）项（1）目的规定，估算该季度应支付给州的数额，估算项目包括：（A）州提交的报告所提出的该季度内需要的资金须符合本法案相关条款的规定，并声明该季度的这笔资金由州及下属机构拨付或准备拨付，如果这笔资金不足联邦政府估算数额的一半，对差额部分的补足应有资金来源，（B）州的老年人口数据记录，（C）委员会认为有必要，也可进行其他事项的调查。

（2）委员会须向财政部部长核实委员会估算的数额，包括因大于或小于上季度按本条款（a）项（1）目支付的数额导致的估算数额的减少或增加，但不包括上一季度已经委员会评估并向财政部部长证实了的数额的增加或减少。

（3）该支付经审计总署审计后，由财政部部长通过财政部支付局向州拨款，委员会可以适时决定增加估算并经核定数额的 5%。

州老年人救助计划的实施

条款 4. 任何州的老年救助计划经委员会批准之后，在对州老年救助计划管理机构或监督机构合理公示或听证后，如果委员会发现：

（1）州老年救助计划对给付对象的年龄、居住地、公民身份因条款 2（b）项所禁止的事项发生改变，或在州老年人救助计划管理中出现任何被禁止的要求，在州当局参加的调查中发现大量此类案例；或

（2）对州老年人救助计划的管理违反条款 2（a）项所列任何规定，委员会应通告有关州机构暂停支付，直到该州撤销了所有本法案禁止事项不再犯有类似错误并达到委员会满意为止。在暂停支付期间，委员会无须向财政部部长提交关于该州支付的核实报告。

委员会管理费用

条款 5. 在 1936 年 6 月 30 日结束的财政年度内，为委员会实施本章条款拨款 250000 美元。

定义

条款 6. 本章提到的“老年人救助”，指对老年人个人提供的现金支付。

第二章　联邦老年人福利

老年人公积金账户

条款 201.（a）在合众国财政部设立老年人公积金账户，本章下文简称“账户”。授权从 1937 年 6 月 30 日结束的财政年度开始，每个财政年度向该账户拨款作为年费，拨款额度要足够依照本章要求的支付，年费数额依照公积金基础、公认的基本原则以及财政部经常更新的人口死亡率决定，账户的年复合利率为 3%。财政部部长每个年度应向预算局[①]递交向该账户的拨款额度。

（b）财政部部长如果认为该账户不能满足当前的支付，他有权从该账

① 美国预算局建立于1921年，当时隶属于财政部。预算局1939年归到美国总统行政办公室，1970年更名为管理和预算局。

户里拿出一定比例的公积金用于投资。但只准投资合众国固定利息债券，或合众国对本金和利息担保的债券。出于这一目的，债券必须是：

（1）以票面价格首发，或

（2）以市场价格购买未清偿债券。但这种债券必须是合众国依照《第二自由公债法案》发行的债券①，作为修订，这里将发债用途扩展为针对该账户按票面价格发行特别债券。特别债券的年利率为3%。除特别债券外的其他债券年收益率低于3%不得投资。

（c）该账户资金购买的任何债券（专门针对该账户发行的特别债券除外）可以按市场价格出售，特别债券只能由政府按票面价格赎回并支付应付利息。

（d）该账户持有的任何债券的利息或被赎回后的本金应归还该账户，成为该账户资金的一部分。

（e）该账户上的所有资金应随时可以提取用于依照本章要求的支付。

（f）财政部部长在提交年度报告中应包括该账户的收支详细情况。

老年人福利支付

条款202.（a）应对任何符合（条款210明确的）条件的人从65岁生日起，或从1942年1月1日起，不管哪个日期在后，直至去世之日这段时间内发放老年人救助金（尽量按月等额支付），具体规定如下：

（1）如果个人在1936年12月31日以后就业（条款210条规定），并且在65岁之前领取的工资总额被委员会（按条款210条规定）认定不超过3000美元，每月支付的老年人救助金为工资总额一个百分点的二分之一；

（2）如果上述工资总额超过3000美元，每月支付的老年人救助金应按以下方法计算：（A）3000美元一个百分点的二分之一；加上（B）3000美

① “自由公债”也叫“战争公债”，美国政府发行该债券是为第一次世界大战筹集战争经费。第一次世界大战期间，美国政府共发行了四次自由公债：第一次自由公债于1917年4月27日发行，票面总额500万美元，年利率3.5%；第二次自由公债于1917年10月1日发行，票面总额300万美元，年利率3%；第三次自由公债于1918年4月5日发行，票面总额300万美元，年利率4.5%；第四次自由公债于1918年9月28日发行，票面总额600万美元，年利率4.25%。

元以上至 45000 美元部分一个百分点的十二分之一；加上（C）45000 美元以上部分一个百分点的二十四分之一。

（b）按本条款（a）项计算的每月支付的老年人救助金在任何情况下均不得超过 85 美元。

（c）如果委员会在任何时候发现依照本条款对任何人的老年人救助金的支付金额高于或低于依照上文计算的正确金额，应根据委员会制定的管理法规进行恰当的调整，随后按调整后的金额支付该人的老年人救助金。

（d）如果委员会在任何时候发现任何符合条件的人在 65 岁之后仍有稳定的工作并获得工资，对该人的老年人救助金的支付则在任何一个稳定工作期间扣除一个日历月的老年人救助金。按委员会制定的管理法规，可以从一次或多次支付的老年人救助金里扣减。

死亡时的支付

条款 203.（a）任何人在 65 岁生日前死亡，应对死者的遗产支付，支付金额按委员会确定的从 1936 年 12 月 31 日起应支付给死者的工资总额的 3.5%。

（b）如果委员会发现依照条款 202 支付给符合条件的人死亡，死者生前的老年人救助金不管多于还是少于正确数额，只要不足上文所规定的工资总额的 3.5%，则对其遗产支付，支付金额为实际支付的老年人救助金总额与上文所规定的工资总额的 3.5% 的差额。

（c）如果委员会发现支付给死者生前的老年人救助金不足依照条款 202 计算的正确数额，而该正确数额已经到达或超过了该死者上文规定的工资总额的 3.5%，应对其遗产支付，支付金额为实际支付的老年人救助金总额与依照条款 202 计算的正确数额的差额。

对不具备老年人救助资格的老年人的支付

条款 204.（a）任何年满 65 岁不具备享受老年人救助金资格的人应一次性支付，支付金额按委员会确定的从 1936 年 12 月 31 日起至 65 岁生日这段期间支付他或她的工资总额的 3.5%。

（b）任何人依照本条款（a）项获得一次性支付后，不得再享受依照本章规定按工资计算的任何其他老年人救助金，但如果他或她生前依照（a）项规定的任何支付尚未得到完全支付，应将所欠支付金额支付给死者的遗产。

对遗产支付金额不足 500 美元的支付

条款 205. 如果依照本法案条款 203 或条款 204 对遗产的任何支付金额不超过 500 美元，根据委员会制定的法规，该笔款项应支付给委员会找到的死者住所所在州法律规定的其他受益人，无须依照遗产处置的相关法规支付。

生前超额支付的处理

条款 206. 如果委员会发现对某一有资格享受老年人救助金的人的生前支付总额超出依照条款 202 之规定计算出的正确金额，并且超出作为计算老年人救助金的工资总额的 3.5%，则应在他或她死亡时从其遗产中追回超出部分上缴合众国国库，追回金额是生前支付总额减去下列两项中任何一项的余额：

（1）上述工资总额的 3.5%，或

（2）依照条款 202 之规定计算出的正确数额。

支付方法

条款 207. 委员会应经常向财政部部长核实依照本章所有具有享受老年人救助金资格的人的姓名、地址、支付金额及支付时间等相关情况。财政部部长按照委员会核实后的支付名册并经审计总署的审计或结算认可后通过财政部支付局拨款。

享受老年人救助金的权利不可被让渡

条款 208. 任何人依照本章之规定将享有的任何老年人救助金的权利，

在普通法或衡平法诉讼中不可被转让或被让渡，依照本章支付的款项或应支付的款项或获得支付的权利不得作为执行、征收、扣押或其他法律程序的标的，也不得作为破产或破产清算程序的标的。

惩罚

条款 209. 任何人依照本章之规定申请任何支付，如果对任何重要事实故意提供虚假信息，将被处以不超过 1000 美元的罚款，或处以不超过一年的监禁，或上述两种惩罚并处。

定义

条款 210. 本章以下词汇解释为：

（a）“工资”指因就业获得的所有报酬，包括以非现金给付的所有有价物的现金价值，但是，如果在任何一个日历年内一个雇主支付给一个雇员的报酬超过 3000 美元，超过 3000 美元部分不计算其中。

（b）“就业”指在美国领土上一雇员为其雇主提供的任何形式的劳动服务，但以下情况除外：

（1）农业劳动；

（2）固定在一私人家庭中从事家政服务；

（3）雇主在非经营性活动中雇用的偶然性劳动；

（4）依照合众国法律或任何外国法律在任何航运船只上官员或船员所提供劳动服务；

（5）受雇于合众国政府或合众国的任何一个机构所提供劳动服务；

（6）受雇于一个州政府或该州政府的任何一个下属机构，或一个或几个州的机构所提供劳动服务；

（7）受雇于一个社团、社区公益基金提供劳动服务，或受雇于为单一宗教组织、慈善组织、科学研究、文学艺术、教育、儿童保护、动物保护而设立的基金或基金会提供劳动服务，且上述各组织的净收入均不得归属私人股东或个人。

（c）“符合条件的人”指符合委员会制定的以下规定的任何人：

（1）年龄至少为 65 岁；并且

（2）在 1936 年 12 月 31 日以后至 65 岁生日期间就业获得工资总额不低于 2000 美元；并且

（3）在 1936 年 12 月 31 日以后至 65 岁生日期间在 5 个不同的日历年有任何 5 个就业工作日历日。

第三章　授权各州管理失业补偿金的发放

拨款

条款 301. 为支持各州失业补偿金法律的实施，授权为 1936 年 6 月 30 日结束的财政年度拨款 4000000 美元，并在以后每个财政年度拨款 49000000 美元，用于下面所列支付项目。

对各州的支付

条款 302.（a）委员会要经常向财政部部长核实依照本法案第四章之规定由委员会批准的对各州支付该项管理费用，各财政年度的该项支付的金额由委员会根据能够确保失业补偿金在本财政年度内依法发放而定。委员会对该金额的估算依据如下：

（1）州人口数；

（2）依照州法律对失业人员的估算，以及按照州法律估算的失业补偿金管理费用的总额；以及

（3）委员会认为需要考虑的其他因素。如果依照本条款任何财政年度的支付总额超过该财政年度的拨款额度，委员会不应对该支付予以核实。

（b）财政部部长收到依照本条款（a）项委员会的核实后，并经过审计总署审计，通过财政部支付局对州实施失业补偿金法律的机构支付核实了的拨款金额。

州法律的规定

条款 303.（a）委员会只对依照本法案第四章之规定州的失业补偿金法律被委员会批准了的州的管理费用支付提供核实，相关规定包括：

（1）委员会认为管理方法（不包括管理人员的选择、任职期间及报酬）能确保支付所有应支付的失业补偿金；并且

（2）失业补偿金只能由州公共就业机构或由委员会批准的州的其他公共机构支付；并且

（3）任何人申请失业补偿金被拒绝后，应获得公正的听证的机会；并且

（4）州失业基金收到的所有款项应立即转交给财政部部长存入依照本法案条款 904 设立的失业信托基金；并且

（5）州机构申请领取的用于支付失业补偿金的所有款项均应从失业信托基金拨付，但管理费用除外；并且

（6）州机构要根据委员会不时要求的格式和内容提交报告，州机构也要遵守委员会对报告错误进行修正和核实的指示；并且

（7）州机构要及时更新所有领取失业补偿金的人员的姓名、地址、惯常职业和就业情况，并说明失业补偿金领取人依照法律是否继续领取失业补偿金，合众国任何公共就业管理机构或公共就业援助机构需求上述信息均应及时提供。

（b）经合适的告知和公正的听证之后，委员会在任何时候发现州实施州失业补偿金法律的机构有以下问题：

（1）拒绝依法向某些个人支付失业补偿金，且个案数量大；或

（2）未严格遵守本条款（a）项之任何规定；

委员会应通知州相关机构暂停向该州支付，直到该州机构进行整改确保将来不再发生上述问题，委员会对此满意后方可继续支付。在暂停支付期间，委员会无须向财政部部长提交关于该州支付的核实报告。

第四章 授权各州实施需关照儿童救助

拨款

条款 401. 为使各州能在本州现有条件的基础上尽最大可能补贴贫困需关照儿童，授权为 1936 年 6 月 30 日结束的财政年度拨款 24750000 美元，并在此后各财政年度继续拨款足够的金额，以实施本章制定的计划。依照本条款的拨款仅用于向委员会提交了需关照儿童救助计划并获得批准的州需关照儿童救助金的支付。

州需关照儿童救助计划

条款 402.（a）州需关照儿童救助计划必须：

（1）在州所有分支机构有效，如果由分支机构管理，应具有强制性；

（2）州要提供部分资金；

（3）只能由专门设立一个州机构或指定一个现有的州机构作为管理该计划的唯一机构，或专门设立一个州机构或指定一个现有的州机构作为监管该计划的唯一机构；

（4）任何人申请需关照儿童救助被拒绝后，应给予其获得公正听证的机会；

（5）委员会认为管理方法（不包括管理人员的选择、任职期间及报酬）能确保有效地执行该计划；并且

（6）州机构要根据委员会不时要求的格式和内容提交报告，州机构也要遵守委员会对报告错误进行修正和核实的指示。

（b）委员会应批准满足（a）项的任何需关照儿童救助计划，任何计划对居住在本州的任何儿童救助申请附加一个拒绝申请的居住条件不予批准：

（1）在申请儿童救助前在该州居住满一年，或

（2）如果申请儿童救助的儿童出生前其母亲在本州居住满一年，该儿童在申请儿童救助前一年内出生。

对各州的支付

条款 403.（a）财政部部长应对需关照儿童救助计划获得批准的各州自 1935 年 7 月 1 日起的那个季度开始，按季度拨付儿童救济金，该项拨款仅用于实施州的需关照儿童救助计划，拨款金额为实施州需关照儿童救助计划季度所需经费总额的三分之一，但对每月支付给每名儿童的补贴金超过 18 美元的部分不予计算；如果同一家庭有两名或两名以上的儿童，其中的一人每月超过 18 美元的部分不予计算，余者每月超过 12 美元的部分不予计算。

（b）该项拨款的计算和拨付方法如下：

（1）委员会应在每个季度开始前，依照（a）项之规定估算出下一季度对州的拨款数额，估算的依据是：

（A）州提交的报告，其内容包括依照本款之规定估算的州在该季度实施需关照儿童救助计划所需资金总额，并说明州和州的各分支机构在该季度为实施需关照儿童救助计划所能提供的金额，如果提供的金额不足估算的州在该季度实施需关照儿童救助计划所需资金总额三分之二，差额部分必须有经费来源，

（B）州领取需关照儿童救助的名册，以及

（C）委员会认为有必要进行的其他调查。

（2）委员会应对自己估算的应支付给州的需关照儿童救助金额向财政部部长核实，如果估算的金额比上一季度增加或减少，则要核实增加部分或减少部分的金额，但不包括任何先前季度已经委员会估算并核实的增加部分或减少部分的金额。

（3）经审计总署审计后，财政部部长便可通过财政部支付局向州拨付委员会不时确定并核实的该款项。

州需关照儿童救助计划的实施

条款 404. 任何州的需关照儿童救助计划被委员会批准后，如果委员会对该州需关照儿童救助计划管理机构或监管机构给予合理的告知和听证后发现如下情况：

（1）该州需关照儿童救助计划因附加了条款402（b）项所禁止的要求而发生变化，或该计划实施中附加了任何被禁止的要求，而州管理或监管机构对此知情且个案数量很大；或

（2）在管理州需关照儿童救助计划时没有严格遵守条款402（b）项所列任何规定；

委员会应通知州相关机构暂停在该州支付，直到该州机构进行整改确保将来不再附加被禁止的要求，委员会对此满意后方可继续支付。在暂停支付期间，委员会无需向财政部部长提交关于该州支付的核实报告。

委员会管理费用

条款405. 授权在1936年6月30日结束的本财政年度内为委员会拨款250000美元，用于委员会实施本章规定的管理费用。

定义

条款406. 本章以下词汇解释为：

（a）“需关照儿童”指因父亲或母亲任何一方死亡，或长期不在家，或有身体或精神疾患而不能得到父母抚养和照顾的未满16岁的儿童，并且居住在父亲、母亲、祖父、祖母、兄弟、姐妹、继父、继母、继兄弟、继姐妹、叔伯、姑妈这些亲属中的任何一人或几人且属于他或她或他们或她们自己的住宅中的儿童；

（b）“对需关照儿童救助”指对需关照儿童进行现金支付。

第五章　授权各州实施妇女儿童福利

第一节　妇女儿童保健服务

拨款

条款501. 为使各州能在本州现有条件的基础上尽最大可能扩大和改善妇女儿童福利，尤其是增加和改善农村及贫困地区妇女儿童福利，授权从

1936 年 6 月 30 日结束的财政年度开始，每个财政年度拨款 3800000 美元。依照本条款的拨款仅用于向儿童局[①]局长提交了妇女儿童福利计划并获得批准的州的妇女儿童福利计划服务支付。

拨款对各州的分配

条款 502.（a）依照条款 501 规定的每个财政年度的拨款数额，劳工部部长向每个州分配 20000 美元，将 1800000 美元根据合众国统计局统计的最近一日历年各州新生儿人口数与全国新生儿人口总数的比例分配。

（b）依照条款 501 规定的每个财政年度的拨款数额，劳工部部长将 980000 美元分配给各州[②]，用于实施州妇女儿童福利计划的资金需求，分配给每个州的数额由劳工部部长根据各州的新生儿人口数自行掌握。

（c）依照（a）项任何州在任何财政年度分配的任何款项，在本财政年度结束时尚未支付的部分，依照条款 504 之规定应在该财政年度后的两个财政年度内支付完毕。依照条款 504 之规定，如果上个财政年度的拨款没有结余，本财政年度的支付不得超过本财政年度拨款额度；如果上个财政年度的拨款有结余，本财政年度的支付将是本财政年度的拨款额度，另外加上上个财政年度的结余部分。

对各州计划的批准

条款 503.（a）州妇女儿童保健服务计划必须：

（1）各州自己要提供部分资金；

（2）该计划要由州卫生部门直接管理，或由州卫生部门对该计划的管理进行监督；

（3）该计划的管理方法（不包括管理人员的选择、任职期间及报酬）要能确保有效地执行该计划；

---

① 儿童局成立于1912年，现更名为儿童和家庭局，隶属卫生和公众服务部。

② 在（a）项的基础上加上此分配金额。

（4）州机构要根据劳工部部长不时要求的格式和内容提交报告，州机构也要遵守劳工部部长对报告错误进行修正和核实的指示；

（5）增加和改善地方儿童保健单位管理的妇女儿童保健服务；

（6）与医疗、护理、福利部门及组织合作；

（7）在贫穷地区和特殊需求群体中创建示范服务。

（b）儿童局局长应对任何满足（a）项的妇女儿童保健服务计划予以批准，并将此批准通知劳工部部长和该州卫生部门。

对各州的支付

条款 504.（a）依照条款 502（a）项之规定的拨款和分配，财政部部长应从 1935 年 7 月 1 日开始的季度起每个季度向妇女儿童保健服务计划获得批准的州支付，该项支付仅用于州妇女儿童保健服务计划的实施，支付额度为各季度州该项计划实施所需经费总额的二分之一。

（b）该项拨款的计算和拨付方法如下：

（1）劳工部部长应在每个季度开始前，依照（a）项之规定估算出下一季度对州的拨款数额，估算的依据是：（A）州提交的报告，其内容包括依照本款之规定估算的州在该季度实施妇女儿童保健服务计划所需资金总额，并说明州和州的各分支机构在该季度为实施妇女儿童保健服务计划所能提供的金额，如果提供的金额不足估算的州在该季度实施妇女儿童保健服务计划所需经费总额的二分之一，差额部分必须有经费来源，并且（B）劳工部部长认为有必要进行的其他调查。

（2）劳工部部长应对自己估算的应支付给州的实施该计划的金额向财政部部长核实，如果估算的金额比上一季度增加或减少，则要核实增加部分或减少部分的金额，但不包括任何先前季度已经劳工部部长估算并核实的增加部分或减少部分的金额。

（3）经审计总署审计后，财政部部长便可通过财政部支付局向州拨付劳工部部长不时确定并核实的该款项。

（c）劳工部部长应经常向财政部部长核实依照条款 502（b）项之规定

分配给各州的拨款额度里支付给各州的金额，经审计总署审计后，财政部部长便可通过财政部支付局向州拨付劳工部部长不时确定并核实的该款项。

州妇女儿童保健服务计划的实施

条款 505. 任何州的妇女儿童保健服务计划被儿童局批准后，如果劳工部部长对该州该计划的管理机构或监管机构给予合理的告知和听证后发现，在管理该计划时没有严格遵守条款 503 所列任何规定，劳工部部长应通知州相关机构暂停在该州支付，直到该州机构进行整改确保将来严格遵守上述规定，当劳工部部长对此满意后方可继续支付。在暂停支付期间，劳工部部长无需向财政部部长提交关于该州支付的核实报告。

第二节 残疾儿童服务

拨款

条款 511. 为使各州能在本州现有条件的基础上尽最大可能扩大和改善残疾儿童服务（尤其是增加和改善农村及贫困地区残疾儿童服务），包括寻找残疾儿童，为残疾儿童或有残疾倾向的儿童提供医疗、护理、矫正、其他服务和照顾、诊断设备、住院治疗、出院后的疗养，授权从 1936 年 6 月 30 日结束的财政年度开始，每个财政年度拨款 2850000 美元。依照本条款的拨款仅用于向儿童局局长提交了残疾儿童服务计划并获得批准的州的残疾儿童服务支付。

拨款对各州的分配

条款 512.（a）依照条款 511 规定的每个财政年度的拨款数额，劳工部部长向每个州分配 20000 美元，拨款的剩余部分，劳工部部长依照条款 511 规定的为各州残疾儿童服务项目所需费用，再加上为提供这些服务所需要的管理成本，依据各州残疾儿童人数自行确定给各州的分配额度。

（b）依照（a）项任何州在任何财政年度分配的任何款项，在本财政年度结束时尚未支付的部分，依照条款 514 之规定应在该财政年度后的两个财政年度内支付完毕。依照条款 514 之规定，如果上个财政年度的拨款没有结余，本财政年度的支付不得超过本财政年度拨款额度；如果上个财政年度的拨款有结余，本财政年度的支付将是本财政年度的拨款额度，另外加上上个财政年度的结余部分。

对州计划的批准

条款 513.（a）州残疾儿童服务计划必须：

（1）各州自己要提供部分资金；

（2）该计划要由一州机构直接管理，或由一州机构对该计划的管理进行监督；

（3）该计划的管理方法（不包括管理人员的选择、任职期间及报酬）要能确保有效地执行该计划；

（4）州机构要根据劳工部部长不时要求的格式和内容提交报告，州机构也要遵守劳工部部长对报告错误进行修正和核实的指示；

（5）实现条款 511 所制定的各个目的；

（6）与医疗、保健、护理、福利及本州任何执行残疾儿童康复法律的部门及组织合作。

（b）儿童局局长应对任何满足（a）项的残疾儿童服务计划予以批准，并将此批准通知劳工部部长和该州相关机构。

对各州的支付

条款 514.（a）依照条款 512（a）项之规定的拨款和分配，财政部部长应从 1935 年 7 月 1 日开始的季度起每个季度向残疾儿童服务计划获得批准的州支付，该项支付仅用于州残疾儿童服务计划的实施，支付额度为各季度州该项计划实施所需经费总额的二分之一。

（b）该项拨款的计算和拨付方法如下：

（1）劳工部部长应在每个季度开始前，依照（a）项之规定估算出下一季度对州的拨款数额，估算的依据是：（A）州提交的报告，其内容包括依照本款之规定估算的州在该季度实施残疾儿童服务计划所需资金总额，并说明州和州的各分支机构在该季度为实施残疾儿童服务计划所能提供的金额，如果提供的金额不足估算的州在该季度实施残疾儿童服务计划所需经费总额的二分之一，差额部分必须有经费来源，并且（B）劳工部部长认为有必要进行的其他调查。

（2）劳工部部长应对自己估算的应支付给州的实施该计划的金额向财政部部长核实，如果估算的金额比上一季度增加或减少，则要核实增加部分或减少部分的金额，但不包括任何先前季度已经劳工部部长估算并核实的增加部分或减少部分的金额。

（3）经审计总署审计后，财政部部长便可通过财政部支付局向州拨付劳工部部长不时确定并核实的款项。

州残疾儿童服务计划的实施

条款 515. 任何州的残疾儿童服务计划被儿童局批准后，如果劳工部部长对该州残疾儿童服务计划管理机构或监管机构给予合理的告知和听证后发现，在管理该计划时没有严格遵守条款 513 所列任何规定，劳工部部长应通知州相关机构暂停在该州支付，直到该州机构进行整改确保将来严格遵守上述规定，当劳工部部长对此满意后方可继续支付。在暂停支付期间，劳工部部长无需向财政部部长提交关于该州支付的核实报告。

第三节　儿童福利服务

条款 521.（a）为使各州通过儿童局与州公共福利部门建立、扩展和加强主要是农村地区的公共福利服务（本条款以下部分称“儿童福利服务”），为无家可归的儿童、需救助的儿童、未被好好照管的儿童、具有不良倾向危险的儿童提供保护，授权从 1936 年 6 月 30 日结束的财政年度开始，每个财政年度拨款 1500000 美元。该项拨款由劳工部部长分配给每个州 10000 美元用于州公共福利部门实施根据州机构和儿童局合作提出的儿童福利服务计划，拨款的剩余部分根据各州农村人口占合众国全国农村人口比例分配，该项分配不得超出拨款的剩余部分的数额。拨款仅用于地区、县或其他地方性政府主要是农村地区的儿童福利服务的部分支出，以及州旨在鼓励和帮助主要是农村地区社区和其他有特殊需求社区的儿童福利组织采取足够多的手段提供儿童福利服务的支出。依照本条款之规定对一州在任何一个财政年度的任何拨款在该财政年度结束时未支付完毕，结余部分应在该财政年度后的两个财政年度内支付完毕。本条款规定，如果上个财政年度的拨款没有结余，本财政年度的支付不得超过本财政年度拨款额度；如果上个财政年度的拨款有结余，本财政年度的支付将是本财政年度的拨款额度加上个财政年度的结余部分。

（b）依照（a）项之规定的拨款和可分配金额，劳工部部长要时常向财政部部长核实要支付给各州的各项金额，经审计总署审计后，财政部部长便可通过财政部支付局向州拨付劳工部部长不时确定并核实的该款项。

第四节　职业康复

条款 531.（a）为使合众国政府与各州及夏威夷[①]的合作，以扩大和加强各州及领地的残疾人职业康复项目，并继续实施 1920 年 6 月 2 日批准的《促进工伤及其他原因致残人员职业康复和再就业法案》以及该法案的修正案（参见 U.S.C., title 29, ch. 4; U.S.C., Supp. VII title 29, secs. 31, 32, 34, 35, 37, 39, and 40）的各项规定和计划，授权为 1936 年 6 月 30 日结束的财政年度和 1937 年 6 月 30 日结束的财政年度各拨款 841000 美元，并在此后的每个财政年度拨款 1938000 美元。依照此授权为每个财政年度的拨款中，首先拿出 5000 美元分配给夏威夷领地，剩余部分依照 1920 年 6 月 2 日批准的法案及其修正案在各州中分配。

（b）授权为实施 1920 年 6 月 2 日批准的法案及其修正案的联邦机构在 1936 年 6 月 30 日结束的财政年度和 1937 年 6 月 30 日结束的财政年度各拨

① 1893年1月17日，夏威夷君主政体被推翻成立共和国；1898年7月4日成为美国的领地；1959年8月21日成为美国的第50个州。

款 22000 美元，并在此后的每个财政年度拨款 102000 美元。

第五节　对妇女儿童福利计划的管理

条款 541.（a）授权为 1936 年 6 月 30 日结束的财政年度拨款 425000 美元，作为儿童局实施本章除条款 531 外各项规定所需必要经费。

（b）为确保本章除条款 531 外各项规定的有效实施，儿童局应进行必要的研究和调查。

（c）劳动部部长在向国会提交的年度报告里应包括本章除条款 531 外的全部所列管理账目。

第六章　公共卫生事业

拨款

条款 601. 为帮助州、县、区以及州其他分支机构建立和维持足够的公共卫生服务，以及对州和地方公共卫生事业进行人员培训，授权从 1936 年 6 月 30 日结束的财政年度开始每个财政年度拨款 8000000 美元，此拨款用途按下文规定执行。

州和地方公共卫生服务

条款 602.（a）在每一个财政年度开始，经财政部部长批准后，公共卫生署署长向各州拨款总额包括：

（1）条款 601 规定的每个年度的拨款数额；以及

（2）本条款规定上一个财政年度结余的拨款。

对各州的拨款分配根据各州的：

（1）人口数；

（2）特殊卫生问题；以及

（3）资金需求。

拨款分配后，公共卫生署署长应向财政部部长核实各笔款项。

（b）依照（a）项之规定对任何一州任何财政年度的拨款，如果在该财政年度结束时尚未支付完毕，结余部分依照（a）项转到下一个财政年度支付，不占下一个财政年度的应拨款数额。

（c）在任何财政年度内每一季度开始之前，经财政部部长同意后，公共卫生署署长应根据公共卫生署的相关法规，经与各州及领地卫生部门协商后确定对各州及领地的拨款分配数额，每个季度对各州及领地的拨款分配数额要向财政部部长核实。财政部部长收到公共卫生署署长的核实报告后，经审计总署的审计，便可通过财政部支付局根据核实的金额支付。

（d）上述对任何州支付的款项仅用于条款 601 规定项目，各笔开支必须与公共卫生署署长批准的州卫生部门提出的计划保持一致。

调查事项

条款 603.（a）授权从 1936 年 6 月 30 日结束的财政年度开始每个财政年度拨款 2000000 美元，该拨款用于以下事项：公共卫生署进行与环境卫生相关的疾病和问题调查（包括印刷、装订调查报告）；公共卫生署职员、军官、参与调查和实施依照条款 601 规定计划的任何州卫生部门职员的工资、津贴和差旅费开支。除非州合适的卫生部门主动提出要求，否则，公共卫生署不应主动派遣职员与任何州卫生部门合作。

（b）公共卫生署的职员如果被派遣从事（a）项未列名的事项并获得报酬，该报酬应该从（a）项所列明的工资、津贴和差旅费拨款中扣除。

（c）财政部部长向国会提交的年度报告里应包括本章所列全部管理账目。

第七章　社会保障委员会

社会保障委员会的建立

条款 701. 成立的社会保障委员会（本法案称“委员会”）由总统任命的三名委员组成，总统在任命该三名委员前应咨询参议院并获得参议院的批准。委员在委员会任期内不得从事其他任何业务、职业或有报酬的工作。来自同一政党的委员不得超过两名。所有委员的年薪均为10000美元，任期6年，除非

（1）当一委员任期未满离任后，被任命的他的继任委员的任期是离任委员的剩余任期；以及

（2）本法案生效后所有首任三名委员的任期，总统在任命时要任命一名委员的任期为2年，一名委员的任期是4年，一名委员的任期是6年，本法案的生效日期为任期起始日期。总统还应指定其中的一名委员为委员会主席。

社会保障委员会的职责

条款702. 委员会应履行本法案赋予它的职责，还应研究和制定通过社会保险提供经济保障的最有效的方法，研究和制定养老金、失业补偿金、意外伤害赔偿金等相关问题的立法和管理政策。

委员会的经费

条款703. 为实施本法案赋予委员会的职责，授权委员会任命必要数量的官员和职员，并制定他们的工资标准。对律师和专家的任命不受公务员法律约束。

向国会提交报告

条款704. 国会每次例会开幕时，委员会应向其提交关于自己履行本法案所赋予的职能的全面报告。

第八章 与就业有关的税收

职工收入所得税

条款801. 除征收其他税种外，应对任何人的工资征税，征税基数是

1936年12月31日起所领取的工资总额，税率为工资总额的百分比率（条款811条定义），具体如下：

（1）1937、1938和1939日历年的劳动工资税率为1%。

（2）1940、1941和1942日历年的劳动工资税率为1.5%。

（3）1943、1944和1945日历年的劳动工资税率为2%。

（4）1946、1947和1948日历年的劳动工资税率为2.5%。

（5）1948年12月31日以后的劳动工资税率为3%。

收入所得税从工资中扣除

条款802.（a）依照条款801规定的税由雇主在向雇员支付工资时从工资里扣除。发工资时从工资里扣税是所有雇主的义务，任何人无权要求雇主退还应扣的税款的全部或一部分。

（b）对任何一笔工资的发放如果依照条款801扣除的税款多于或少于应扣税款的正确数额，该雇主应在下次给该雇员发放工资时按照本章之规定对税和应扣税额进行正确的调整，不计利息。

收入所得税的课税扣除

条款803. 依照1934年税收法案第一章，或依照国会颁布的任何替代上述法案的法案，本法案条款801规定的税不得按照应从工资里扣除税款的年度的净收入计算应缴税额。

对雇主征收社保税①

条款804. 对所有雇主在现有征税的基础上，应加征社保税，该税的税基是雇主雇用的雇员的工资，税额等于1936年12月31日起雇主支付给雇员工资的一个百分比率（条款811定义），税率如下：

① 原文是“excise”，该英文单词没有恰当的对等汉译，可粗略地理解成汉语的“流转税”。“excise”是一大税种，除了对财产和收入征收的税以外的其他任何税都可以叫“excise”，它可以对销售行为、生产行为、奢侈品等特殊商品征收。本法案的“excise”译作“社保税”。

（1）1937、1938 和 1939 日历年的劳动工资，税率为 1%。

（2）1940、1941 和 1942 日历年的劳动工资，税率为 1.5%。

（3）1943、1944 和 1945 日历年的劳动工资，税率为 2%。

（4）1946、1947 和 1948 日历年的劳动工资，税率为 2.5%。

（5）1948 年 12 月 31 日以后的劳动工资，税率为 3%。

对雇主征税的调整

条款 805. 对任何一笔工资的发放如果依照条款 804 缴税额多于或少于应缴税款的正确数额，该雇主应在下次给该雇员发放工资时按照本章之规定对应税额进行正确的调整，不计利息。

税款的退还和补缴

条款 806. 对任何一笔工资的发放如果依照条款 801 或条款 804 缴税额多于或少于应缴税款的正确数额，并且多缴或少缴税款不能依照条款 802（b）项或条款 805 调整，多于正确税款部分应退还，（根据适用的限制性法律）少于正确税款部分应依照本章规定补缴。

税的征收和交付

条款 807.（a）本章所规定的税在财政部部长指导下由国内税务总局征缴，征缴的税款作为国内税收科目全部交付给合众国财政部。如果征缴的税款不能按时交付，应按每月 0.5% 的利率加付利息〔依照条款 802（b）项和条款 805 所做的调整除外〕，利息计算时间从征缴税款应交付之日起至实际交付日结束。

（b）税的征缴和交付方式、时间和条件如果与本章规定相抵触（退还、税票、息票、支票、账簿等任何合理的支付凭证或必要的方法，或有助于确保税的正确征缴和交付及识别纳税人的手段），由国内税务总局局长规定，经财政部部长批准后实施。

（c）所有 1926 年税收法案条款 600 或条款 800 和 1934 年税收法案条款

607 规定的税的法律，包括处罚，如果目前仍有效，但与本章规定相抵触，则以本章规定之税收为准。

（d）依照本章征缴的任何税，美分的小数部分采取四舍五入方法计算。

规章制度

条款 808. 国内税务总局局长负责制定和公布实施本章税收的规章制度，但要经财政部部长批准。

通过邮政局出售税票

条款 809. 国内税务总局局长应向邮政部部长在不收取预付款的情况下提供根据国内税务总局局长依照条款 807 规定的适当数量的税票、息票、支票、账簿等任何合理的支付凭证，用于本章规定任何税的征缴或交付，上述工具应向下面的邮政局提供并由这些邮政局销售：第一级和第二级的所有邮政局；第三级和第四级的如下邮政局：

（1）设在县政府所在地，或

（2）由财政部部长向邮政部部长核实为实施本章规定必要的邮政局。邮政部部长要求各邮政局局长按邮政部部长不时决定增加的数量供应税票，各邮政局局长应将销售税票、息票、支票、账簿等任何合理的支付凭证的收入，按照邮政部部长规定的时间和方式存入邮政部信用账户，并呈送账单。邮政部部长每月至少一次将收到的所有款项以国内税收项目一次性转给财政部，邮政部[①]在哥伦比亚特区以及其他地区履行本法案赋予邮政部的职责时发生的费用，授权财政部部长不时从本章规定的税收拨款中提取邮政部要求追加的经费预付给邮政部信用账户。

处罚

条款 810.（a）非本章授权或本章规定的任何人购买、销售、提供销售、

① 美国邮政部成立于1792年，但当时并不是内阁成员，直到1872年才升格为内阁成员。1971年7月1日邮政部被撤销，其职能移交给新成立的邮政署和邮政管理委员会。

使用、转运、在交易中收取或给予、抵押或用抵押形式给予由国内税务总局局长依照条款 807 规定的用于本章规定任何税的征缴或交付的任何税票、息票、支票、账簿等任何支付凭证，处以不超过 1000 美元的罚款，或不超过 6 个月的监禁，或两者并罚。

（b）任何人以欺诈之目的更改、仿造、制造或伪造任何由国内税务总局局长依照条款 807 规定的用于本章规定任何税的征缴或交付的任何税票、息票、支票、账簿等任何支付凭证，或使用、销售、出借、拥有更改、仿造、制造或伪造的任何税票、息票、支票、账簿等任何支付凭证，或制作、使用、销售或拥有任何用于制造税票、息票、支票、账簿等任何支付凭证的仿造原料，处以不超过 5000 美元的罚款，或不超过 5 年的监禁，或两者并罚。

定义

条款 811. 本章以下词汇解释为：

（a）“工资”指因就业获得的所有报酬，包括以非现金给付的所有有价物的现金价值，但是，如果在任何一个日历年内一个雇主支付给一个雇员的报酬超过 3000 美元，超过 3000 美元部分不计算其中。

（b）“就业”指在美国领土上一雇员为其雇主提供的任何形式的劳动服务，但以下情况除外：

（1）农业劳动；

（2）固定在一私人家庭中从事家政服务；

（3）雇主在非经营性活动中雇用的偶然性劳动；

（4）年满 65 岁后的劳动；

（5）依照合众国法律或任何外国法律在任何航运船只上官员或船员提供劳动服务；

（6）受雇于合众国政府或合众国的任何一个机构所提供劳动服务；

（7）受雇于一个州政府或该州政府的任何一个下属机构，或一个或几个州的机构所提供劳动服务；

（8）受雇于一个社团、社区公益基金提供劳动服务，或受雇于为单一宗教组织、慈善组织、科学研究、文学艺术、教育、儿童保护、动物保护而设立的基金或基金会提供劳动服务，且上述各组织的净收入均不得归属私人股东或个人。

第九章　对雇用八人以上雇员的雇主征税

税的征缴

条款 901. 从 1936 年 1 月 1 日起，对任何雇主（根据条款 907 的规定）在每个日历年征缴社保税，该税的税基是雇主在该日历年内因雇用（根据条款 907 的规定）应支付给（不管何时支付）雇用的雇员的工资总额（根据条款 907 的规定），税额为上述工资总额的一个百分比率，税率如下：

（1）1936 日历年的劳动工资税率为 1%。

（2）1937 日历年的劳动工资税率为 2%。

（3）1937 年 12 月 31 日以后的劳动工资税率为 3%。

纳税摊派

条款 902. 纳税人可将依照条款 901 规定在一个纳税年度内应将税款的一部分摊派给依照州法律建立的失业基金（在纳税人报税表归档日期前）。一个纳税人依照本条款在纳税年度内向失业基金交付的摊派总额不得超过应税税额的 90%，纳税摊派要严格按照条款 903 规定的州法律执行。

州法律对纳税摊派的核实

条款 903.（a）任何州提交的纳税摊派法律，如果社会保障委员会发现该法律包括以下事项，应在 30 天内给予批准：

（1）所有失业补偿金的支付应由州公共就业部门或委员会批准的州的其他部门进行；

（2）任何一次失业的一天发生在要求第一次纳税摊派起始日期后的两年内，不得支付失业补偿金；

（3）失业基金收到的所有金额应及时转入财政部依照条款 904 设立的失业信托基金；

（4）州机构从财政部失业信托基金提取的任何款项仅用于失业补偿金的支付，不包括管理费用；

（5）任何州对任何具备领取失业补偿金资格并在下面任何一种情况下拒绝接受新工作的人不得拒付失业补偿金：（A）因罢工、停工或其他劳资纠纷造成的职位空缺；（B）提供的工作的工资、工时或其他条件的待遇明显低于当地类似岗位的普遍情况；（C）把必须参加雇主控制的公司工会，或必须退出真实的劳工组织，或不得参加真实的劳工组织作为雇用条件；

（6）法律或法案赋予的所有权限、特权或豁免权具有效力，除非被立法机构在任何时候修订或废除。此类法律被批准后，委员会应通知州长。

（b）在每个纳税年度的 12 月 31 日，委员会应向财政部部长核实每个州的法律已获批准情况；如果任何州机关经过合理的告知和听证后委员会认为该州改变了它的法律，不再包括（a）项的规定，或在该纳税年度内未能完全遵守这些规定，则委员会可以不向财政部部长核实。

（c）在一个纳税年度内的任何时间，如果委员会有理由认为一州已获批准的法律未能获得（b）项规定的核实，应立即通知该州的州长。

失业信托基金

条款 904.（a）在合众国财政部建立的失业信托基金，本章下文简称“基金”。授权并指示财政部部长核收并保存由州机构将州失业基金转存到该基金的所有金额，财政部部长决定该款存入哪家联邦储备银行，或哪家联邦储备系统的成员银行。

（b）财政部部长负责决定把支付结余部分用于投资，但只准投资合众国固定利息债券，或合众国对本金和利息担保的债券。出于这一目的，债券必须是：

（1）以票面价格首发，或

（2）以市场价格购买未清偿债券。

但此类债券必须是合众国依照《第二自由公债法案》发行的债券，作为修订，这里将发债用途扩展为针对该基金按票面价格发行特别债券。特别债券的利息为各合众国所有公债在特别债券发行日所在的日历月前一个日历月最后一天的平均利息；如果依照上文计算的平均利息不是八分之一个百分点的整倍数，特别债券的利息应取低于并最接近依照上文计算的平均利息的八分之一个百分点的整倍数。如果为该基金投资特别债券以外的其他债券，购买当天的投资收益率不得低于如有需要为该基金发行特殊债券的收益率。

（c）该基金购买的任何债券（专门为该基金发行的特别债券除外）可按市场价出售，特别债券则按票面价格赎回并支付利息。

（d）出售或被赎回的该基金持有的任何债券的利息收入归该基金，并成为该基金的一部分。

（e）该基金只能作为单一基金投资，但是，财政部应为每个州机构单列账簿，并应每年按季度根据各州账簿的平均日结存计算，并依照各州基金所占该基金比例将季度投资收入分别计入各州账簿，各季度的记账日期是 3 月 31 日、6 月 30 日、9 月 30 日和 12 月 31 日。

（f）授权并指示财政部部长从该基金向各州机构支付申请的合适的金额，但该金额不得超过各州机构自己账户上的当时应付金额。

管理、退还和处罚

条款 905.（a）本章所规定的税在财政部部长指导下由国内税务总局征缴，征缴的税款作为国内税收科目全部交付给合众国财政部。如果征缴的税款不能按时交付，应按每月 0.5% 的利率加付利息，利息计算时间从征缴税款应交付之日起至实际交付日结束。

（b）在每个纳税年度将要结束时，但不晚于 1 月 31 日，所有雇主应依照本章规定填写本纳税年度报税表。报税表上应有誓言，提交给雇主主要经营地的国内税务局税务官，如果雇主在美国没有主要经营地，则提交给马里兰州的巴尔的摩的税务官，国内税务总局局长可规定报税单应包括的信息及填写格式，他所制定的相关规章要报财政部部长批准。所有关于依照 1926 年税收法案条款 600 规定征税的法律（包括惩罚）仍然有效，但如与本章规定相抵触，则以本章规定为准。国内税务总局局长可以延长对本章规定的税的报税表的提交期限，他所制定的相关规章报经财政部部长批准，但在任何情况下延长的期限均不应超过 60 天。

（c）对依照本章递交的报税表的稽查、延期、所遵守的法律条款，包括惩罚，采用 1926 年税收法案第二章的规定。

（d）纳税人也可不一次性交税，而选择分四期交税，在这种情况下，第一期交税不得迟于规定的报税期限的最后一天，第二期交税不得迟于规定的报税期限的最后一天之后的第三个月的最后一天，第三期交税不得迟于规定的报税期限的最后一天之后的第六个月的最后一天，第四期交税不得迟于规定的报税期限的最后一天之后的第九个月的最后一天。如果在上述四期中任何一期的交税到截止日仍未交税，则尚未交付的所有税款要按照税务官的通知和要求一次性交付。

（e）根据纳税人的要求，按照国内税务总局局长制定的规定并报财政部部长批准，交税时间或任何一期的交税时间可以延长，但在任何情况下延长的期限不得超过 6 个月，从规定的报税期限的最后一天算起，如果是分四期交税，则从任何一期交税截止日算起。延期交付的税款（包括按月利率 0.5% 计算的利息）应在延期结束日或在结束日前交清。

（f）依照本章征缴的任何税，美分的小数部分采取四舍五入方法计算。

州际贸易的纳税

条款 906. 不得以州际贸易为由免除任何人依照州法律应向失业基金交付的税款，州法律对州际贸易和州内贸易不加区别。

定义

条款 907. 本章以下词汇解释为：

（a）“雇主”只包括在一个交税年度内每天在不同的日历星期的任何 20

天内，每天的一定时间段内（不必在同一时间）的雇员数不得少于 8 人。

（b）“工资”指因就业获得的所有报酬，包括以非现金给付的所有有价物的现金价值。

（c）“就业”指在美国领土上一雇员为其雇主提供的任何形式的劳动服务，但以下情况除外：

（1）农业劳动；

（2）固定在一私人家庭中从事家政服务；

（3）合众国航道上航运船只上官员或船员提供劳动服务；

（4）为自己的儿子、女儿或配偶提供劳动服务，以及不满 21 岁的青少年儿童为自己的父亲或母亲提供劳动服务；

（5）受雇于合众国政府或合众国的任何一个机构所提供劳动服务；

（6）受雇于一个州政府或该州政府的任何一个下属机构，或一个或几个州的机构所提供劳动服务；

（7）受雇于一个社团、社区公益基金提供劳动服务，或受雇于为单一宗教组织、慈善组织、科学研究、文学艺术、教育、儿童保护、动物保护而设立的基金或基金会提供劳动服务，且上述各组织的净收入均不得归属私人股东或个人。

（d）“州机构”指依照州法律管理本州失业基金的任何官员、委员会或其他部门。

（e）“失业基金”指依照州法律建立并由一州机构管理的一种特殊基金，用于支付失业补偿金。

（f）“摊派”指雇主依照州法律的规定向失业基金里交付的现金，该交付款由雇主支付，任何部分均不得从他雇用的员工的工资里克扣。

（g）“补偿金”指对任何失业人员支付的现金福利。

规章制度

条款 908. 国内税务总局局长负责制定实施本章除条款 903、904 和 910 之外规定的法规，经财政部部长批准后即可颁布。

纳税摊派的限额

条款 909.（a）除了依照条款 902 规定的纳税摊派外，任何纳税人根据条款 910 的规定，对条款 901 规定的纳税摊派，自 1937 年起任何纳税年度的税根据州法律摊派金额，如摊派金额按照该纳税年度由纳税人依照相关法律在报税截止日期前为该纳税年度支付的摊派金额超过下面任何一项取较少的一项：

（1）如果纳税人在依照州法律该纳税年度内按照不时调整的雇用纳税摊派比例高于任何其他雇主依照该法律摊派比例，此时该纳税人在该纳税年度内摊派的金额；或

（2）依照该法律关于雇用纳税摊派的要求，纳税人支付工资额的 2.7%。

（b）如果在一个纳税年度内实际支付的纳税摊派金额少于依照州法律应该支付的摊派金额，依照（a）项规定的额外支付应相应扣除。

（c）纳税人依照本章从应税税额中支付的所有摊派的总额不得超过税额的 90%。

纳税摊派限额条件

条款 910.（a）在任何一个纳税年度内，如果一个纳税人依照州法律摊派比例低于其他纳税人的摊派比例，必须在委员会发现以下情况下该纳税人应依照条款 909 的规定额外摊派：

（1）关于向合并基金摊派的较低比例，其基数不少于 3 年实际发生的失业补偿金；

（2）关于向就业担保账户里摊派的较低比例，只有在他的就业担保在上一个日历年内实现，并且他向该就业担保账户支付的金额不少于上一个日历年支付给雇员工资总额的 7.5%，在这种情况下允许该较低比例；

（3）向一个单独的公积金账户摊派，该较低比例必须满足下面的条件：（A）在上一个日历年里从该账户支付失业补偿金，并且（B）该账户上的资金余额不少于最近 3 个日历年中从该账户支付失业补偿金最高年份所支付的失业补偿金的 5 倍，并且（C）该账户上的资金余额不少于他上一个日历

年在该州雇工所支付的工资总额（加上向该账户摊派的其他雇主支付的工资总额）的7.5%。

（b）如果纳税人依照该法规定的任何摊派在某种情况下用较低的比例而不符合（a）项的要求，则该额外摊派应扣除，扣除金额能达到该摊派比例等于他在该年度依照该法的所有摊派总额时的摊派比例。

（c）本条款以下词汇解释为：

（1）“公积金账户”指一个雇主或雇主集团失业基金里的一个独立账户，只有该雇主或该雇主集团里的一个雇主的雇员失业后方可从该账户支付失业补偿金。

（2）“合并基金”指将所有摊派混合在一起使用的一个失业基金或一个失业基金的任何部分，对所有够条件的失业人员的失业补偿金可从合并基金里支付；但如果失业人员的最后一个雇主的公积金账户由州机构管理，则该失业人员的失业补偿金只有在该公积金账户亏空的情况下方可从合并基金里支付。

（3）“就业担保账户”指一个失业基金里的一个独立账户，该账户由具有下面条件的雇主或雇主集团摊派：（A）担保标的为在12个月内每40个日历星期30个小时的工资（或进一步，担保期限每增加一个星期，扣除一个小时的工资），该规定必须适用于他在任何一处独立经营地雇用的所有雇员，但对任何雇员的该担保的起始日期在试用期（不超过12个连续日历星期）过后除外，并且（B）对担保标的要向州机构做出担保或保证，并符合机构的要求，任何按照州法律具备领取失业补偿金的资格人如果没有被就业担保，或就业担保到期后没被续期，则从该账户支付失业补偿金。

（4）“失业补偿金发生年度”指雇主在任何一个日历年对他雇用的任何一个雇员失业后支付了失业补偿金。

第十章　授权各州资助盲人

拨款

条款 1001. 为使各州能在本州现有条件的基础上尽最大可能资助贫困盲人，授权为 1936 年 6 月 30 日结束的财政年度拨款 3000000 美元，并在此后每个财政年度继续拨款足够的金额，以实施本章制定的计划。依照本条款的拨款仅用于向社会保障委员会提交了盲人资助计划并获得批准的州的盲人资助支付。

州盲人资助计划

条款 1002.（a）州盲人资助计划必须：

（1）在州所有分支机构有效，如果由分支机构管理，应具有强制性；

（2）州要提供部分资金；

（3）只能由专门设立一个州机构或指定一个现有的州机构作为管理该计划的唯一机构，或专门设立一个州机构或指定一个现有的州机构作为监督该计划实施的唯一机构；

（4）任何人申请盲人资助被拒绝后，应给予其获得公正听证的机会；

（5）委员会认为管理方法（不包括管理人员的选择、任职期间及报酬）能确保有效地执行该计划；并且

（6）州机构要根据委员会不时要求的格式和内容提交报告，州机构也要遵守委员会对报告错误进行修正和核实的指示；并且

（7）在任何期间依照本法案条款 2 之规定老年救助计划获得批准的州领取了老年人救助金的盲人不再领取盲人资助金。

（b）委员会应批准满足（a）项的任何盲人资助计划，不得批准对盲人资助申请附加下面任何条件的计划：

（1）任何居住要求排除任何居民在申请盲人资助前 9 年内在本州居住满 5 年并且在申请盲人资助前一年是连续居住，或

（2）排除合众国公民身份的任何公民身份要求。

对各州的支付

条款 1003.（a）财政部部长应从 1935 年 7 月 1 日开始的季度起每个季度向盲人资助计划获得批准的州支付所分配的该项拨款：

（1）支付额度为各季度州盲人资助计划实施所需经费总额的二分之一，而且此拨款仅用于该项计划；任何盲人只要不被公共机构收养，每人每月的资助金不得超过 30 美元。

（2）拨款部分的 5% 可用于州盲人资助计划的管理费用，也可用于支付盲人资助金，也可同时用于上述两项开支，但不得用于其他方面。

（b）该项拨款的计算和拨付方法如下：

（1）委员会应在每个季度开始前，依照（a）项（1）目之规定估算出下一季度对州的拨款数额，估算的依据是：（A）州提交的报告，其内容包括依照本项之规定估算的州在该季度实施盲人资助计划所需资金总额，并说明州和州的各分支机构在该季度为实施盲人资助计划所能提供的金额，如果提供的金额不足估算的州在该季度盲人资助计划所需资金总额三分之二，差额部分必须有经费来源，（B）州领取盲人资助金人数及名册，以及（C）委员会认为有必要进行的其他调查。

（2）委员会应对自己根据（a）项（1）目估算的应支付给州的盲人资助金额向财政部部长核实，如果估算的金额比上一季度增加或减少，则要核实增加部分或减少部分的金额，但不包括任何先前季度已经委员会估算并核实的增加部分或减少部分的金额。

（3）经审计总署审计后，财政部部长便可通过财政部支付局向州拨付该款项，委员会每次确定并核实该款项时可增加 5%。

州盲人资助计划的实施

条款 1004. 任何州的盲人资助计划被委员会批准后，如果委员会对该州盲人资助计划管理机构或监管机构给予合理的告知和听证后发现如下情况：

（1）该州盲人资助计划因附加了条款 1002（b）项所禁止的任何关于居

住或公民身份的条件而变化，或在实施该计划时增加了上述被禁止的条件要求，而州管理或监管机构对此知情且个案数量很大；或

（2）在管理该计划时没有严格遵守条款 1002（a）项所列任何规定；委员会应通知州相关机构暂停在该州支付，直到该州机构进行整改确保将来不再附加被禁止的要求，委员会对此满意后方可继续支付。在暂停支付期间，委员会无需向财政部部长提交关于该州支付的核实报告。

委员会管理费用

条款 1005. 授权为 1936 年 6 月 30 日结束的财政年度为委员会实施本章条款拨款 30000 美元。

定义

条款 1006. 本章提到的“盲人资助”，指对盲人个人提供的货币支付。

第十一章　总则

定义

条款 1101.（a）本法案以下词汇解释为：

（1）“州”（不包括条款 531 使用的“州”）包括阿拉斯加、夏威夷和哥伦比亚特区[①]。

（2）“合众国”从地理意义上讲包括各州、阿拉斯加、夏威夷和哥伦比亚特区。

（3）“人”指自然人、信托人、合伙人、法人。

---

① 美国建国后，各州为首都的选址问题发生分歧，都希望把首都设在自己的州以获得额外的政治、经济和社会利益。最后各州采取了一个折中方案，首都不设在任何州，而是在南方和北方之间的波多马克河沿岸专门划出一行政区作为首都。1790年7月6日首都选址法案通过，经华盛顿总统亲自选址，1790年7月16日哥伦比亚特区成立，马里兰州和弗吉尼亚州为该特区捐赠了177平方公里的土地，华盛顿本人建议首都叫“联邦市”，但在1791年9月9日美国首都被正式命名为“华盛顿市”。哥伦比亚特区由美国国会直接管辖，不具备州的地位。

（4）“法人”包括社团、股份公司和保险公司。

（5）“股东”包括社团、股份公司或保险公司的持股人。

（6）“雇员”包括法人单位的高管。

（b）“包括”在本法案的任何定义中如没有特别说明不排除其他事项。

（c）依照本法案或国会的任何法案，或任何州的法律，要求并允许所有雇主从雇员的报酬中扣除一定比例的款项支付给合众国、州或合众国或州的任何分支机构，依照本法案扣除的款项应是在向雇员支付报酬时发生。

（d）实施本法案的任何规定中，在儿童父母反对或代替父母监护儿童的人反对的情况下，任何联邦官员、代理人或代表无权接管该儿童。

规章制度

条款1102. 为有效地实施本法案的各项规定，财政部部长、劳工部部长和社会保障委员会负责分别发布必要的规章制度，所发布的规章制度不得与本法案相抵触。

条款的独立性

条款1103. 如果本法案中的任何条款对任何人或情况的适用失效，本法案的其他条款和对其他人或情况的适用效力不受影响。

权力保留

条款1104. 本法案任何条款的改动、修正或废除权归国会。

本法案简称

条款1105. 引述本法案时可称其为“社会保障法案”。

批准生效日期：1935年8月14日。

1935年8月14日，罗斯福总统在《社会保障法案》上签字

*

四大自由 ①

Four Freedoms

第七十七届国会议员先生们，我现在向你们发表国情咨文，是处在国情咨文历史上前所未有的时刻。我之所以用“前所未有”这个词，是因为美国过去的安全从来没受到像今天这样如此严重的威胁。

根据 1789 年《美国宪法》，美国组建了稳定的政府，我们历史上的大多数危机时期涉及我们国内问题。值得庆幸的是，只有一次危机——各州之间的四年战争——威胁到我们国家的统一。今天，谢天谢地，四十八个州 ② 的一亿三千万人民已经忘记了国家统一的那些分歧。

① 本文是富兰克林·德拉诺·罗斯福总统1941年1月6日在国会发表的《国情咨文》。本次《国情咨文》正值第二次世界大战，他要求美国人民努力工作，交更多的税，并做出其他牺牲，为与独裁暴政抗争的欧洲民主国家生产更多的武器。美国二战期间1611万人参军参战，在极短的时间里生产了大约150艘航母，12万艘其他各类的舰船，30万架飞机，10万辆坦克和装甲车，通过《租借法案》向包括苏联、中国在内的世界反法西斯同盟提供了大量的战斗物资，成为世界反法西斯战争的中流砥柱。罗斯福总统号召美国人民全力投入战时生产，这一切都是为了建立一个人类能享有最基本的“四大自由”的美好未来。言论自由（Freedom of speech）、宗教信仰自由（Freedom of worship）、享受社保的自由（Freedom from want）和不受威胁的自由（Freedom from fear）这“四大自由”的提出，极大地鼓舞了美国人民乃至世界人民战胜纳粹法西斯的斗志，这“四大自由”也成为《联合国宪章》的主要精神，象征“四大自由”的白底上四条红色竖杠是联合国成立初期的荣誉旗帜。

1943年7月31日，当时的中共中央机关报《新华日报》社论高度评价了罗斯福的这篇演讲，认为“罗斯福所倡导的四大自由，也是中国所一致崇奉的”。1945年10月9日，毛泽东在回答英国记者甘贝尔提出的“中共对‘自由民主的中国’如何解释”时说：“它将实现孙中山先生的三民主义，林肯的民有民治民享的原则与罗斯福的四大自由，它将保证国家的独立、团结、统一及与各民主强国的合作。”

② 美国当时有48个州，阿拉斯加州和夏威夷州于1959年加入美国。

事实是，美国在1914年以前一直受到其他国家事件的牵连。为了维护美国的权益，捍卫和平贸易的原则，我们在西印度群岛、在地中海、在太平洋，参加了两次与欧洲国家的战争和数次没有宣战的战争。但是从来还没有出现过严重威胁我们国家安全或我们继续独立的情况。

我所要说的是历史事实，美国作为一个国家在所有时期都坚持明确地反对任何把我们封锁在古老的中国长城后面，让文明的脚步在我们身边走过的企图。今天，为了我们的子孙后代，我们坚决反对孤立我们或孤立任何其他美洲国家的行为。

业已证明，我们的决心在这些年里得到了不断加强，如在法国大革命后期发生的四分之一世纪的战争初期，当时拿破仑的行动的确威胁到了美国的利益，因为法国势力已进入西印度群岛和路易斯安那州；还有，我们参加了1812年的美英战争①，以维护我们的和平贸易权利。当时的事实很清楚，法国、英国和其他任何国家都没有称霸整个世界的野心。

就这样，从1815年到1914年的99年期间，没有一次发生在欧洲或亚洲的战争对我们的未来以及任何其他美洲国家的未来构成了真正的威胁。除了马克西米利安②在墨西哥称帝外，没有外国力量寻求在这个半球建立自己的政权。过去友好的力量现在仍然是友好的力量。

即使在1914年爆发第一次世界大战的时候，看上去这场战争只对我们美国的前途有微不足道的威胁，但是，我们记得，随着时间的推移，美国人民开始意识到各民主国家的衰败对我们自己的民主意味着什么。

我们无须过分强调《凡尔赛和约》的缺陷，也无须反复谈论各民主国家在处理世界重建问题上的不成功。我们应该知道，1919年和约存在的不公平要比早在慕尼黑会议以前就开始的绥靖存在的不公平少得多，那次绥靖是在暴政的新秩序下达成的。今天，这种暴政仍向各大洲蔓延，美国人民坚定不移地反对那种暴政。

---

① 指美国在1812年至1814年进行的第二次对英战争。

② Maximilian，1832.7.6—1867.6.19，奥地利大公，法国皇帝路易·拿破仑于1863年将墨西哥帝位奉献给他。马克西米利安于1867年被人民革命推翻后被枪决。

我认为，每个现实主义者都知道，当前，民主的生活方式正在世界各地受到进攻，要么是武力进攻，要么是秘密散布恶毒宣传的攻击，散布这种恶毒宣传的人企图破坏团结，挑起和平国家之间的不和。

在16个月的期间里，这种进攻在一大批独立的大大小小的国家里，摧毁了整个民主的生活模式。攻击者仍在磨刀霍霍，威胁着其他大大小小的国家。

因此，作为你们的总统，我要履行宪法赋予我的职责，“向国会报告联邦的情况”[①]。我认为，我有必要怀着沉重的心情向你们报告，这些发生在远离我们国家的事件，已经严重威胁到我们国家和我们民主的前途与安全。

现在，四大洲正英勇地进行着以武力保卫民主生存的战争。如果这场保卫战失败，那么欧洲、亚洲、非洲和澳洲的所有人民和一切资源将为征服者所控制。要知道，这四个洲的总人口和所有资源要超过整个西半球的人口和资源的总和的好多倍。

在目前这种局势下，任何人吹嘘说，一个没有准备的美国——好比一个人只有一只手，另一只手被绑在背后——能够抱住整个地球，这种说法是幼稚的，同时也是不诚实的。

所有实在的美国人都不期望能从一个独裁者的和平中得到国际的宽容，或恢复真正的独立，或世界性裁军，或言论自由，或宗教信仰自由，甚至是有利可图的生意。

这样的和平绝不会给我们或者给我们的邻国带来安全。那些宁愿放弃基本自由以换取短暂安全的人，根本就不配享受自由或安全。

作为一个国家，值得我们骄傲的是我们一向仁慈。但是，我们不能再仁慈下去了，我们必须时刻警惕那些敲锣打鼓高唱抚慰论调的人。我们尤其要小心一小撮自私自利的人去剪美国鹰[②]的翅膀，用剪下的羽毛装饰他们

① 引自美国宪法第二条第三款，即《国情咨文》。

② “美国鹰”指白头海雕。美国国徽上的白头海雕是力量、勇气、自由和不朽的象征。白头海雕的双翅展开，右爪抓着象征和平的橄榄枝，左爪抓着象征武力的箭。白头海雕的头扭向右侧，象征着期望和平。

自己的安乐窝。

最近我曾指出，现代战争可以迅速地给我们带来具体的攻击，如果独裁国家赢得了这场战争，这种攻击肯定会发生在我们身上。

现在有一种不负责的说法，说什么我们不会马上受到来自大西洋彼岸的直接攻击。他们的理由是：如果英国海军保持实力，不会存在这样的危险；即使没有英国海军，任何敌人都不可能如此愚蠢，跨越数千英里的海洋向美国发兵，除非他事先获得一个进攻我们的战略基地。

但是，我们在过去一些年里从欧洲汲取了深刻的教训，尤其是在挪威，那里一些重要港口由于叛徒和蓄谋已久的突然袭击被德军占领了。

对西半球入侵的第一阶段，不会是常规的登陆作战，而是让一些秘密间谍和被蒙骗的人占领必要的战略要地，在美国以及整个拉丁美洲已经有很多这样的人了。

只要侵略者进攻的贼心不改，将是他们——而不是我们——选择攻击的时间、地点和方式。

这就是今天所有的美洲共和国的前途面临着巨大危险的原因；这就是今年的国情咨文在我们历史上前所未有重要的原因；那就是每个美国政府机构和国会议员肩负着重大负担和责任的原因。

我们的当务之急是，我们的行动和政策都应该主要——几乎是唯一的——对付这种来自国外的危险，因为我们所有的国内问题现在已是这一迫在眉睫的问题的一个部分。

就像我们的内政方针是建立在尊重我们所有同胞的权利和尊严的基础上一样，我们的外交政策也是建立在尊重所有大小国家的权利和尊严的基础上的。道德的公理一定会赢得最后胜利。

我们的国策是：

第一，在明确表达公众意愿以及排除党派偏见的情况下，我们致力于全面国防。

第二，在明确表达公众意愿以及排除党派偏见的情况下，我们致力于对世界任何地方抗击侵略的人民给予全力支持，正是因为他们的英勇行为

象征“四大自由”的联合国成立初期的荣誉旗帜

才阻止了战火向我们西半球蔓延。通过对他们的支持来表达我们对民主事业必胜的决心，从而加强我们国家的防卫和安全。

第三，在明确表达公众意愿以及排除党派偏见的情况下，我们坚持这样的主张：出于道德公理和我们自身安全的考虑，我们永远不允许默认侵略者主宰、绥靖分子支持的和平。我们知道，持久的和平不是以牺牲他人自由为代价换来的。

在刚结束的全国大选中，两个大党在关于以上提到的美国国策上不存在本质的分歧，在美国选民面前，两个党没有用斗争方式来解决争端。今天的事实很清楚，各地的美国公民正在要求并支持我们采取全面、快速的行动，来应对目前我们所面临的危险。

所以，当务之急是迅速、全力扩大武器装备的生产，企业领导和工人积极响应我们的号召，并已制定了生产目标。这些目标在某些情况下会提前达到，在某些情况下会如期达到，在某些情况下会略微延期达到，在某些情况下——我很遗憾地说，这就非常严峻了——我们都会为我们的计划任务不能按时完成而担心。

在过去一年里，美国陆军和海军取得了实质性的进步。我们的实践经验每天都在促进生产方法的改进、加速生产步伐。然而，我们不要满足于现状，而是要百尺竿头，更进一步。

我不满足目前所取得的进步。所有负责这个计划的人都训练有素、技能过硬、赤胆忠心，他们也不满足目前所取得的进步。在这项神圣的使命未完成之前，我们所有的人都不会满足我们目前所取得的进步。

不管我们开始定的目标是高是低，我们的目的是用尽可能快的速度得到一个尽可能好的结果。下面举两个例子：

我们在生产飞机方面延期了。我们正在夜以继日地努力工作，以解决无数个难题，赶上生产进度。

我们在建造军舰方面提前了，但我们仍然努力工作，以便更加提前达到目标。

把整个国家从和平时期的生产转向战时生产可不是一件轻松的工作。开始，这项工作最大的困难是，必须在实现稳定、高速生产这些战争物资之前，建造新生产工具、新工厂和设备、新生产装配线、新造船台。

当然，国会必须在整个计划实施过程中正确了解各种信息。然而，有一些信息需要绝对保密，如什么是为了我们自己国家安全的利益，什么是为了被我们支持国家安全的利益，国会自己很容易对此作出判断。

新的情况不断为我们的安全带来新的需求。我将请求这届国会，为我们继续开展我们已经开始的工作新增大量拨款，并给予更大的授权。

我也请求国会授权为那些正在与侵略者作战的国家制造额外的军需品和各种战争装备，并给予足够的预算支持。

我们最有效和最直接的角色是，充当他们和我们自己的兵工厂。他们不需人力，需要的是价值数十亿美元的防卫武器。

用不了多久，他们将无力用现款偿付这些防御武器。我们不能也不会因为他们目前无力支付他们必须购买的武器费用，就告诉他们投降。

我不会建议，我们为他们提供美元贷款，让他们用这些贷款购买他们所需要的武器，将来让他们用美元偿还贷款。

我建议，我们设法使那些国家继续从美国取得战争物资，把他们的订单纳入我们的生产计划。一旦我们处于紧急时期，我们可以把他们所订购的所有战争物资用于我们自己的防卫。

根据经验丰富的陆军和海军部门的建议，可以考虑怎么做最有利于我们自己的安全，我们可以自主决定这些战争物资应该留在美国多少，应该拨给我们的外国朋友多少。正是由于他们英勇顽强的抵抗，才使我们赢得了为我们自己做防卫准备的时间。

我们送到国外的一切物资，都将得到偿还，在战争结束后相当短的时间里，他们就会偿还我们，他们可以用类似的物资偿还我们，或者根据我们的要求，用许多他们能够生产的也是我们需要的产品偿还我们。

让我们郑重地对民主国家说："我们美国人极为关怀你们保卫自由的战争。我们正让我们的实力、我们的资源和我们的组织力量发挥作用，给你们恢复和维持一个自由世界的力量。我们会给你们送去数量与日俱增的舰艇、飞机、坦克和枪炮。这是我们的决心，也是我们的誓言。"

独裁者会认为，我们对那些勇敢抵抗他们侵略的民主国家进行支持，是对国际法的侵犯或是战争行为，为了实现我们对民主国家的承诺，我们不会因独裁者的威胁而畏缩。尽管一个独裁者①会一再强调这是战争行为，但我们的援助绝不是战争行为。

还有，如果独裁者准备对我们发动战争，他们是不会等待我们采取战争行为的。挪威、比利时、荷兰没有采取战争行为，独裁者照样进攻它们。

独裁者只对单边国际法感兴趣，不是共同遵守这个国际法，因而把国际法变成了一个压迫的工具。

未来几代美国人的幸福，主要取决于我们对这些受侵略国家提供的支持是不是有效、是不是及时。没有人能知道，我们会面临何等紧迫的情况，在国家生死存亡的紧急关头，绝对不允许把国家的双手捆绑起来。

是的，我们必须做好准备，我们所有的人都要做好准备，为那种几乎和战争本身一样严峻的非常时期的紧急要求做出牺牲。不管何时，任何阻碍迅速而有效进行防卫准备的事都必须让路给国家需要。

---

① 指希特勒。

一个自由国家有权期望得到所有团体的全面合作；一个自由国家有权期望企业、工会和农业领导人在这次坚苦卓绝的努力中起领导作用，不是站在其他团体的行列里，而是站在自己的团体里。

对付我们中间的为数不多的怠工或捣乱分子的最好方法是，首先用爱国榜样羞辱他们，如果这不起作用，就用政府的权力来拯救政府。

就像人并非单靠面包生活一样，他们也并非单靠武器作战。那些在我们防御工事里守卫的军人和修筑防御工事的后方人员，必须具有耐力和勇气，而耐力和勇气来自他们对正在保卫的生活方式所抱的不可动摇的信念。我们所号召的伟大行动建立在共同为之奋斗的目标上。

大量具体工作使我们人民意识到自己的利益存在于美国民主生活之中，全美国对此都心满意足，并从中汲取了无穷的力量。这些工作锻炼了人民的筋骨，坚定了他们的信念，激发了他们对我们准备保卫的国家制度无私奉献的热情。

当然，这不是说现在我们任何人都不该考虑社会和经济问题，这些问题是引起社会革命的根本原因，这种革命是当今世界存在的一个主要因素，我之所以这样说出来，是因为一个健全巩固的民主政治基础不存在什么神秘的事情。我们人民对他们的政治和经济制度的一些基本的东西所抱的希望十分简单，那就是：

青年人和其他人机会均等。

能工作的人有工作做。

公民按需得到社会保障。

结束少数人享有的特权。

所有人的民权得到保护。

享受科学进步的成果，使生活水平不断得到普遍提高。

在我们这个混乱和极端复杂的现代世界中，这些是决不应忽视的简单而基本的东西。我们的经济和政治制度本身是否能得到人民的永久信任，这取决于让他们这些希望得以实现的程度。

有不少与我们社会经济有关的事项亟须得到改善，例如：

我们应该让更多的公民享受养老金和失业保险。

我们应该扩大那种使人们得到充分医疗照顾[①]的机会。

我们应该设计出一套更好的制度，使那些应当得到并需要一个待遇好的工作的人能得到一份好工作。

我曾号召要做出个人牺牲，并且我相信，几乎每个美国人都心甘情愿地响应这个号召。

个人牺牲包括交纳更多的税款。在我的预算里，我将建议，由税收支付的国防开支比例应该比今天的更大。人们不应该试图，也不允许，从这个计划里变成富翁，我们坚持让赋税与公民纳税能力相适应的原则指导我们的立法。[②]

如果国会坚持这些原则，把爱国主义置于金钱利益之上的选民就会为你们喝彩。

在未来的岁月里，我们力求让生活安定，并期待一个建立在四项人类基本自由基础上的世界。

第一是言论自由。在世界任何地方，都有发表言论和表达思想的自由。

第二是宗教信仰自由。在世界任何地方，人人都有以自己的方式崇拜上帝的自由。

第三是生存自由。在世界任何地方,免于匮乏的自由。从世界范围来说，就是经济上的融洽关系，它将保证世界每个国家为自己的公民提供安康的生活环境。

第四是安全自由。在世界任何地方,免除恐惧的自由。从世界范围来说，就是在世界范围进行彻底裁军，达到任何国家都没有能力对任何邻国发动

---

① 美国为65岁以上的老年人和残疾人提供的免费医疗保障系统。

② 罗斯福一直想把美国建设成一个高福利国家。“大萧条”时期，罗斯福总统为实施他“复兴经济、救济穷人、改革体制”的新政，个人所得税最高边际税率由25%提高到81%，增幅为224%。美国直接参与第二次世界大战后，个人所得税税率急剧上升，1944—1945两个财税年度最高边际税率达到了94%。二战后，为了重建正常的国民经济，在相当长一段时间内，美国个税一直在高税率上运行，在1946—1963年的18年间，美国个税的最低和最高边际税率分别保持在20%和90%上下。

武装侵略的程度。

这不是千年之遥的幻想，在我们这一代它就可以在全世界实现。我们所期望的这种世界与独裁者企图用爆炸建立的所谓暴政“新秩序”截然相反。

对于那个新秩序，我们用更伟大的观念与之对抗，那就是道德秩序。一个优良的社会能够毫不畏惧地面对征服世界和外国颠覆的图谋。

美国有史以来，我们一直致力于变革、致力于长期的和平革命。和平革命就是不间断地、平静地调整自己，以适应变化了的环境。和平革命不需要集中营，也不需要万人坑。我们寻求的世界秩序，是自由国家在友好、文明的社会里的通力合作与共同努力。

这个国家已把它的命运交到它千百万自由男女的手里、脑子里和心灵里；把信念寄托在上帝指引下的自由上。自由意味着人权在任何地方都是至高无上的。凡是为获得和维护这些权利而奋斗的人，我们都要予以支持。我们的力量来自于我们的目标一致。为了这一崇高的观念，我们不获全胜绝不收兵。

纽约市罗斯福四大自由公园的石碑上刻着“四大自由”原文

*

租借法案①

Lend-Lease Act

第一款②

美利坚合众国参议院和众议院共同决议：引用本法案可称为“进一步巩固美国国防的法案”。

第二款

（a）“国防物资”指：

（1）任何武器、弹药、飞机、舰艇或船只；

（2）任何机械、设备、工具、材料，或用于制造、生产、加工、修理、保养或操作本项规定的任何物资的必要的补给品；

① 1941年3月11日生效的《租借法案》是对富兰克林·罗斯福总统提出的美国要成为民主国家兵工厂的具体落实，依照该法案为英联邦和其他35个国家提供了501亿美元（约合2015年的8000亿美元）的作战物资供应，这些物资大多是无条件的无偿援助。这些援助壮大了世界反法西斯同盟的力量。接受援助最多的是英联邦314亿美元，接下来是苏联113亿美元，法国排第三32亿美元，中国排第四16亿美元。在1941年10月1日至1945年5月31日期间，美国向苏联援助了18700架飞机、13303辆坦克和装甲车、427284辆卡车、35170辆摩托车、1000辆自卸车、120辆油罐车、35辆重型机械车、2328辆炮车、1900部蒸汽机车、66部内燃机车、9920辆列车平板车、267万吨燃油、448万吨食品等物资。另外，美国为英国提供资金在英国本土制造战争物资，通过英国援助苏联7000架飞机、27艘舰艇、5218辆坦克、5000件反坦克武器、4020辆救护车等车辆、323辆机械车、2560辆装甲车、1721辆摩托车、600套雷达声呐装备、1500万双军靴等400多万吨的战争物资，根据1942年6月27日《英苏军事供应协议》，所有这些援助物资均免费提供。英国首相温斯顿·丘吉尔（1874—1965）把《租借法案》誉为是“历史上最圣洁的法案”，并把《租借法案》列入第二次世界大战的五个转折点：法国沦陷；不列颠之战；《租借法案》；德国进攻苏联；珍珠港事件。

② 此处的“第一款”为译者所加。美国很多法案的“第一条”或“第一款”字样省略，直接写条款内容，接下来便是“第二条”或“第二款”。

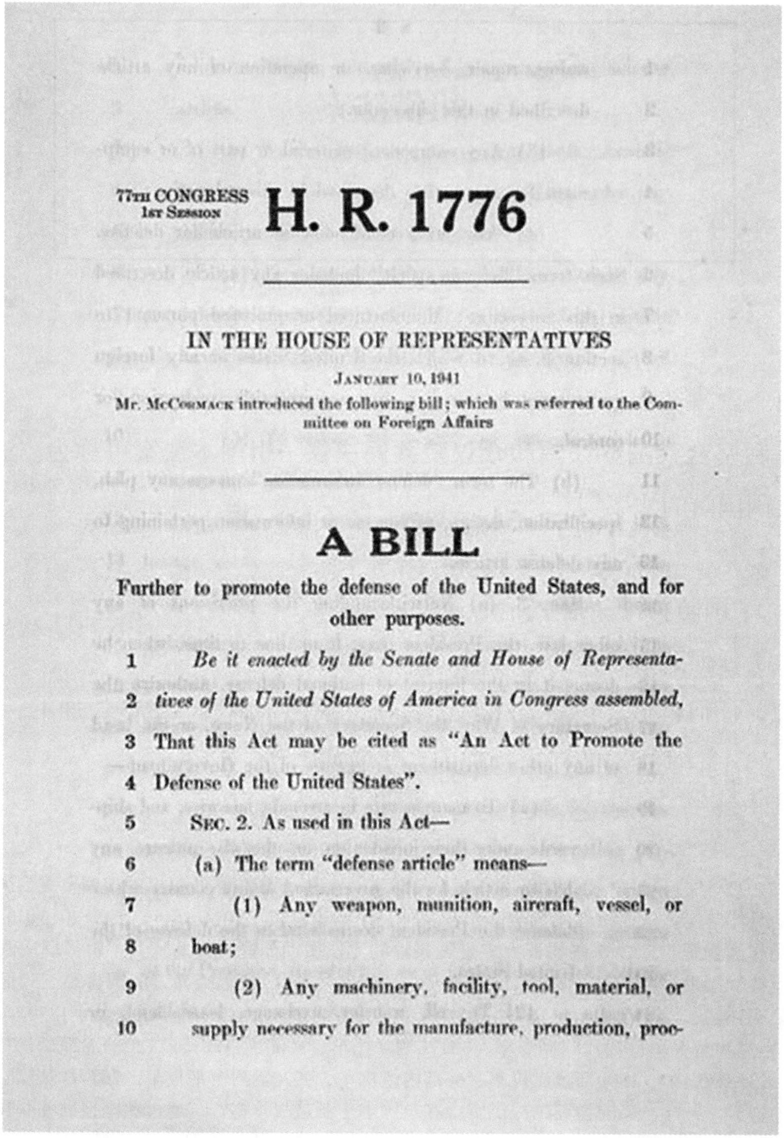

77TH CONGRESS
1ST SESSION

H. R. 1776

IN THE HOUSE OF REPRESENTATIVES

JANUARY 10, 1941

Mr. McCORMACK introduced the following bill; which was referred to the Committee on Foreign Affairs

A BILL

Further to promote the defense of the United States, and for other purposes.

Be it enacted by the Senate and House of Representatives of the United States of America in Congress assembled, That this Act may be cited as "An Act to Promote the Defense of the United States".

SEC. 2. As used in this Act—

(a) The term "defense article" means—

(1) Any weapon, munition, aircraft, vessel, or boat;

(2) Any machinery, facility, tool, material, or supply necessary for the manufacture, production, proc-

《租借法案》第一页

（3）本项规定的任何物资的零件或部件或装备；

（4）任何农业产品、工业产品或其他商品或用于国防的任何其他物资。

“国防物资”包括本项规定的任何物资：依照第三款制造或获得的物资，或美国或任何外国政府拥有或将来获得、拥有或控制的物资。

（b）“国防信息”指任何计划、规范、设计、模型或关于任何国防物资的信息。

第三款

（a）不管任何其他法律如何规定，总统出于国防利益考虑，可随时授权战争部部长、海军部部长[①]或政府的任何其他部门或机构：

（1）在它们管辖的兵工厂、工厂、造船厂或用其他可能的方式为总统认为该国国防对美国国防至关重要的任何外国政府生产国防物资，要确保预算充足，或及时让国会为合同授权，或两者同时履行。

（2）向上述政府出售、转让、出租、出借或用其他安排形式提供任何国防物资，依照（1）目不制造或不生产的非国防物资，经陆军参谋长或海军作战部长同意或两人同时同意后也包括在内。本段授权用任何形式提供的国防物资价值和依照上述预算总额不得超过13亿美元。对国防物资的价值评估要遵守法案下文规定，由部长或政府其他相关机构或部门首长或官员进行。给政府任何部门或机构生产国防物资拨款，如不出自上述依照本法案授权的预算，必须依照本法案下文规定由国会授权。

（3）由私营企业承包的提交给上述任何政府的任何国防物资或提供任何或所有上述服务的合同，包括检测、检查、试验、修理、装配、翻新或其他妥善处置的服务，要确保预算充足，或及时让国会为合同授权，或两者同时履行。

（4）与任何上述政府交换依照本款（2）项关于提供给该政府的任何国防物资的任何国防信息。

（5）为依照本项向上述任何政府用任何方式出口任何国防物资发放许

① 美国政府的战争部与海军部在1947年合并为军事部，1949年又将军事部改为国防部。

可。

（b）依照（a）项授权任何上述外国政府接受任何援助的条件要满足总统的要求，而且要对接受的援助付款，或用其他财产或方式偿还，或者总统认为的任何其他直接或间接地对美国利益的输送。

（c）1943 年 6 月 30 日以后，或在 1943 年 6 月 30 日以前国会两院通过共同决议宣布（a）项授权对加强美国国防失去必要性，总统和政府的任何部门或机构首长均无权继续行使（a）项对加强美国国防的授权；如果是 1943 年 7 月 1 日之前与外国政府签订的合同或协议，则可执行到 1946 年 7 月 1 日，或执行到 1946 年 7 月 1 日以前国会两院通过共同决议停止执行为止。

（d）本法案并不授权或允许批准使用美国海军舰艇为运送的援助国防物资护航。

（e）本法案并不授权或允许批准美国舰艇进入交战地区而违反《1939 年的中立法案》第三款。

第四款

依照本法案第三款规定签订的所有安排任何国防物资或国防信息的合同或协议，应包含这一条款：外国政府保证未经美国总统同意不得擅自转让这些国防物资或国防信息或作为礼物占有、销售或作其他处置，非政府官员、雇员或代表不得使用这些国防物资或国防信息。

第五款

（a）战争部部长、海军部部长或政府的任何其他相关部门或机构首长，当任何此类国防物资或国防信息出口时，应将出口的物资或信息的数量、特征、价值、运输批次、目的地立即通知美国总统指定的部或机构以执行 1940 年 7 月 2 日法案第六款规定（《美国法律汇编》第 54 卷第 714 页）。

（b）总统要经常（至少 90 天一次）向国会提交本法案的执行报告，总统认为公布的信息会危害公共利益的除外。如遇国会休会，依照本项提交的报告应交给参议院秘书长或众议院总书记。

第六款

（a）为实施本法案条款、实现本法案立法之目的，授权财政部从任何款项里拨款，国会不再另行拨款。

（b）依照第三款规定收到的所有资金和所有财产的货币价值，经预算局局长批准，分别拨付给各国防物资或国防信息项目，本财政年度依法收到的预算经费如未执行完，可转到下一财政年度使用；但是，收到的任何预算在1946年6月30日后不得再执行。

第七款

战争部部长、海军部部长或任何其他部门或机构首长，在安排任何国防物资和国防信息的合同或协议时，应完全保护美国公民的专利权利，要把收取的此类物资和信息的专利使用税支付给专利权利人。

第八款

只要总统认为对美国国防利益有必要，授权战争部部长和海军部部长可采购或用其他方式获得任何国家生产的符合第三款规定的武器、弹药和其他战争物资。

第九款

总统要经常公布执行本法案任何规定必要的法规；根据本法案授予总统的权力，他可以通过他领导的部、机构或官员行使任何总统职权。

第十款

本法案不构成对已有的关于美国陆军和海军使用法律的任何改变，但用于制造、生产和修理国防物资、交通和本法案规定的其他非战斗任务除外。

第十一款

如果本法案的任何规定或对任何规定的应用在任何情况下无效，不影响本法案其他规定和对其他情况下的应用。

批准生效日期：1941年3月11日。

富兰克林·罗斯福
总统签署《租借法案》

美国根据《租借法案》向苏联提供的车辆

*

艾森豪威尔将军D日命令[①]

General Eisenhower's Order of D-Day

盟军远征军最高司令部

盟军远征军的陆军、海军和空军的将士们!

你们即将随着伟大的“十字军”出征，我们为此准备了数月之久。世界所有的眼睛在看着你们。你们战斗在哪里，哪里热爱自由的人们的希望和祈祷就伴随着你们。你们要在另一战线与我们勇敢的盟军兄弟一起，摧毁德国的战争机器，消灭压迫欧洲人民的纳粹暴政，捍卫我们自己在自由世界的安全。

你们任务艰巨。你们的敌人训练有素，装备精良，久经沙场，他们会疯狂抵抗。

但是，现在是1944年！自从纳粹在1940年和1941年取得胜利后，形势发生了根本的转变。联合国家[②]在战场上与德国人浴血奋战，给德国巨大打击。我们的空中攻击大大削弱了德国空军，从而削弱了他们地面作战的

---

① 诺曼底登陆战役是20世纪最大的登陆战役。从1944年6月6日的“D日”到1944年7月24日战役结束，盟军投入兵力288万人，战舰5300艘，战机13700架；德军共投入51万人。盟军战场牺牲12.2万人，击毙德军11.4万人。诺曼底登陆战役的胜利开辟了欧洲第二战场，加速了法西斯德国的灭亡。

② 为了进一步巩固世界反法西斯同盟的力量，彻底消灭纳粹法西斯，1942年1月1日，26个国家在华盛顿签署《联合国家宣言》，各国确保运用本国军事和全部经济资源同交战的轴心国及其仆从国作战；签字国确保合作，不得单独与敌国缔结停战协定或和约。

SUPREME HEADQUARTERS
ALLIED EXPEDITIONARY FORCE

Soldiers, Sailors and Airmen of the Allied Expeditionary Force!

You are about to embark upon the Great Crusade, toward which we have striven these many months. The eyes of the world are upon you. The hopes and prayers of liberty-loving people everywhere march with you. In company with our brave Allies and brothers-in-arms on other Fronts, you will bring about the destruction of the German war machine, the elimination of Nazi tyranny over the oppressed peoples of Europe, and security for ourselves in a free world.

Your task will not be an easy one. Your enemy is well trained, well equipped and battle-hardened. He will fight savagely.

But this is the year 1944 ! Much has happened since the Nazi triumphs of 1940-41. The United Nations have inflicted upon the Germans great defeats, in open battle, man-to-man. Our air offensive has seriously reduced their strength in the air and their capacity to wage war on the ground. Our Home Fronts have given us an overwhelming superiority in weapons and munitions of war, and placed at our disposal great reserves of trained fighting men. The tide has turned ! The free men of the world are marching together to Victory !

I have full confidence in your courage, devotion to duty and skill in battle. We will accept nothing less than full Victory !

Good Luck ! And let us all beseech the blessing of Almighty God upon this great and noble undertaking.

Dwight D. Eisenhower

艾森豪威尔将军签发的D日命令

1944年6月6日，艾森豪威尔将军亲自向盟军士兵下达登陆命令

能力。我们的祖国作为后方战线，把为我们生产武器和军需物资作为最优先的任务，并为我们训练了大量随时可以参战的后备军人。战争形势扭转了！世界自由的人们正携手向胜利进军！

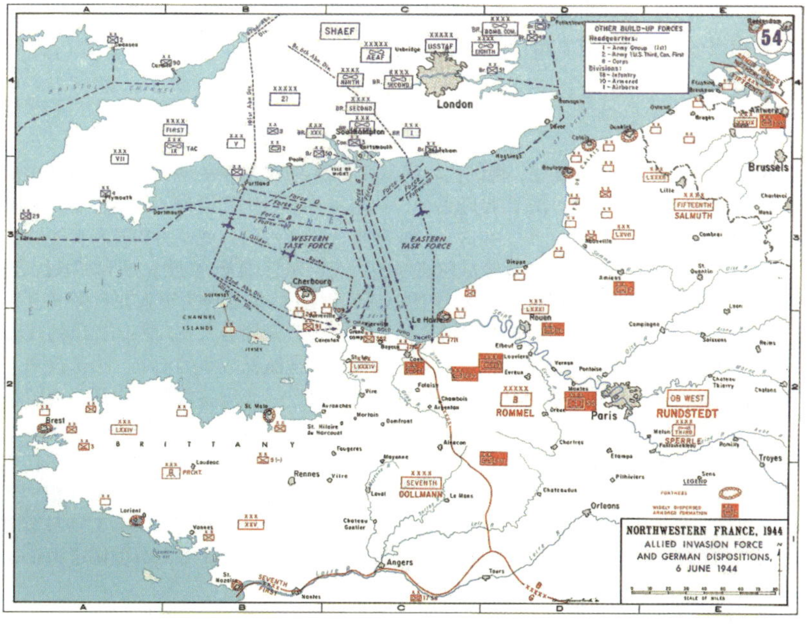

诸曼底登陆态势图

*

德国军事投降书[①]

Act of Military Surrender

只有英文文本是正式权威文本

1. 下面签字者根据德国最高统帅部的命令宣布：目前仍在德国控制下的一切陆、海、空军事力量向盟国远征军最高司令官同时也向苏联最高统帅部无条件投降。

2. 德国最高统帅部现在命令德国一切陆、海、空军事机构和德国控制的所有军事力量，在中欧时间 5 月 8 日 23 点 01 分停止一切军事行动，并停

① 1945年5月7日上午2时41分，德国代表阿尔弗雷德·约德尔在法国兰斯盟军最高司令部所在地的一幢红色校舍内签署了《德国军事投降书》，约德尔签字后用德语说："签字后，德国人民和军队的福祸吉凶，就由胜利者决定了。在这个时候我唯一能表示的，就是希望胜利者能够宽容地对待他们。"盟国远征军最高司令官艾森豪威尔将军的代表沃尔特·比德尔·史密斯和苏联代表伊万·索斯洛帕罗夫作为受降方在投降书上签字，法国代表弗朗索瓦·萨维兹作为证人在投降书上签字。艾森豪威尔将军强调："我所接受的投降将是纯军事上的，与盟国领导人将向德国提出的政治和经济条件无关。"德国签署无条件投降书，标志着第二次世界大战欧洲战争的结束。由于投降书5月8日23点01分开始生效，因此5月8日被定为"欧洲战胜法西斯日"。德国签订投降书后，美国总统杜鲁门警告日本说：他们如果不同意投降，那么除了完全毁灭之外，别无其他希望。

苏联领导人斯大林认为苏联红军担负了攻克柏林的重大任务，德国投降仪式应在柏林举行，仪式应由苏联人主持。有鉴于此，苏联、美国、英国政府协商后，1945年5月8日24时在柏林又搞了一次德国投降仪式，仪式由苏联元帅朱可夫主持，第二次签订的投降书规定1945年5月9日零时开始生效。在柏林签订的德国投降书内容与在兰斯的没什么变化，只是把俄文文本也认定为正式权威文本。

本文译自在兰斯签订的投降书。

Only this text in English is authoritative

ACT OF MILITARY SURRENDER

1. We the undersigned, acting by authority of the German High Command, hereby surrender unconditionally to the Supreme Commander, Allied Expeditionary Force and simultaneously to the Soviet High Command all forces on land, sea, and in the air who are at this date under German control.

2. The German High Command will at once issue orders to all German military, naval and air authorities and to all forces under German control to cease active operations at 2301 hours Central European time on 8 May and to remain in the positions occupied at that time. No ship, vessel, or aircraft is to be scuttled, or any damage done to their hull, machinery or equipment.

3. The German High Command will at once issue to the appropriate commanders, and ensure the carrying out of any further orders issued by the Supreme Commander, Allied Expeditionary Force and by the Soviet High Command.

4. This act of military surrender is without prejudice to, and will be superseded by any general instrument of surrender imposed by, or on behalf of the United Nations and applicable to GERMANY and the German armed forces as a whole.

- 1 -

《德国军事投降书》第一页

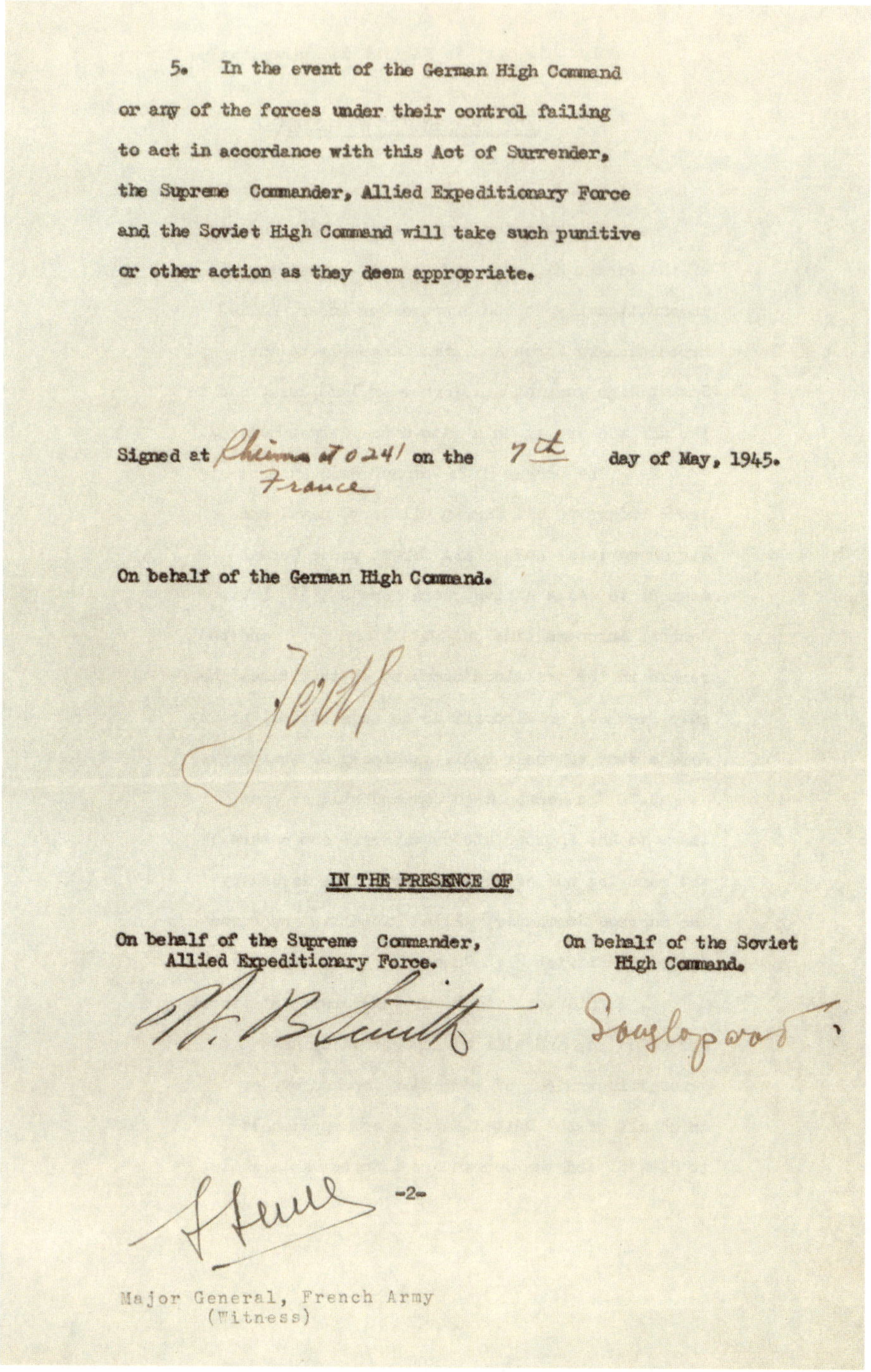

5. In the event of the German High Command or any of the forces under their control failing to act in accordance with this Act of Surrender, the Supreme Commander, Allied Expeditionary Force and the Soviet High Command will take such punitive or other action as they deem appropriate.

Signed at Rheims at 0241 France on the 7th day of May, 1945.

On behalf of the German High Command.

IN THE PRESENCE OF

On behalf of the Supreme Commander, Allied Expeditionary Force.

On behalf of the Soviet High Command.

-2-

Major General, French Army (Witness)

《德国军事投降书》第二页

留在当时所在位置。不得破坏任何舰船或飞机，包括外壳、机器和装备。

3. 德国最高统帅部将立即向合适的指挥官签发命令，确保盟国远征军最高司令官和苏联最高统帅部今后发布的任何命令的有效执行。

4. 本军事投降书不妨碍由联合国家[①]制定的适用于德国和德国武装力量作为一个整体的任何总的投降文件，并将被后者替代。

5. 如果德国最高统帅部或其控制下的任何军事力量未能遵守本投降书，盟国远征军最高司令官和苏联最高统帅部可予以惩罚或采取认为合适的其他行动。

1945 年 5 月 7 日 2 时 41 分签署于法国兰斯。

德国最高统帅部代表：阿尔弗雷德·约德尔（JODL）[②]

盟国远征军最高司令官代表：沃尔特·比德尔·史密斯（W. B. SMITH）[③]

苏联最高统帅部代表：伊万·索斯洛帕罗夫（SOUSLOPAROV）[④]

法国军队少将（证人）：弗朗索瓦·萨维兹（F SEVEZ）[⑤]

---

① 1942年1月1日，26个国家在华盛顿签署《联合国家宣言》，各国确保运用本国军事和全部经济资源同交战的轴心国及其仆从国作战；签字国确保合作，不得单独与敌国缔结停战协定或和约。

② Alfred Jodl，1890—1946，纳粹德国德军最高统帅部作战局局长。

③ Walter Bedell Smith，1895—1961，盟国远征军最高司令部参谋长。

④ Ivan Sousloparov，1897—1974，苏联红军与盟军的联络官。

⑤ Fran ois Sevez，1891—-1948，法国抵抗军指挥官。

阿尔弗雷德·约德尔在《德国军事投降书》上签字

《德国军事投降书》在兰斯签字后合影，左一是苏联代表

*

波茨坦公告[①]

（一九四五年七月二十六日发表）

Potsdam Declaration

（一）余等美国总统、中国国民政府主席及英国首相，代表余等亿万国民，业经会商并同意对日本提出劝告，予以一机会以向三国无条件投降，免日本全体人民遭受战争之惨祸。

（二）三国陆海空部队已增强多倍，其由西方调来之军队及空军即将予日本以最后之打击。彼等之武力受所有联合国之决心之支持，对日本全面作战，不至其停止抵抗不止。

（三）德国无效果及无意识抵抗全世界自由人民之力量所得之结果彰彰在前，可为日本人民之殷鉴。此种力量，当其对付抵抗纳粹时，不得不将德国人民全体之土地工业及其生活方式摧残殆尽。但现在集中对付日本之力量则较之更为庞大不可衡量，吾等之军力加以吾人之坚决意志为后盾，若

① 《波茨坦公告》是对日本的最后通牒，要求日本立即无条件投降，否则将面临“迅速和彻底的毁灭”，因为美国在1945年7月16日原子弹试验成功，该公告暗示日本如果不立即无条件投降，将对日本本土投放原子弹。但出于保密，此公告没有任何关于原子弹的字眼。《波茨坦公告》发布后，美国立即向日本本土用英文和日文广播宣读并空投传单，但从未通过外交途径正式递交日本。1945年8月6日和9日，美国向日本的广岛和长崎投下原子弹，开始实施公告中所称的“迅速和彻底的毁灭”计划。1945年8月8日，苏联撕毁《日苏中立条约》，发布《苏联对日本宣布进入战争状态宣言》，宣言指出：1945年7月26日，美、英、中要求日本武装力量无条件投降，已遭到日本拒绝。由此可见，日本政府向苏联提出的关于调停远东战争的建议失去了一切根据。苏联政府忠于对自己盟国的义务，参加1945年7月26日同盟国的公告，从1945年8月9日起，苏联认为自身和日本处于战争状态。这意味着苏联于1945年8月9日加入《波茨坦公告》。1945年8月15日，日本天皇发布诏书宣布接受《波茨坦公告》无条件投降。本文是中国第二历史档案馆的《美中英三国波茨坦宣言》中文抄本。

予以全部使用，必将使日本军队完全毁灭，无可逃避，而日本之本土亦终必全部残毁。

（四）时机业已到来，日本必须决定一途：其将继续受其一意孤行计算错误而将日本帝国陷于完全毁灭之境之军人统制？抑或走向理智之路？

（五）以下为吾人之条件，吾人决不许更改，亦无其他另一方式。犹豫迁延，更为吾人所不容许。

（六）欺骗及错误领导日本人民使其妄欲征服世界者之权威及势力必须永久铲除，盖吾人坚持非将负责之穷兵黩武主义驱出世界，则和平安全及正义之新秩序势不可能建立。

（七）直至如此之新秩序成立时，及直到日本制造战争之力量业已毁灭而有确实可信之证据时，日本领土须经盟国之军队予以占领，俾吾人在此陈述之基本目的得以完成。

（八）开罗宣言之条件必将实施，而日本之主权必将限于本州、北海道、九州、四国及吾人所决定其可以领有之小岛在内。

（九）日本军队在完全解除武装以后，将被允许其返乡，得以和平从事生产生活之机会。

（十）吾人无意奴役日本民族或消灭其国家，但对于战罪人犯（包括虐待吾人俘虏者在内）将处以法律之裁判。日本政府必须将阻止日本人民民主趋势之复兴及增强之所有障碍予以消除，言论宗教及思想自由以及对于基本人权之重视必须成立。

（十一）日本将被许维持其经济所必需及可以偿付赔款所需要之工业，但可以使其重新武装作战之工业不在其内。为此目的，可准其获得原料（别于统制原料）日本最后参加国际贸易关系当可准许。

（十二）上述目的达到时，日本得依人民自由表示之意志成立一保障和平及负责之政府，届时三国占领之军队即撤退。

（十三）吾人劝告日本政府立即宣布所有日本武装部队无条件投降，并对此种行动诚意实行予以适当之各项保证。除此一途，日本即将迅速完全毁灭。

波茨坦会议上的斯大林、杜鲁门和丘吉尔

日本投降书[1]

Instrument of Surrender

我们根据日本天皇、日本政府及日本帝国大本营的指示并作为其代表，在此接受美国、中国、英国三个政府首脑于1945年7月26日在波茨坦发表的以及后来苏维埃社会主义共和国联盟加入的公告[2]中的各项条款，该四国下文称“盟国”。

我们在此宣告：日本大本营和所有日本武装力量以及部署在任何地点的所有日本人控制的武装力量向盟国无条件投降。

我们在此命令：部署在任何地点的所有日本武装力量以及所有日本人立即停止敌对行动，保管好所有舰船、飞机等军事和民用财产，不得对之有任何毁坏，遵守盟国最高司令官提出的或日本政府机构在盟国最高司令官指示下提出的各项要求。

---

① 1945年8月15日，日本天皇发布诏书宣布接受《波茨坦公告》无条件投降。8月17日，日本天皇发布敕谕，命令所有武装部队停止一切战斗行动向同盟国投降。1945年9月2日，日本投降仪式在停泊在日本东京湾的美国 “密苏里号”战列舰上举行。《日本投降书》由美国战争部起草，经美国总统哈利·杜鲁门批准。日本外相重光葵代表日本天皇与日本政府、参谋总长梅津美治郎代表日本帝国大本营在投降书上签字；盟国最高司令官麦克阿瑟、美国代表尼米兹、中国代表徐永昌以及英国、苏联、澳大利亚、加拿大、法国、荷兰和新西兰的代表接受投降，并在投降书上签字。签字时，投降方代表的签名靠右侧，受降方代表的签名靠左侧。

② 指《美中英三国波茨坦宣言》，即《波茨坦公告》。该公告于1945年7月26日在德国柏林近郊波茨坦会议上由美国总统杜鲁门、中华民国国民政府主席蒋介石和英国首相丘吉尔联合发表，苏联于1945年8月9日加入该公告。波茨坦公告共13条，主要内容包括：盟国将予日本以最后打击，直至停止抵抗；日本政府应立即宣布所有武装部队无条件投降；日本投降后，其主权只限于本州、北海道、九州、四国及由盟国指定的岛屿；军队完全解除武装；日本政府必须尊重人权，保障宗教、言论和思想自由等。1945年8月14日，日本天皇宣布接受《波茨坦公告》，向盟军投降。

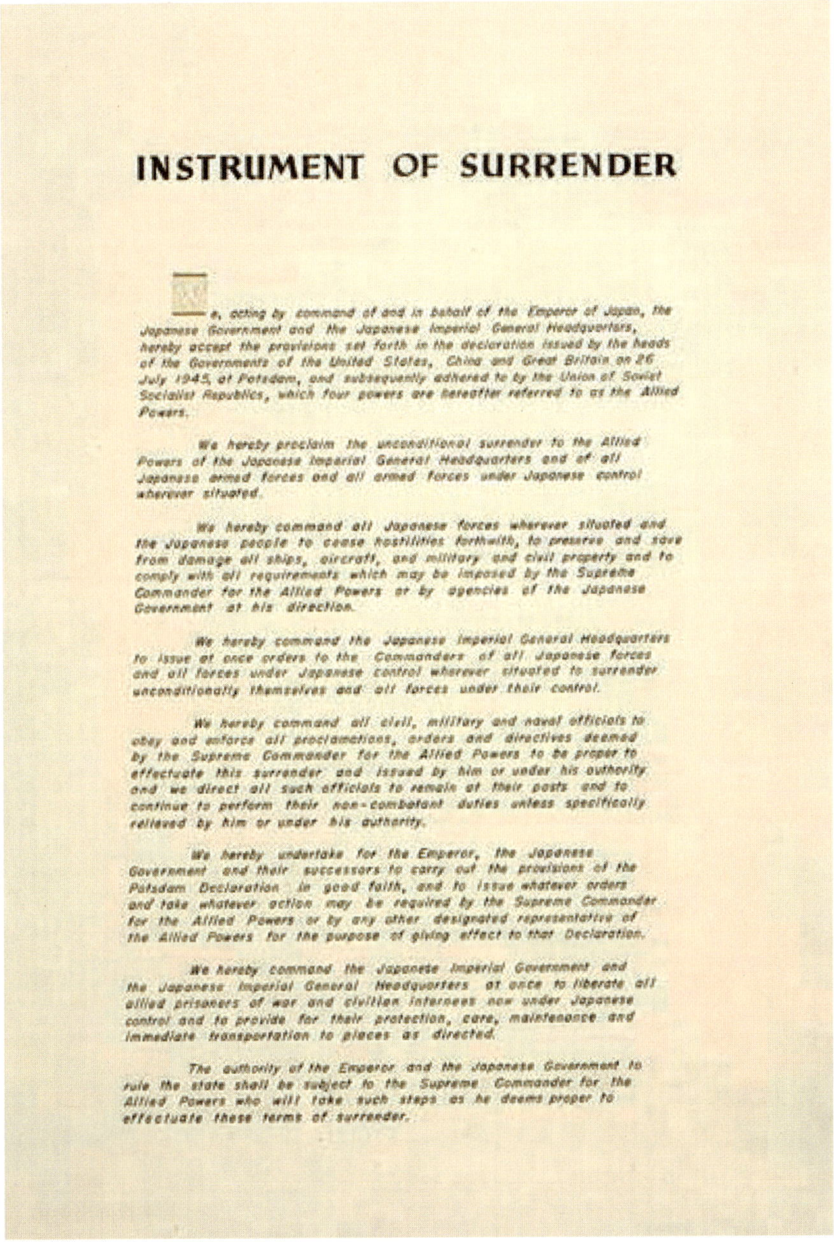

INSTRUMENT OF SURRENDER

We, acting by command of and in behalf of the Emperor of Japan, the Japanese Government and the Japanese Imperial General Headquarters, hereby accept the provisions set forth in the declaration issued by the heads of the Governments of the United States, China and Great Britain on 26 July 1945, at Potsdam, and subsequently adhered to by the Union of Soviet Socialist Republics, which four powers are hereafter referred to as the Allied Powers.

We hereby proclaim the unconditional surrender to the Allied Powers of the Japanese Imperial General Headquarters and of all Japanese armed forces and all armed forces under Japanese control wherever situated.

We hereby command all Japanese forces wherever situated and the Japanese people to cease hostilities forthwith, to preserve and save from damage all ships, aircraft, and military and civil property and to comply with all requirements which may be imposed by the Supreme Commander for the Allied Powers or by agencies of the Japanese Government at his direction.

We hereby command the Japanese Imperial General Headquarters to issue at once orders to the Commanders of all Japanese forces and all forces under Japanese control wherever situated to surrender unconditionally themselves and all forces under their control.

We hereby command all civil, military and naval officials to obey and enforce all proclamations, orders and directives deemed by the Supreme Commander for the Allied Powers to be proper to effectuate this surrender and issued by him or under his authority and we direct all such officials to remain at their posts and to continue to perform their non-combatant duties unless specifically relieved by him or under his authority.

We hereby undertake for the Emperor, the Japanese Government and their successors to carry out the provisions of the Potsdam Declaration in good faith, and to issue whatever orders and take whatever action may be required by the Supreme Commander for the Allied Powers or by any other designated representative of the Allied Powers for the purpose of giving effect to that Declaration.

We hereby command the Japanese Imperial Government and the Japanese Imperial General Headquarters at once to liberate all allied prisoners of war and civilian internees now under Japanese control and to provide for their protection, care, maintenance and immediate transportation to places as directed.

The authority of the Emperor and the Japanese Government to rule the state shall be subject to the Supreme Commander for the Allied Powers who will take such steps as he deems proper to effectuate these terms of surrender.

《日本投降书》第一页

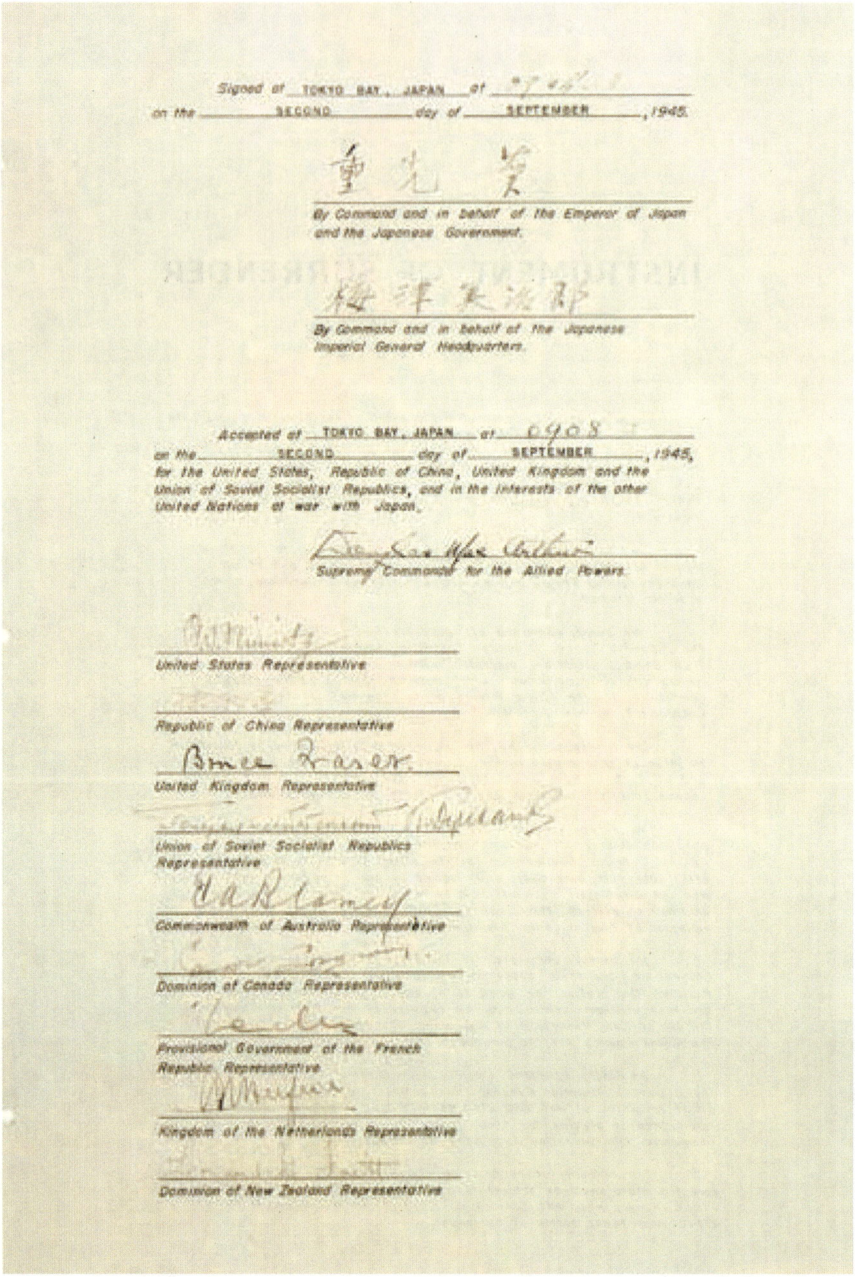

Signed at TOKYO BAY, JAPAN at 0904 I
on the SECOND day of SEPTEMBER, 1945.

重光葵

By Command and in behalf of the Emperor of Japan and the Japanese Government.

梅津美治郎

By Command and in behalf of the Japanese Imperial General Headquarters.

Accepted at TOKYO BAY, JAPAN at 0908 I
on the SECOND day of SEPTEMBER, 1945, for the United States, Republic of China, United Kingdom and the Union of Soviet Socialist Republics, and in the interests of the other United Nations at war with Japan.

Supreme Commander for the Allied Powers

United States Representative

Republic of China Representative

United Kingdom Representative

Union of Soviet Socialist Republics Representative

Commonwealth of Australia Representative

Dominion of Canada Representative

Provisional Government of the French Republic Representative

Kingdom of the Netherlands Representative

Dominion of New Zealand Representative

《日本投降书》第二页

我们在此命令：日本帝国大本营立即向所有日本武装力量的指挥官和部署在任何地点的所有日本人控制的武装力量下达命令，命令他们自己并率领他们控制的所有武装力量无条件投降。

我们命令：所有文职、陆军和海军官员应遵守并执行盟国最高司令官或由其授权发布的为实施本投降条款认为合适的所有公告、命令和指示；我们指示所有上述官员要坚守岗位，继续履行非战斗职责，经盟国最高司令官或由其授权解除职务的官员除外。

我们在此代表天皇与日本政府及其继承者真诚地接受《波茨坦公告》条款，遵照盟国最高司令官或盟国指定的任何其他代表为实施该公告要求，发布任何命令或采取任何行动。①

我们在此命令：日本帝国政府与日本帝国大本营，立即释放目前仍由日本人监禁的盟国所有战俘和平民，向他们提供保护、照料、食宿，并迅速将他们送往指定的地点。

盟国最高司令官可采取他认为适当的手段实施本投降书条款，天皇与日本政府应依照盟国最高司令官的命令行使对日本国的管理权。

1945 年 9 月 2 日 9 点 04 分在日本国东京湾签字

重光葵

奉日本天皇与日本政府之命及代表天皇与日本政府

梅津美治郎

奉日本帝国大本营之命及代表日本帝国大本营

---

① 日本天皇在1945年8月17日发布敕谕，命令所有武装部队停止一切战斗行动向同盟国投降的当天，盟军最高司令官麦克阿瑟将军发布“一号将军令”，对日军投降的受降进行了划分：中国（含台湾，不含伪满洲国）、法属印度支那北纬16度线以北日军向中国最高统帅蒋介石投降；伪满洲国和朝鲜北纬38度线以北日军向苏联远东军司令投降；安达曼群岛、尼科巴群岛、缅甸、泰国、北纬16度线以南法属印度支那日军、马来亚、婆罗洲、荷属印度群岛、新几内亚岛、所罗门群岛的日军向盟军最高司令官、东南亚战区司令投降；日本托管各岛、琉球群岛、小笠原群岛以及其他太平洋岛屿日军向美国太平洋舰队司令投降；日本本土各岛及毗邻小岛、朝鲜北纬38度线以南、菲律宾的日军向美国太平洋战区司令投降。

美利坚合众国、中华民国、联合王国和苏维埃社会主义共和国联盟于1945年9月2日9点08分在日本国东京湾接受投降。

道格拉斯·麦克阿瑟（DOUGLAS MAC ARTHUR）
盟国最高司令官

切斯特·威廉·尼米兹（C.W. NIMITZ）
美利坚合众国代表

徐永昌（HSU YUNG-CH’ANG）
中华民国代表

布鲁斯·弗雷泽（BRUCE FRASER）
联合王国代表

库兹马·杰列维扬科（KUZMA DEREVYANKO）
苏维埃社会主义共和国联盟代表

托马斯·布莱米（THOMAS BLAMEY）
澳大利亚联邦代表

劳伦斯·摩尔·科斯格雷夫（L. MOORE COSGRAVE）
加拿大自治领代表

雅各斯·勒克莱尔（JACQUES LE CLERC）
法兰西共和国临时政府代表

出席日本投降仪式的日本代表团

康拉德·埃米尔·兰伯特·赫尔弗里希（C.E.L. HELFRICH）
荷兰王国代表

伦纳德·蒙克·艾希特（LEONARD M. ISITT）
新西兰自治领代表

日本外相重光葵在投降书上签字

*

联合国宪章[①]

United Nations Charter

序　言

我联合国人民同兹决心

· 欲免后世再遭今代人类两度身历惨不堪言之战祸，

· 重申基本人权，人格尊严与价值，以及男女与大小各国平等权利之信念，

· 创造适当环境，俾克维持正义，尊重由条约与国际法其他渊源而起之义务，久而弗懈，

· 促成大自由中之社会进步及较善之民生，

并为达此目的

· 力行容恕，彼此以善邻之道，和睦相处，

· 集中力量，以维持国际和平及安全，

① 为了进一步巩固世界反法西斯同盟的力量，彻底消灭法西斯，1942年1月1日，26个国家代表在华盛顿签署《联合国宣言》，各签字国确保合作，不得与敌国单独缔结停战协定或和约。在二战期间和二战后，又有21个国家宣布加入《联合国宣言》。中国作为四大国之一在《联合国宣言》签字，大大提升了中国的国际地位和威望，正如罗斯福所称："中国人民，武装起来的和没有武装的都一样，在十分不利的情况下，对于在装备上占极大优势的敌人进行了差不多5年坚决抗击所表现出的顽强，乃是对其他联合国家军队和全体人民的鼓舞。"1945年4月25日，"联合国家关于国际组织的会议"在美国旧金山召开，制订《联合国宪章》。1945年6月26日，参加旧金山会议的50个国家代表一致通过了《联合国宪章》。中国代表顾维钧在《联合国宪章》上第一个签字。同年10月24日，《联合国宪章》开始生效，联合国正式成立。本文为《联合国宪章》的汉语版。

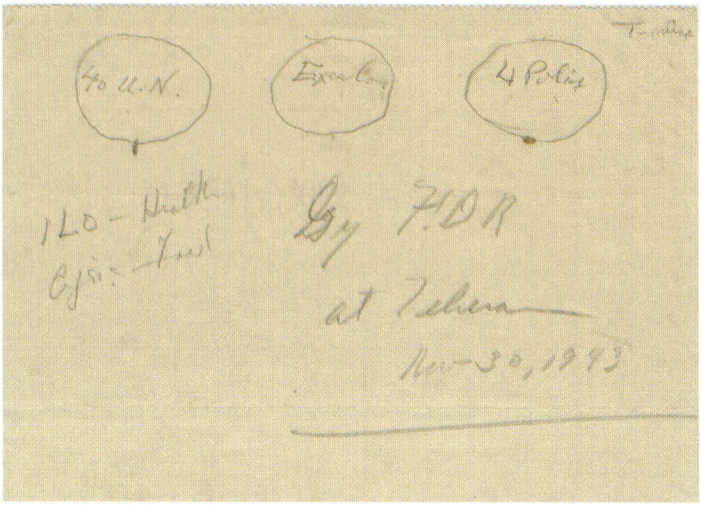

1943年富兰克林·罗斯福总统设计的联合国框架草图

·接受原则，确立方法，以保证非为公共利益，不得使用武力，

·运用国际机构，以促成全球人民经济及社会之进展，

用是发愤立志，务当同心协力，以竟厥功。

爰由我各本国政府，经齐集金山市之代表各将所奉全权证书，互相校阅，均属妥善，议定本联合国宪章，并设立国际组织，定名联合国。

第一章：宗旨及原则

第一条

联合国之宗旨为：

一、维持国际和平及安全；并为此目的：采取有效集体办法，以防止且消除对于和平之威胁，制止侵略行为或其他和平之破坏；并以和平方法且依正义及国际法之原则，调整或解决足以破坏和平之国际争端或情势。

二、发展国际间以尊重人民平等权利及自决原则为根据之友好关系，并采取其他适当办法，以增强普遍和平。

三、促成国际合作，以解决国际间属于经济、社会、文化及人类福利性质之国际问题，且不分种族、性别、语言或宗教，增进并激励对于全体人类之人权及基本自由之尊重。

四、构成一协调各国行动之中心，以达成上述共同目的。

第二条

为求实现第一条所述各宗旨起见，本组织及其会员国应遵行下列原则：

一、本组织系基于各会员国主权平等之原则。

二、各会员国应一秉善意，履行其依本宪章所担负之义务，以保证全体会员国由加入本组织而发生之权益。

三、各会员国应以和平方法解决其国际争端，俾免危及国际和平、安全及正义。

四、各会员国在其国际关系上不得使用威胁或武力，或以与联合国宗旨不符之任何其他方法，侵害任何会员国或国家之领土完整或政治独立。

五、各会员国对于联合国依本宪章规定而采取之行动，应尽力予以协助，联合国对于任何国家正在采取防止或执行行动时，各会员国对该国不得给予协助。

六、本组织在维持国际和平及安全之必要范围内，应保证非联合国会员国遵行上述原则。

七、本宪章不得认为授权联合国干涉在本质上属于任何国家国内管辖之事件，且并不要求会员国将该项事件依本宪章提请解决；但此项原则不妨碍第七章内执行办法之适用。

第二章：会员

第三条

凡曾经参加金山联合国国际组织会议或前此曾签字于一九四二年一月一日联合国宣言之国家，签订本宪章，且依宪章第一百一十条规定而予以批准者，均为联合国之创始会员国。

第四条

一、凡其他爱好和平之国家，接受本宪章所载之义务，经本组织认为确能并愿意履行该项义务者，得为联合国会员国。

二、准许上述国家为联合国会员国，将由大会经安全理事会之推荐以决议行之。

第五条

联合国会员国，业经安全理事会对其采取防止或执行行动者，大会经安全理事会之建议，得停止其会员权利及特权之行使。此项权利及特权之行使，得由安全理事会恢复之。

第六条

联合国之会员国中，有屡次违犯本宪章所载之原则者，大会经安全理事会之建议，得将其由本组织除名。

第三章：机关

第七条

一、兹设联合国之主要机关如下：大会、安全理事会、经济及社会理事会、托管理事会、国际法院及秘书处。

二、联合国得依本宪章设立认为必需之辅助机关。

第八条

联合国对于男女均得在其主要及辅助机关在平等条件之下，充任任何职务，不得加以限制。

第四章：大会

组织

第九条

一、大会由联合国所有会员国组织之。

二、每一会员国在大会之代表，不得超过五人。

职权

第十条

大会得讨论本宪章范围内之任何问题或事项，或关于本宪章所规定任何大会之职权；并除第十二条所规定外，得向联合国会员国或安全理事会或兼向两者，提出对各该问题或事项之建议。

第十一条

一、大会得考虑关于维持国际和平及安全之合作之普通原则，包括军缩及军备管制之原则；并得向会员国或安全理事会或兼向两者提出对于该项原则之建议。

二、大会得讨论联合国任何会员国或安全理事会或非联合国会员国依第三十五条第二项之规定向大会所提关于维持国际和平及安全之任何问题；除第十二条所规定外，并得向会员国或安全理事会或兼向两者提出对于各该项问题之建议。凡对于需要行动之各该项问题，应由大会于讨论前或讨论后提交安全理事会。

三、大会对于足以危及国际和平与安全之情势，得提请安全理事会注意。

四、本条所载之大会权力并不限制第十条之概括范围。

第十二条

一、当安全理事会对于任何争端或情势，正在执行本宪章所授予该会之职务时，大会非经安全理事会请求，对于该项争端或情势，不得提出任何建议。

二、秘书长经安全理事会之同意，应于大会每次会议时，将安全理事会正在处理中关于维持国际和平及安全之任何事件，通知大会；于安全理事会停止处理该项事件时，亦应立即通知大会，或在大会闭会期内通知联合国会员国。

第十三条

一、大会应发动研究，并作成建议：

(子)以促进政治上之国际合作，并提倡国际法之逐渐发展与编纂。

(丑)以促进经济、社会、文化、教育及卫生各部门之国际合作，且不分种族、性别、语言或宗教，助成全体人类之人权及基本自由之实现。

二、大会关于本条第一项(丑)款所列事项之其他责任及职权，于第九章及第十章中规定之。

第十四条

大会对于其所认为足以妨害国际间公共福利或友好关系之任何情势，不论其起源如何，包括由违反本宪章所载联合国之宗旨及原则而起之情势，得建议和平调整办法，但以不违背第十二条之规定为限。

第十五条

一、大会应收受并审查安全理事会所送之常年及特别报告；该项报告应载有安全理事会对于维持国际和平及安全所已决定或施行之办法之陈述。

二、大会应收受并审查联合国其他大会所送之报告。

第十六条

大会应执行第十二章及第十三章所授予关于国际托管制度之职务，包括关于非战略防区托管协定之核准。

第十七条

一、大会应审核本组织之预算。

二、本组织之经费应由各会员国依照大会分配限额担负之。

三、大会应审核经与第五十七条所指各种专门大会订定之任何财政及预算办法，并应审查该项专门大会之行政预算，以便向关系大会提出建议。

投票

第十八条

一、大会之每一会员国，应有一个投票权。

二、大会对于重要问题之决议应以到会及投票之会员国三分之二多数决定之。此项问题应包括：关于维持国际和平及安全之建议，安全理事会非常任理事国之选举，经济及社会理事会理事国之选举，依第八十六条第一项（寅）款所规定托管理事会理事国之选举，对于新会员国加入联合国之准许，会员国权利及特权之停止，会员国之除名，关于施行托管制度之问题，以及预算问题。

三、关于其他问题之决议，包括另有何种事项应以三分之二多数决定之问题，应以到会及投票之会员国过半数决定之。

第十九条

凡拖欠本组织财政款项之会员国，其拖欠数目如等于或超过前两年所应缴纳之数目时，即丧失其在大会投票权。大会如认为拖欠原因，确由于该会员国无法控制之情形者，得准许该会员国投票。

程序

第二十条

大会每年应举行常会，并于必要时，举行特别会议。特别会议应由秘书长经安全理事会或联合国会员国过半数之请求召集之。

第二十一条

大会应自行制定其议事规则。大会应选举每次会议之主席。

第二十二条

大会得设立其认为于行使职务所必需之辅助大会。

第五章：安全理事会

组织

第二十三条

一、安全理事会以联合国十五会员国组织之。中华民国、法兰西、苏维埃社会主义共和国联盟、大不列颠及北爱尔兰联合王国及美利坚合众国应为安全理事会常任理事国。大会应选举联合国其他十会员国为安全理事会非常任理事国，选举时首宜充分斟酌联合国各会员国于维持国际和平与安全及本组织其余各宗旨上之贡献，并宜充分斟酌地域上之公匀分配。

二、安全理事会非常任理事国任期定为二年。安全理事会理事国自十一国增至十五国后第一次选举非常任理事国时，所增四国中两国之任期应为一年。任满之理事国不得即行连选。

三、安全理事会每一理事国应有代表一人。

职权

第二十四条

一、为保证联合国行动迅速有效起见，各会员国将维持国际和平及安全之主要责任，授予安全理事会，并同意安全理事会于履行此项责任下之职务时，即系代表各会员国。

二、安全理事会于履行此项职务时，应遵照联合国之宗旨及原则。为履行此项职务而授予安全理事会之特定权力，于本宪章第六章、第七章、第八章及第十二章内规定之。

三、安全理事会应将常年报告、并于必要时将特别报告，提送大会审查。

第二十五条

联合国会员国同意依宪章之规定接受并履行安全理事会之决议。

第二十六条

为促进国际和平及安全之建立及维持，以尽量减少世界人力及经济资源之消耗于军备起见，安全理事会借第四十七条所指之军事参谋团之协助，应负责拟具方案，提交联合国会员国，以建立军备管制制度。

投票

第二十七条

一、安全理事会每一理事国应有一个投票权。

二、安全理事会关于程序事项之决议，应以九理事国之可决票表决之。

三、安全理事会对于其他一切事项之决议，应以九理事国之可决票包括全体常任理事国之同意票表决之；但对于第六章及第五十二条第三项内各事项之决议，争端当事国不得投票。

程序

第二十八条

一、安全理事会之组织，应以使其能继续不断行使职务为要件。为此目的，安全理事会之各理事国应有常驻本组织会所之代表。

二、安全理事会应举行定期会议，每一理事国认为合宜时得派政府大员或其他特别指定之代表出席。

三、在本组织会所以外，安全理事会得在认为最能便利其工作之其他地点举行会议。

第二十九条

安全理事会得设立其认为于行使职务所必需之辅助机关。

第三十条

安全理事会应自行制定其议事规则，包括其推选主席之方法。

第三十一条

在安全理事会提出之任何问题，经其认为对于非安全理事会理事国之联合国任何会员国之利益有特别关系时，该会员国得参加讨论，但无投票权。

第三十二条

联合国会员国而非为安全理事会之理事国，或非联合国会员国之国家，如于安全理事会考虑中之争端为当事国者，应被邀参加关于该项争端之讨论，但无投票权。安全理事会应规定其所认为公平之条件，以便非联合国会员国之国家参加。

第六章：争端之和平解决

第三十三条

一、任何争端之当事国，于争端之继续存在足以危及国际和平与安全之维持时，应尽先以谈判、调查、调停、和解、公断、司法解决、区域机关或区域办法之利用，或各该国自行选择之其他和平方法，求得解决。

二、安全理事会认为必要时，应促请各当事国以此项方法，解决其争端。

第三十四条

安全理事会得调查任何争端或可能引起国际摩擦或惹起争端之任何情势，以断定该项争端或情势之继续存在是否足以危及国际和平与安全之维持。

第三十五条

一、联合国任何会员国得将属于第三十四条所指之性质之任何争端或情势，提请安全理事会或大会注意。

二、非联合国会员国之国家如为任何争端之当事国时，经预先声明就该争端而言接受本宪章所规定和平解决之义务后，得将该项争端，提请大会或安全理事会注意。

三、大会关于按照本条所提请注意事项之进行步骤，应遵守第十一条及第十二条之规定。

第三十六条

一、属于第三十三条所指之性质之争端或相似之情势，安全理事会在任何阶段，得建议适当程序或调整方法。

二、安全理事会对于当事国为解决争端业经采取之任何程序，理应予以考虑。

三、安全理事会按照本条做成建议时，同时理应注意凡具有法律性质之争端，在原则上，理应由当事国依国际法院规约之规定提交国际法院。

第三十七条

一、属于第三十三条所指之性质之争端，当事国如未能依该条所示方法解决时，应将该项争端提交安全理事会。

二、安全理事会如认为该项争端之继续存在，在事实上足以危及国际和平与安全之维持时，应决定是否当依第三十六条采取行动或建议其所认为适当之解决条件。

第三十八条

安全理事会如经所有争端当事国之请求，得向各当事国做成建议，以求争端之和平解决，但以不妨碍第三十三条至第三十七条之规定为限。

第七章：对于和平之威胁、和平之破坏及侵略行为之应付办法

第三十九条

安全理事会应断定任何和平之威胁、和平之破坏或侵略行为之是否存在，并应做成建议或抉择依第四十一条及第四十二条规定之办法，以维持或恢复国际和平及安全。

第四十条

为防止情势之恶化，安全理事会在依第三十九条规定做成建议或决定办法以前，得促请关系当事国遵行安全理事会所认为必要或合宜之临时办法。此项临时办法并不妨碍关系当事国之权利、要求或立场。安全理事会对于不遵行此项临时办法之情形，应予适当注意。

第四十一条

安全理事会得决定所应采武力以外之办法，以实施其决议，并得促请

联合国会员国执行此项办法。此项办法得包括经济关系、铁路、海运、航空、邮、电、无线电及其他交通工具之局部或全部停止，以及外交关系之断绝。

第四十二条

安全理事会如认为第四十一条所规定之办法为不足或已经证明为不足时，得采取必要之空海陆军行动，以维持或恢复国际和平及安全。此项行动得包括联合国会员国之空海陆军示威、封锁及其他军事举动。

第四十三条

一、联合国各会员国为求对于维持国际和平及安全有所贡献起见，担任于安全理事会发令时，并依特别协定，供给为维持国际和平及安全所必需之军队、协助及便利，包括过境权。

二、此项特别协定应规定军队之数目及种类，其准备程度及一般驻扎地点，以及所供便利及协助之性质。

三、此项特别协定应以安全理事会之主动，尽速议订。此项协定应由安全理事会与会员国或由安全理事会与若干会员国之集团缔结之，并由签字国各依其宪法程序批准之。

第四十四条

安全理事会决定使用武力时，于要求非安全理事会会员国依第四十三条供给军队以履行其义务之前，如经该会员国请求，应请其遣派代表，参加安全理事会关于使用其军事部队之决议。

第四十五条

为使联合国能采取紧急军事办法起见，会员国应将其本国空军部队为国际共同执行行动随时供给调遣。此项部队之实力与准备之程度，及其共同行动之计划，应由安全理事会以军事参谋团之协助，在第四十三条所指之特别协定范围内决定之。

第四十六条

武力使用之计划应由安全理事会以军事参谋团之协助决定之。

第四十七条

一、兹设立军事参谋团，以便对于安全理事会维持国际和平及安全之军事需要问题，对于受该会所支配军队之使用及统率问题，对于军备之管制及可能之军缩问题，向该会贡献意见并予以协助。

二、军事参谋团应由安全理事会各常任理事国之参谋总长或其代表组织之。联合国任何会员国在该团未有常任代表者，如于该团责任之履行在效率上必须该国参加其工作时，应由该团邀请参加。

三、军事参谋团在安全理事会权力之下，对于受该会所支配之任何军队，负战略上之指挥责任；关于该项军队之统率问题，应待以后处理。

四、军事参谋团，经安全理事会之授权、并与区域内有关机关商议后，得设立区域分团。

第四十八条

一、执行安全理事会为维持国际和平及安全之决议所必要之行动，应由联合国全体会员国或由若干会员国担任之，一依安全理事会之决定。

二、此项决议应由联合国会员国以其直接行动及经其加入为会员之有关国际机关之行动履行之。

第四十九条

联合国会员国应通力合作，彼此协助，以执行安全理事会所决定之办法。

第五十条

安全理事会对于任何国家采取防止或执行办法时，其他国家，不论其是否为联合国会员国，遇有因此项办法之执行而引起之特殊经济问题者，应有权与安全理事会会商解决此项问题。

第五十一条

联合国任何会员国受武力攻击时，在安全理事会采取必要办法，以维持国际和平及安全以前，本宪章不得认为禁止行使单独或集体自卫之自然权利。会员国因行使此项自卫权而采取之办法，应立即向安全理事会报告，此项办法于任何方面不得影响该会按照本宪章随时采取其所认为必要行动之权责，以维持或恢复国际和平及安全。

第八章：区域办法

第五十二条

一、本宪章不得认为排除区域办法或区域机关、用以应付关于维持国际和平及安全而宜于区域行动之事件者；但以此项办法或机关及其工作与联合国之宗旨及原则符合者为限。

二、缔结此项办法或设立此项机关之联合国会员国，将地方争端提交安全理事会以前，应依该项区域办法，或由该项区域机关，力求和平解决。

三、安全理事会对于依区域办法或由区域机关而求地方争端之和平解决，不论其系由关系国主动，或由安全理事会提交者，应鼓励其发展。

四、本条绝不妨碍第三十四条及第三十五条之适用。

第五十三条

一、安全理事会对于职权内之执行行动，在适当情形下，应利用此项区域办法或区域机关。如无安全理事会之授权，不得依区域办法或由区域机关采取任何执行行动；但关于依第一百零七条之规定对付本条第二项所指之任何敌国之步骤，或在区域办法内所取防备此等国家再施其侵略政策之步骤，截至本组织经各关系政府之请求，对于此等国家之再次侵略，能担负防止责任时为止，不在此限。

二、本条第一项所称敌国系指第二次世界大战中为本宪章任何签字国之敌国而言。

第五十四条

关于为维持国际和平及安全起见，依区域办法或由区域机关所已采取或正在考虑之行动，不论何时应向安全理事会充分报告之。

第九章：国际经济及社会

第五十五条

为造成国际间以尊重人民平等权利及自决原则为根据之和平友好关系所必要之安定及福利条件起见，联合国应促进：

(子) 较高之生活程度，全民就业，及经济与社会进展。

(丑) 国际间经济、社会、卫生及有关问题之解决；国际间文化及教育合作。

(寅) 全体人类之人权及基本自由之普遍尊重与遵守，不分种族、性别、语言或宗教。

第五十六条

各会员国应允采取共同及个别行动与本组织合作，以达成第五十五条所载之宗旨。

第五十七条

一、由各国政府间协定所成立之各种专门机关，依其组织约章之规定，于经济、社会、文化、教育、卫生及其他有关部门负有广大国际责任者，应依第六十三条之规定使与联合国发生关系。

二、上述与联合国发生关系之各专门机关，以下简称专门机关。

第五十八条

本组织应做成建议，以调整各专门机关之政策及工作。

第五十九条

本组织应于适当情形下，发动各关系国间之谈判，以创设为达成第五十五条规定宗旨所必要之新专门机关。

第六十条

履行本章所载本组织职务之责任，属于大会及大会权力下之经济及社会理事会。为此目的，该理事会应有第十章所载之权力。

第十章：经济及社会理事会

组织

第六十一条

一、经济及社会理事会由大会选举联合国五十四会员国组织之。

二、除第三项所规定外，经济及社会理事会每年选举理事十八国，任期三年。任满之理事国得即行连选。

三、经济及社会理事会理事国自二十七国增至五十四国后第一次选举时，除选举理事九国接替任期在该年年终届满之理事国外，应另增选理事二十七国。增选之理事二十七国中，九国任期一年，另九国任期二年，一依大会所定办法。

四、经济及社会理事会之每一理事国应有代表一人。

职权

第六十二条

一、经济及社会理事会得做成或发动关于国际经济、社会、文化、教育、卫生及其他有关事项之研究及报告；并得向大会、联合国会员国及关系专门机关提出关于此种事项之建议案。

二、本理事会为增进全体人类之人权及基本自由之尊重及维护起见，得做成建议案。

三、本理事会得拟具关于其职权范围内事项之协约草案，提交大会。

四、本理事会得依联合国所定之规则召集本理事会职务范围以内事项之国际会议。

第六十三条

一、经济及社会理事会得与第五十七条所指之任何专门机关订立协定，订明关系专门机关与联合国发生关系之条件。该项协定须经大会之核准。

二、本理事会，为调整各种专门机关之工作，得与此种机关会商并向其提出建议，并得向大会及联合国会员国建议。

第六十四条

一、经济及社会理事会得取适当步骤，以取得专门机关之经常报告。本理事会得与联合国会员国及专门机关，商定办法俾就实施本理事会之建议及大会对于本理事会职权范围内事项之建议所采之步骤，取得报告。

二、本理事会得将对于此项报告之意见提送大会。

第六十五条

经济及社会理事会得向安全理事会供给情报，并因安全理事会之邀请，予以协助。

第六十六条

一、经济及社会理事会应履行其职权范围内关于执行大会建议之职务。

二、经大会之许可，本理事会得应联合国会员国或专门机关之请求，供其服务。

三、本理事会应履行本宪章他章所特定之其他职务，以及大会所授予之职务。

投票

第六十七条

一、经济及社会理事会每一理事国应有一个投票权。

二、本理事会之决议，应以到会及投票之理事国过半数表决之。

程序

第六十八条

经济及社会理事会应设立经济与社会部门及以提倡人权为目的之各种委员会，并得设立于行使职务所必需之其他委员会。

第六十九条

经济及社会理事会应请联合国会员国参加讨论本理事会对于该国有特别关系之任何事件，但无投票权。

第七十条

经济及社会理事会得商定办法使专门机关之代表无投票权而参加本理事会及本理事会所设各委员会之讨论，或使本理事会之代表参加此项专门机关之讨论。

第七十一条

经济及社会理事会得采取适当办法，俾与各种非政府组织会商有关于本理事会职权范围内之事件。此项办法得与国际组织商定之，关于适当情形下，经与关系联合国会员国会商后，得与该国国内组织商定之。

第七十二条

一、经济及社会理事会应自行制定其议事规则，包括其推选主席之方法。

二、经济及社会理事会应依其规则举行必要之会议。此项规则应包括因理事国过半数之请求而召集会议之条款。

第十一章：关于非自治领土之宣言

第七十三条

联合国各会员国，于其所负有或承担管理责任之领土，其人民尚未臻自治之充分程度者，承认以领土居民之福利为至上之原则，并接受在本宪章所建立之国际和平及安全制度下，以充分增进领土居民福利之义务为神圣之信托，且为此目的：

(子)于充分尊重关系人民之文化下，保证其政治、经济、社会及教育之进展，予以公平待遇，且保障其不受虐待。

(丑)按各领土及其人民特殊之环境及其进化之阶段，发展自治；对这些领土上人民之政治愿望，予以适当之注意；并助其自由政治制度之逐渐发展。

(寅)促进国际和平及安全。

(卯)提倡建设计划，以求进步；奖励研究；各国彼此合作，并于适当之时间及场合与专门国际团体合作，以求本条所载社会、经济及科学目的之实现。

(辰)在不违背安全及宪法之限制下，按时将关于各会员国分别负责管理领土内之经济、社会及教育情形之统计及具有专门性质之情报，递送秘书长，以供参考。本宪章第十二章及第十三章所规定之领土，不在此限。

第七十四条

联合国各会员国共同承诺对于本章规定之领土，一如对于本国区域，其政策必须以善邻之道奉为圭臬；并于社会、经济及商业上，对世界各国之利益及幸福，予以充分之注意。

第十二章：国际托管制度

第七十五条

联合国在其权力下，应设立国际托管制度，以管理并监督凭此后个别协定而置于该制度下之领土。此项领土以下简称托管领土。

第七十六条

根据本宪章第一条所载联合国之宗旨，托管制度之基本目的应为：

(子)促进国际和平及安全。

(丑)增进托管领土居民之政治、经济、社会及教育之进展；并以适合各领土及其人民之特殊情形及关系人民自由表示之愿望为原则，且按照各托管协定之条款，增进其趋向自治或独立之逐渐发展。

(寅)不分种族、性别、语言或宗教，提倡全体人类之人权及基本自由之尊重，并激发世界人民互相维系之意识。

(卯)于社会、经济及商业事件上，保证联合国全体会员国及其国民之平等待遇，及各国国民于司法裁判上之平等待遇，但以不妨碍上述目的之达成，且不违背第八十条之规定为限。

第七十七条

一、托管制度适用于依托管协定所置于该制度下之下列各种类之领土：

(子)现在委任统治下之领土。

(丑)因第二次世界大战结果或将自敌国割离之领土。

(寅)负管理责任之国家自愿置于该制度下之领土。

二、关于上列种类中之何种领土将置于托管制度之下，及其条件，为此后协定所当规定之事项。

第七十八条

凡领土已成为联合国之会员国者，不适用托管制度；联合国会员国间之关系，应基于尊重主权平等之原则。

第七十九条

置于托管制度下之每一领土之托管条款，及其更改或修正，应由直接关系各国、包括联合国之会员国而为委任统治地之受托国者，予以议定，其核准应依第八十三条及第八十五条之规定。

第八十条

一、除依第七十七条、第七十九条及第八十一条所订置各领土于托管制度下之个别托管协定另有议定外，并在该项协定未经缔结以前，本章任何规定绝对不得解释为以任何方式变更任何国家或人民之权利，或联合国会员国个别签订之现有国际约章之条款。

二、本条第一项不得解释为对于依第七十七条之规定而订置委任统治地或其他领土于托管制度下之协定，授以延展商订之理由。

第八十一条

凡托管协定均应载有管理领土之条款，并指定管理托管领土之当局。该项当局，以下简称管理当局，得为一个或数个国家，或为联合国本身。

第八十二条

于任何托管协定内，得指定一个或数个战略防区，包括该项协定下之托管领土之一部或全部，但该项协定并不妨碍依第四十三条而订立之任何特别协定。

第八十三条

一、联合国关于战略防区之各项职务，包括此项托管协定条款之核准及其更改或修正，应由安全理事会行使之。

二、第七十六条所规定之基本目的，适用于每一战略防区之人民。

三、安全理事会以不违背托管协定之规定且不妨碍安全之考虑为限，应利用托管理事会之协助，以履行联合国托管制度下关于战略防区内之政治、经济、社会及教育事件之职务。

第八十四条

管理当局有保证托管领土对于维持国际和平及安全尽其本分之义务。该当局为此目的得利用托管领土之志愿军、便利及协助，以履行该当局对于安全理事会所负关于此点之义务，并以实行地方自卫，且在托管领土内维持法律与秩序。

第八十五条

一、联合国关于一切非战略防区托管协定之职务，包括此项托管协定条款之核准及其更改或修正，应由大会行使之。

二、托管理事会于大会权力下，应协助大会履行上述之职务。

第十三章：托管理事会

组织

第八十六条

一、托管理事会应由下列联合国会员国组织之：

(子) 管理托管领土之会员国。

(丑) 第二十三条所列明之国家而现非管理托管领土者。

(寅) 大会选举必要数额之其他会员国，任期三年，俾使托管理事会理事国之总数，于联合国会员国中之管理托管领土者及不管理者之间，得以平均分配。

二、托管理事会之每一理事国应指定一特别合格之人员，以代表之。

问题，得随时以大会之授权，请求国际法院发表咨询意见。

第十五章：秘书处

第九十七条

秘书处置秘书长一人及本组织所需之办事人员若干人。秘书长应由大会经安全理事会之推荐委派之。秘书长为本组织之行政首长。

第九十八条

秘书长在大会、安全理事会、经济及社会理事会及托管理事会之一切会议，应以秘书长资格行使职务，并应执行各该机关所托付之其他职务。秘书长应向大会提送关于本组织工作之常年报告。

第九十九条

秘书长得将其所认为可能威胁国际和平及安全之任何事件，提请安全理事会注意。

第一百条

一、秘书长及办事人员于执行职务时，不得请求或接受本组织以外任何政府或其他当局之训示，并应避免足以妨碍其国际官员地位之行动。秘书长及办事人员专对本组织负责。

二、联合国各会员国承诺尊重秘书长及办事人员责任之专属国际性，绝不设法影响其责任之履行。

第一百零一条

一、办事人员由秘书长依大会所定章程委派之。

二、适当之办事人员应长期分配于经济及社会理事会、托管理事会，并于必要时，分配于联合国其他之机关。此项办事人员构成秘书处之一部。

三、办事人员之雇用及其服务条件之决定，应以求达效率、才干及忠诚之最高标准为首要考虑。征聘办事人员时，于可能范围内，应充分注意地域上之普及。

第十六章：杂项条款

第一百零二条

一、本宪章发生效力后，联合国任何会员国所缔结之一切条约及国际协定应尽速在秘书处登记，并由秘书处公布之。

二、当事国对于未经依本条第一项规定登记之条约或国际协定，不得向联合国任何机关援引之。

第一百零三条

联合国会员国在本宪章下之义务与其依任何其他国际协定所负之义务有冲突时，其在本宪章下之义务应居优先。

第一百零四条

本组织于每一会员国之领土内，应享受于执行其职务及达成其宗旨所必需之法律行为能力。

第一百零五条

一、本组织于每一会员国之领土内，应享受于达成其宗旨所必需之特权及豁免。

二、联合国会员国之代表及本组织之职员，亦应同样享受于其独立行使关于本组织之职务所必需之特权及豁免。

三、为明定本条第一项及第二项之施行细则起见，大会得做成建议，或为此目的向联合国会员国提议协约。

联合国大会会堂

第二十三条修正案将安全理事会成员自十一国增至十五国。第二十七条修正案规定安全理事会关于程序事项的决定应由九个理事国（原先为七个）的可决票做出，关于一切其他事项的决定则由九个理事国（原先为七个）的可决票，其中包括安全理事会五个常任理事国的同意票做出。

第六十一条修正案于 1965 年 8 月 31 日生效，将经济及社会理事会的成员自十八国增至二十七国。该条的进一步修正案于 1973 年 9 月 24 日生效，将经社理事会的成员自二十七国增至五十四国。

第一百零九条修正案是修正该条第一项，规定会员国为审查本宪章，得以大会会员国三分之二表决，经安全理事会任何九个理事国（原先为七个）之表决，确定日期及地点举行全体会议。第一百零九条第三项涉及大会第十届常会期间可能举行审查会议的问题，仍然保留原来的行文“安全理事会任何七个理事国之表决”，1955 年大会第十届常会和安全理事会根据该项规定采取了行动。

*

杜鲁门主义①

Truman Doctrine

今天，全世界所面临的局势异常严峻，这使我不得不出席国会参众两院的联席会议，来商讨我国的外交政策和国家安全问题。希腊和土耳其问题是当今世界局势中的一个主要方面，在此，我提请你们考虑并做出决定。

美国已经接到希腊政府向我们提出的有关财政和经济援助的紧急请求。现在正在希腊的美国经济代表团所提出的初步报告和美国驻希腊大使所提出的报告都证实了希腊政府的陈述，那就是，只有为希腊提供援助，希腊才能作为自由国家存在下来。

我不认为美国人民和国会希望对希腊政府的请求置若罔闻。希腊并不是一个富裕国家，由于缺乏自然资源，希腊人民一直以来不得不努力工作，

① 这是美国总统哈里·杜鲁门1947年3月12日在国会发表的《国情咨文》。1947年2月21日，英国大使通知美国国务院官员，英国不能继续援助希腊和土耳其。美国国会议员和国务院官员开会评估了希腊和土耳其的形势，认为希腊经济衰退，尤其是共产党领导全国解放阵线的不断发动暴动；土耳其的软弱政府正面临苏联要求共同控制具有战略地位的达达尼尔海峡的压力。英国停止援助希腊和土耳其，这个责任必然就落到了美国肩上。当时的副国务卿迪恩·艾奇逊提出了一个“多米诺骨牌理论”，他说，再也没有比希腊和土耳其更重要的了，如果这两个国家中的任何一个倒下去，共产主义就会向南蔓延到伊朗，进而向东蔓延到印度。

杜鲁门总统在《国情咨文》中深刻阐述了援助希腊和土耳其的重要性和急迫性，要求国会拨款4亿美元对这两个国家进行经济和军事援助，他说：“一些国家的自由民族正在抵抗国内少数武装分子和外来压力的颠覆，我们必须把支持这些自由民族作为美国的对外政策。”（It must be the policy of the United States to support free peoples who are resisting attempted subjugation by armed minorities or by outside pressures.）这次《国情咨文》标志着以美苏为首的两大阵营的冷战正式开始。杜鲁门总统在这次《国情咨文》中提出的外交政策被称作是“杜鲁门主义”，它在此后40多年一直是美国外交工作的总的指导原则。

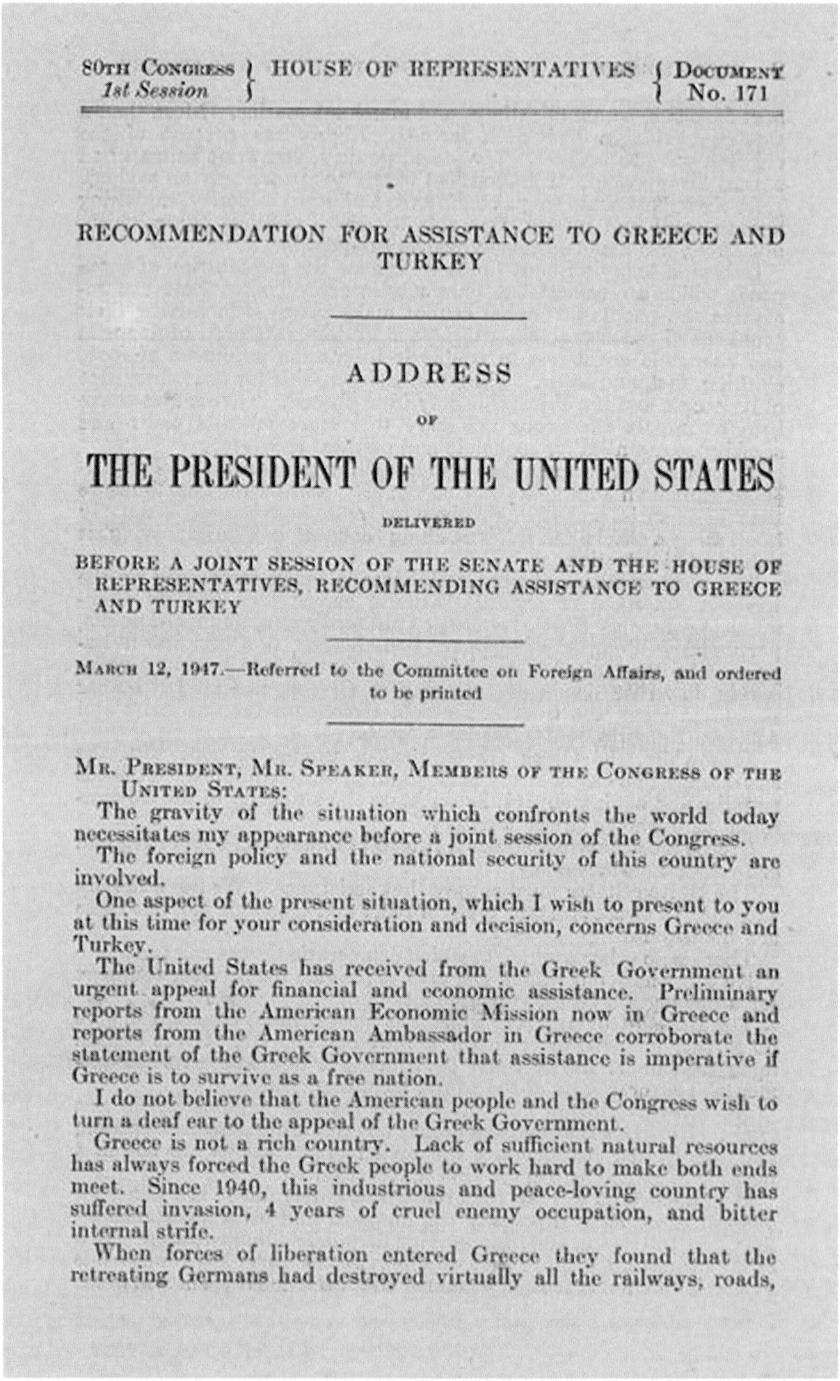

80TH CONGRESS 1st Session | HOUSE OF REPRESENTATIVES | DOCUMENT No. 171

RECOMMENDATION FOR ASSISTANCE TO GREECE AND TURKEY

ADDRESS

OF

THE PRESIDENT OF THE UNITED STATES

DELIVERED

BEFORE A JOINT SESSION OF THE SENATE AND THE HOUSE OF REPRESENTATIVES, RECOMMENDING ASSISTANCE TO GREECE AND TURKEY

MARCH 12, 1947.—Referred to the Committee on Foreign Affairs, and ordered to be printed

MR. PRESIDENT, MR. SPEAKER, MEMBERS OF THE CONGRESS OF THE UNITED STATES:

The gravity of the situation which confronts the world today necessitates my appearance before a joint session of the Congress.

The foreign policy and the national security of this country are involved.

One aspect of the present situation, which I wish to present to you at this time for your consideration and decision, concerns Greece and Turkey.

The United States has received from the Greek Government an urgent appeal for financial and economic assistance. Preliminary reports from the American Economic Mission now in Greece and reports from the American Ambassador in Greece corroborate the statement of the Greek Government that assistance is imperative if Greece is to survive as a free nation.

I do not believe that the American people and the Congress wish to turn a deaf ear to the appeal of the Greek Government.

Greece is not a rich country. Lack of sufficient natural resources has always forced the Greek people to work hard to make both ends meet. Since 1940, this industrious and peace-loving country has suffered invasion, 4 years of cruel enemy occupation, and bitter internal strife.

When forces of liberation entered Greece they found that the retreating Germans had destroyed virtually all the railways, roads,

提出“杜鲁门主义”的《国情咨文》第一页

以让收支平衡。自从1940年以来，这个勤劳、热爱和平的国家遭到侵略，被残暴的敌人占领了4年之久，并经历了国内冲突的痛苦。

当解放军队进入希腊时，他们发现德国人在撤退时毁掉了所有的铁路、公路、通讯、商船和港口设施。一千多座村庄被烧毁了，85%的儿童患有结核病。家畜、家禽和拉车的牲畜几乎消失。通货膨胀吞噬了所有积蓄。这些悲剧导致军人少数派得以引起政治动乱，给人们带来极端贫困和巨大悲痛。到目前为止，这种动乱已使经济复苏化为泡影。

今天的希腊没有资金进口生活必需品，在这种状况下，希腊人民不能在解决战后重建问题中取得进展。希腊人民迫切需要财政和经济援助，以使希腊能够购买食品、服装、燃料和农作物的种子，这些只能从国外获得的东西对希腊人民的生存来说是生死攸关的。希腊必须得到帮助，以进口这些必需品，恢复国内秩序和安全。希腊政府也请求我们为他们派遣经验丰富的美国管理人员、经济学家和技术人员，确保给希腊的财政和其他援助有效地用于建立稳定自主的经济，改善希腊的公共管理。

今天，共产党领导的几千武装人员制造的恐怖活动是对希腊国家的最大威胁，这些武装人员在全国很多地区——尤其是北部边疆地区——蔑视政府权威。目前，联合国指派的一个委员会正在希腊北部地区调查那里的动乱状况，并调查希腊同阿尔巴尼亚、保加利亚与南斯拉夫之间的边界冲突。

调查发现，希腊政府不能应付当前的局势。希腊军队人员少、装备差，要想恢复希腊政府在全国的权力，就需要为希腊部队提供补给品和武器装备。希腊要想成为一个独立自主、自尊自爱的民主国家，必须得到援助，美国必须提供这种援助。我们已经为希腊提供了各种救济和经济援助，但这些还远远不够。民主希腊不能指望别的国家提供援助，别的国家不愿意也不能够为民主希腊政府提供所需的支持。

过去，英国政府一直帮助希腊，但在3月31日以后，它就不能继续为希腊提供财政和经济援助了。英国政府认为，有必要对包括希腊在内的世界几个地区削减或放弃它所承担的义务。

我们也曾考虑联合国如何在目前希腊的危机中提供帮助。但由于局势紧迫，需要立即采取行动，目前，联合国和它的相关机构并没有为希腊提供所需帮助的态度。

值得注意的是，希腊政府请求我们帮助希腊有效地利用我们能够给予的财政和其他形式的援助，改善他们的公共管理。尤为重要的是，我们监督希腊政府任何一笔款项的使用，要确保每一美元都花费到希腊独立自主的事业上，帮助建立一个民主繁荣的经济。

任何一个政府都不可能是完美无缺的，然而，民主的一个重要优越性就是，它不掩盖自己的缺点，在民主的进程中，人们可以指出这些缺点，使之加以改正。希腊政府也不是完美无缺的，然而，它却代表了去年大选中选出的 85% 的希腊议员。包括 692 名美国人在内的国际观察员认为，去年的大选公正地表达了希腊人民的观点。

希腊政府从建立那天起就运作在动乱和极端主义盛行的环境中，它曾犯过错误。对这个国家提供援助并不意味着美国宽恕希腊政府已经犯下的或将来要犯的各种错误。我们在过去和现在都对他们极左或极右的做法进行了谴责。过去，我们建议他们采取宽容的做法，现在，我们仍然建议他们采取宽容的做法。

希腊邻邦土耳其同样值得我们关注。作为独立自主和经济健全的国家，显而易见，对世界热爱和平的民族来说，土耳其的未来与希腊的未来同等重要。然而，土耳其今天所处的环境和希腊今天所处的环境大相径庭，土耳其幸免了希腊所遭受的灾难，在第二次世界大战期间，美国和英国为土耳其提供了大量的物资援助。尽管如此，土耳其现在仍需要我们的援助。二战以来，为了完成为维护国家领土完整所必需的现代化建设，土耳其一直寻求英国和美国的援助。土耳其的领土完整对维护中东地区的秩序是至关重要的。英国政府已经照会我们说，由于英国自身的困难，它不能再对土耳其提供财政或经济援助了。和希腊的情况一样，如果土耳其想得到所需的援助，美国必须为其提供这些援助，世界上只有我们国家能够提供这种帮助。

我完全理解，如果美国为希腊和土耳其提供援助，会给我们带来重重困难。现在我就和诸位谈谈这些困难。

美国外交政策的一个主要目标就是创造条件，使我们与其他国家共同找到一种免于互相压制的生活方式。在我们对德国和日本的战争中，这就是一个最根本的问题，我们之所以要战胜它们，就是因为那些国家想把自己的意志和生活方式强加给别的国家。

为了保障各国和平发展、免受威胁，美国主导建立了联合国。建立联合国的宗旨是使它的所有会员国都能享有永久的自由和独立。如果我们不愿意帮助各自由民族维护他们的自由制度和国家完整、对抗把极权制度强加在他们头上的侵犯行为,就无法实现我们的各项目标。人们坦诚地意识到，强加于自由民族头上的极权制度会通过直接或间接的侵略破坏国际和平的基础，并由此威胁到美国的安全。

近来，世界上许多国家的民族在违反其意志的情况下被迫接受极权制度。美国政府曾屡次抗议在波兰、罗马尼亚和保加利亚使用压力和威胁这一严重违犯《雅尔塔协议》的行为。我还必须指出，许多别的国家也出现了类似的情况。

世界发展到当今阶段，几乎每个民族都不得不在两种生活方式中做出选择，通常，这种选择并不是自由的选择。一种生活方式是基于多数人的意志，其特点是自由制度、代议制政府、自由选举、保障个人自由、言论与信仰之自由、免受政治压迫。第二种生活方式则基于把少数人的意志强加于多数人头上，其特点是恐怖统治、压制民主、控制报纸和广播、内定选举、压制个人自由。

我认为，一些国家的自由民族正在抵抗国内少数武装分子和外来压力的颠覆，我们必须把支持这些自由民族作为美国的对外政策。

我认为，我们必须帮助自由民族用自己的方式决定他们自己的命运。

我认为，我们应该主要通过提供经济和财政援助的形式为这些自由民族提供帮助，这有助于经济的稳定和有秩序的政治进程。

世界不是一成不变的，世界现状并非神圣不可改变。但是，我们不能借助容忍、践踏《联合国宪章》的方式来改变现状，如采取高压或以各种借口进行政治渗入等手段。美国在帮助自由和独立的民族捍卫他们自由的同时，也在使《联合国宪章》的准则发挥效力。

我们只需浏览一下地图就会明白，希腊民族的生存和完整从大局上来讲是非常重要的。如果希腊落入武装的少数派之手，这就会马上严重影响到它的邻国土耳其，骚乱和动荡甚至会蔓延到整个中东地区。此外，一些欧洲国家的民族正在努力奋斗，克服巨大困难，在修复战争带来的疮痍的同时，捍卫他们的自由与独立。如果希腊作为独立国家消失了，就会给上述国家带来深远的负面影响。这些国家为长期抵抗列强的侵略，做出了巨大牺牲，如果失去了胜利果实，那将是个无法形容的悲剧。这些国家自由制度的崩溃和独立的丧失不仅对这些国家本身，就是对全世界来说也是灾难性的损失。那些正竭力捍卫自由和独立的毗邻国家人民，很快就会为之而气馁沮丧，甚至遭受失败的厄运。

在目前的关键时期，如果我们不能为希腊和土耳其提供援助，这不但会牵连到东方，甚至还会严重影响到遥远的西方。我们必须当机立断，马上采取行动。为此，我请求国会授权，从现在到1948年6月30日，为希腊和土耳其提供总价值4亿美元的援助。不久前，我已要求国会授权，为被战争蹂躏的国家提供3.5亿美元的救济帮助，用于预防饥荒、抚慰战争带来的痛苦。我已考虑，决定把其中的一大部分拨给希腊。

除了资金援助以外，我还请求国会授权，根据希腊和土耳其的请求，选派美国文职人员和军人到上述两个国家帮助重建，监督提供给它们的援助资金和物资的使用情况。我建议同时授权上述援助人员负责指导、训练希腊和土耳其选拔出来的管理人员。

最后，我请求国会授权，以最快的速度和最有效的方式使用将被授权援助的款项，用以购买所需商品和各种供应、设备。如果为实现上述目标需要追加援助资金或授权，我将立即将此情况提交给国会。在这个问题上，美国政府的行政部门和立法机构必须通力合作，一起工作。

这是我们从事的严肃的事业。除非面临严峻的选择，我一般不会再提出建议。为了赢得第二次世界大战的胜利，美国投入了3410亿美元。这是对世界自由和世界和平的投资。我刚才请求为希腊和土耳其的援助数额只

哈里·杜鲁门总统

占美国为二战投入的千分之一多一点。毫无疑问，我们应该确保这些投资的安全，不要让它打了水漂。

极权制度的种子靠生活的悲惨和物资的匮乏培育，在贫穷和动乱的邪恶土壤里发芽生长，当人民寻求美好生活的希望破灭时，它们就成熟了。我们一定不要让人民寻求美好生活的希望破灭。

世界上的自由民族期望我们支持他们捍卫自由。如果我们领导人优柔寡断、犹豫不决，这不但会危及世界和平，也必然会危及美国的利益。

由于情况的突变，这些重大的责任落到了我们肩上。我相信，国会将毫不犹豫地肩负起这些责任。

*

马歇尔计划[①]

Marshall Plan

我对哈佛校方今天上午给我的热情款待、崇高荣誉和高度评价表示由衷的感谢。事实上，这倒让我有点不知所措，我担心自己会愧对你们对我的抬举。在这具有历史意义的令人心旷神怡的气氛里，这个美好的日子、这次伟大的聚会一定会让我难以忘怀。

言归正传。当今世界局势异常严峻，有识之士对此十分清楚。我认为，我们所面临的困难是：报纸和广播传达给公众的大量报道错综复杂，一般民众很难对局势做出明晰的评估。此外，美国人民距离这个地球上混乱的地区如此遥远，他们不可能理解饱受战乱之苦的欧洲人民目前的境况和所要采取的措施，更难理解这些措施对他们政府和我们为促进世界和平的努力所起的作用。

为了复兴欧洲，有必要对人员的损失，对城市、工厂、矿场、铁路的破坏程度进行恰如其分的评估。但是，最近几个月来已明显地看出，这些看得到的破坏也许远不如整个欧洲经济结构的混乱严重。在过去 10 年里，

① 本文是1947年6月5日时任美国国务卿的乔治·马歇尔在哈佛大学接受名誉学位时发表的演讲。二战后的欧洲一片废墟，经济遭到严重破坏，人民面临饥饿。从1945年7月到1946年6月，美国向欧洲和日本提供了1650万吨食品，以小麦为主。马歇尔在演讲中提出复兴欧洲战后经济、遏制共产主义向西扩张的一些建议。随后，国会根据马歇尔的建议制定了援助欧洲法案。1948年4月3日，杜鲁门总统签署了《1948年经济合作法案》，该法案也被称作是“马歇尔计划”。法案生效后的4年里，美国国会拨款130亿美元用于欧洲复兴计划，这笔款项大部分是无偿援助，贷款仅12亿美元。从1945年到1953年，美国共向第二次世界大战参战国家提供无偿援助和贷款总额为443亿美元。

FOR EUROPEAN RECOVERY
SUPPLIED BY THE
UNITED STATES OF AMERICA

马歇尔计划Logo

欧洲经济出现了异常，狂热的战争准备和残酷的战争吞噬了整个国民经济。机器受到严重破坏或彻底损坏，在专制、毁灭性的纳粹统治下，所有合适的企业都被卷入德国这架战争机器之中。由于资本损失、国有化和战争的破坏，长期存在的商业关系、私营企业、银行、保险公司、船运公司消失了。在许多国家，人们完全失去了对本地货币的信心，战争使欧洲的商业彻底崩溃。现在的事实是，敌对行动结束两年了，与德国和奥地利的和平安排至今还没有达成一致，复兴工作被严重拖延。然而，即使拿出了鼓舞人心的解决这些困难的方案，显而易见，复兴欧洲经济比预期需要更长的时间和更大的努力。

在这种混乱的经济里，出现了一种既有趣又严峻的现象。农民生产粮食是为了与城市居民交换其他的生活必需品，这种劳动分工是现代文明的基础。可在目前，这种分工面临崩溃的威胁。由于原材料和燃料供应严重不足，机器设备，正如我刚才所讲，要么缺乏零部件，要么已经报废，城镇工业生产的商品不能满足农民的交换需求，农民找不到他们想购买的商品。卖农产品所得的钱花不出去，这对这些农民来讲是笔无利可图的交易。所以，他们就把许多原本种植粮食的农田改成牧场，这样就可以把更多的粮食喂养牲畜。他们为自己和家人提供了充足的食物，可衣服和其他文明生活的日常必需品却异常短缺。

可与此同时，城市的居民则缺乏食品和燃料，甚至在一些地区就要爆发饥荒。所以，政府不得不用外汇和贷款从国外购买这些生活必需品，这一做法耗尽了战后急需的重建资金，于是就引发了一种对世界没任何好处的非常严峻的局势，作为商品交换基础的现代劳动分工体系面临崩溃的威胁。问题的实质是，欧洲在未来三四年里对国外食品和其他必需品的需求——主要是来自美国——要比它自己目前的偿付能力大得多。所以，它必须得到大量的额外援助，否则，它的经济、社会和政治就会严重恶化。

要想解决上述问题，就必须打破恶性循环，恢复欧洲人民对自己国家乃至整个欧洲经济前景的信心。欧洲各地的制造业者和农民必须能够并自愿卖出他们的产品，这样才能保持币值稳定。

欧洲人民的绝望必然引起世界范围的局势恶化和动荡，除此之外，所有人都应该认识到这会给美国经济带来严重后果。所以，美国应尽一切可能帮助在世界范围内让经济回到正常的健康轨道。没有健康的经济，就没有政治的稳定和真正的和平。我们的政策不是针对任何国家或学说，完全是为了消除饥饿、贫穷、绝望和混乱，其目的就是恢复世界经济的健康运转，以提供自由制度所赖以生存的政治和社会条件。

由于多种危机并存并不断恶化，我坚信，我们所提供的援助绝不会是杯水车薪。将来，美国政府所给予的任何援助都是一剂祛病良药，而不是一片安抚的止痛药。我保证，任何愿意参加复兴计划的政府都将得到美国政府的全面合作；任何设法阻挠其他国家复兴的政府将不会得到我们的任何帮助。此外，任何政府、政党或势力集团想让人类的灾难一直存续下去，以从中攫取政治等利益，都会遭到美国的坚决反对。

道理很明显，在美国政府的帮助下，欧洲能在缓和局势、努力复兴经济的道路上走得更远。为了让美国政府的各种援助行动卓有成效，欧洲各国应对各种需求和自己国家将要担负的角色有个协议。由美国政府单方面制定让欧洲经济重新运转的计划，既不恰当，也不会有什么效果。这是欧洲人的事情，我认为，必须由欧洲主动提出计划，美国政府的角色是在起草欧洲复兴计划时给予友好的协助。只要我们认为这个计划是可行的，我们就会支持这个计划。但这必须是个联合计划，应该得到众多欧洲国家——即使不是全部国家——的一致同意。

就美国而言，任何行动成功的关键是，让美国人民了解问题的实质和所采取的挽救措施，政治热情和偏见是无济于事的。只要我们的人民深谋远虑，愿意承担历史赋予我们国家的重大责任，我所列举的那些困难就能够也必将被战胜。

我总是利用一些场合就我们的国际形势公开发表意见，我对此表示歉意。是时局逼迫我进行技术性的讨论。然而，我认为至关重要的是，要让我们的人民普遍理解情况究竟有多么复杂，而不是凭激情、偏见或一时的感情冲动做出反应。

乔治·马歇尔（1947年）

正像我刚才所言，我们离那些混乱的地区如此遥远，仅仅通过读报、收听广播、看图片或电影是不可能把握局势的所有真实情况的。然而，整个世界的未来取决于对局势的正确判断，我认为，它在很大程度上取决于美国人民对什么是其中的主导因素的认识：人民的反应是什么？这些反应的正当理由是什么？有什么苦难？需要什么？什么事能做得最好？什么事情必须得做？

非常感谢大家。

朝鲜停战协定①

Korean Armistice Agreement

朝鲜人民军最高司令官及中国人民志愿军司令员一方与联合国军总司令另一方

关于朝鲜军事停战的协定

序　言

下列签署人，朝鲜人民军最高司令官及中国人民志愿军司令员一方与联合国军总司令另一方，为停止造成双方巨大痛苦与流血的朝鲜冲突，并旨在确立足以保证在朝鲜的敌对行为与一切武装行动完全停止的停战，以待最后和平解决的达成，兹各自、共同、并相互同意接受下列条款中所载的停战条件与规定，并受其约束与管辖，此等条件与规定的用意纯属军事

① 1953年7月27日签订的《朝鲜停战协定》结束了1950年6月25日爆发的朝鲜战争，但只规定结束双方在朝鲜半岛武装力量的敌对行动，并非和平协议。该协定的英文版名称是“Armistice Agreement for the Restoration of the South Korean State ”（关于恢复大韩民国的朝鲜停战协定）。1975年联合国大会通过决议，希望用和平协议取代停战协定，但双方至今未达成和平协议。朝鲜方面在1994、1996、2003、2006、2009和2013年6次宣布不再遵守《朝鲜停战协定》，称其为“废纸一张”。1996年10月，联合国安理会发表声明，强调《朝鲜停战协定》必须得到完全遵守，直到双方签订和平协议取代它为止。本文出自1953年7月28日《人民日报》。

朝鲜战争中的联合国军总司令麦克阿瑟将军

朝鲜战争中的美国军队在战斗

性质并仅适用于在朝鲜的交战双方。

第一条　军事分界线与非军事区

一、确定一军事分界线[①]，双方各由此线后退二公里，以便在敌对军队之间建立一非军事区。建立一非军事区作为缓冲区，以防止发生可能导致敌对行为复发的事件。

二、军事分界线的位置如附图所示。[②]

三、非军事区以附图所示的北缘与南缘确定之。

四、军事分界线按照后述设立的军事停战委员会的指示加以明白标志。敌对双方司令官在非军事区与其各自地区间的边界沿线树立适当标志物。军事停战委员会监督所有设置在军事分界线与非军事区两缘沿线的标志物的树立。

五、汉江口的水面，其一岸受一方控制而另一岸受他方控制处，向双方民用航运开放。各方民用航运在本方军事控制下的陆地靠岸不受限制。

六、双方均不得在非军事区内，或自非军事区，或向非军事区进行任何敌对行为。

七、非经军事停战委员会特许，任何军人或平民不准越过军事分界线。

---

① 北纬38度线为军事分界线。1910年8月，日本迫使大韩帝国签订《日韩合并条约》正式兼并朝鲜半岛。日本天皇在1945年8月17日发布敕谕，命令所有武装部队停止一切战斗行动向同盟国投降的当天，盟军最高司令官麦克阿瑟将军发布“一号将军令”，规定朝鲜北纬38度线以北日军向苏联远东军司令投降；朝鲜北纬38度线以南日军向美国太平洋战区司令投降。1948年8月15日，南朝鲜成立大韩民国（韩国），同年9月9日，北朝鲜成立朝鲜民主主义人民共和国（朝鲜）。在这之后，驻扎在朝鲜半岛的苏美两国军队相继撤出。1950年6月25日，朝鲜军队一个小时内全线越过北纬38度线进攻韩国，一个多月后占领了韩国90%的领土。1950年6月25日，联合国安理会通过“第82号决议案”，谴责朝鲜入侵韩国；27日，安理会又通过“第83号决议案”，决定组建联合国军支援韩国把入侵的朝鲜军队赶回去。苏联缺席这两次安理会未行使否决权，这两个决议案均一致通过。1950年10月19日，中国人民志愿军跨过鸭绿江入朝参战。由此，朝鲜的内战演变成一场局部国际战争。历时3年的朝鲜战争造成联合国军方面178426人死亡，32925人失踪，566434人负伤；朝鲜人民军和中国人民志愿军方面367283—750282人死亡，686500—789000人受伤；另外，这场战争造成韩国和朝鲜250万平民伤亡。

② 附图省略。

八、非军事区内的任何军人或平民，非经其所要求进入地区的司令官的特许，不准进入任何一方军事控制下的地区。

九、除与办理民政及救济有关的人员及经军事停战委员会特许进入的人员以外，任何军人或平民不准进入非军事区。

十、非军事区的军事分界线以北部分的民政与救济由朝鲜人民军最高司令官与中国人民志愿军司令员共同负责；非军事区的军事分界线以南部分的民政与救济由联合国军总司令负责。为办理民政与救济而被准许进入非军事区的军人或平民的人数分别由各方司令官决定之，但任何一方批准的总人数在任何时候不得超过一千。民政警察的人数及其所携带的武器由军事停战委员会规定之。其他人员非经军事停战委员会特许不得携带武器。

十一、本条的任何规定均不得解释为妨碍军事停战委员会、其助理人员、其联合观察小组及小组助理人员，后述设立的中立国监察委员会、其助理人员、其中立国视察小组及小组助理人员，以及任何经军事停战委员会特许进入非军事区的其他人员、物资与装备出入非军事区与在非军事区内移动的完全自由。非军事区内的两地不能由全部在非军事区以内的通道相连接时，为往来于此两地之间所必经的通道而通过任何一方军事控制下的地区的移动便利应予准许。

第二条　停火与停战的具体安排

甲、通则

十二、敌对双方司令官命令并保证其控制下的一切武装力量，包括陆、海、空军的一切部队与人员，完全停止在朝鲜的一切敌对行为，此项敌对行为的完全停止自本停战协定签字后十二小时起生效（本停战协定其余各项规定的生效日期与时间见本停战协定第六十三款）。

十三、为保证军事停战的稳定，以利双方高一级的政治会议的进行来达到和平解决，敌对双方司令官：

子、除本停战协定中另有规定外，在本停战协定生效后七十二小时内自非军事区撤出其一切军事力量、供应与装备。军事力量撤出非军事区后，所有知悉存在于非军事区内的爆破物、地雷阵地、铁丝网以及其他危及军事停战委员会或其联合观察小组人员安全通行的危险物，连同所有知悉并无此等危险物的通道，由设置此等危险物的军队的司令官报告军事停战委员会。嗣后，应清除出更多的安全通道；最后，在七十二小时的时期终止后的四十五天内，所有此等危险物须按照军事停战委员会的指示，并在其监督下自非军事区内撤除。在七十二小时的时期终止后，除在军事停战委员会监督下有权在四十五天的期间完成清除工作的非武装部队，由军事停战委员会所特别要求并经敌对双方司令官同意的警察性部队及本停战协定第十款与第十一款所批准的人员以外，双方任何人员均不准进入非军事区。

丑、在本停战协定生效后十天内自对方在朝鲜的后方与沿海岛屿及海面撤出其一切军事力量、供应与装备。如此等军事力量逾期不撤，又无双方同意的和有效的延期撤出的理由，则对方为维持治安，有权采取任何其所认为必要的行动。上述“沿海岛屿”一词系指在本停战协定生效时虽为一方所占领，而在一九五〇年六月二十四日则为对方所控制的岛屿；但在黄海道与京畿道道界以北及以西的一切岛屿，则除白翎岛（北纬三七度五八分，东经一二四度四〇分）、大青岛（北纬三七度五〇分，东经一二四度四二分）、小青岛（北纬三七度四六分，东经一二四度四六分）、延坪岛（北纬三七度三八分，东经一二五度四〇分）及隅岛（北纬三七度三六分，东经一二五度五八分）诸岛群留置联合国军总司令的军事控制下以外，均置于朝鲜人民军最高司令官与中国人民志愿军司令员的军事控制之下。朝鲜西岸位于上述界线以南的一切岛屿均留置联合国军总司令的军事控制之下。

寅、停止自朝鲜境外进入增援的军事人员；但在下述规定范围内的部队与人员的轮换，担任临时任务的人员的到达朝鲜，以及在朝鲜境外作短期休假或担任临时任务后的人员的返回朝鲜则予准许。“轮换”的定义为部队或人员由开始在朝鲜服役的其他部队或人员所替换。轮换人员仅得经由本停战协定第四十三款所开列的口岸进入与撤离朝鲜。轮换须在一人换一人的基础上进行，但任何一方在任何一个月份内不得在轮换政策下自朝鲜境外进入三万五千名以上的军事人员。如一方军事人员的进入将造成该方自本停战协定生效之日以来所进入朝鲜的军事人员总数超过该方自同日以来离开朝鲜的军事人员的累积总数时，则该方的任何军事人员即不得进入朝鲜。关于军事人员的到达与离开朝鲜须每日向军事停战委员会及中立国监察委员会提出报告；此项报告须包括入境与离境的地点及每一地点入境与离境人员的数目。中立国监察委员会经由其中立国视察小组须在本停战协定第四十三款所开列的口岸对上述批准的部队与人员的轮换进行监督与视察。

卯、停止自朝鲜境外进入增援的作战飞机、装甲车辆、武器与弹药；但停战期间毁坏耗损的作战飞机、装甲车辆、武器与弹药得在同样性能同样类型的一件换一件的基础上进行替换。此等作战飞机、装甲车辆、武器与弹药仅得经由本停战协定第四十三款所开列的口岸进入朝鲜。为确证为替换目的而输入朝鲜的作战飞机、装甲车辆、武器与弹药有其需要，关于此等物件的每批输入须向军事停战委员会及中立国监察委员会提出报告；此项报告中须说明被替换的物件的处置情况。撤出朝鲜的将被替换的物件仅得经由本停战协定第四十三款所开列的口岸撤出。中立国监察委员会经由其中立国视察小组须在本停战协定第四十三款所开列的口岸对上述批准的作战飞机、装甲车辆、武器与弹药的替换进行监督与视察。

辰、保证对其各自指挥下的违反本停战协定中任何规定的人员予以适当的惩罚。

巳、在埋葬地点见于记载并查明坟墓确实存在的情况下，准许对方的墓地注册人员在本停战协定生效后的一定期限内进入其军事控制下的朝鲜地区，以便前往此等坟墓的所在地，掘出并运走该方已死的军事人员，包括已死的战俘的尸体。进行上述工作的具体办法与期限由军事停战委员会决定之。敌对双方司令官应供给对方以有关对方已死军事人员的埋葬地点的一切可能获得的材料。

午、在军事停战委员会及其联合观察小组与中立国监察委员会及其中立国视察小组执行其后述指定的职司与任务时，给予充分保护及一切可能的协助与合作。在中立国监察委员会及其中立国视察小组经由双方协议的主要交通线往返于中立国监察委员会总部与本停战协定第四十三款所开列的口岸时，以及往返于中立国监察委员会总部与据报发生违反本停战协定事件的地点时，给予充分的通行便利。为避免不必要的耽搁，当主要交通线被封闭或无法通行时，应准许使用替代的路线及交通工具。

未、供给军事停战委员会与中立国监察委员会及其各自所属小组所需要的后勤支援，包括通讯与运输的便利。

申、在军事停战委员会总部附近非军事区内的本方地区，各自兴筑、管理并维持一适用的飞机场，其用途由军事停战委员会决定之。

酉、保证中立国监察委员会与后述成立的中立国遣返委员会的所有委员及其他人员均享有为适当执行其职司所必需的自由与便利，包括相当于被认可的外交人员按照国际惯例所通常享有的特权、待遇与豁免。

十四、本停战协定适用于双方军事控制下的一切敌对的地面军事力量，此等地面军事力量须尊重非军事区及对方军事控制下的朝鲜地区。

十五、本停战协定适用于一切敌对的海上军事力量。此等海上军事力量须尊重邻近非军事区及对方军事控制下的朝鲜陆地的海面，并不得对朝鲜进行任何种类的封锁。

十六、本停战协定适用于一切敌对的空中军事力量。此等空中军事力量须尊重非军事区与对方军事控制下的朝鲜地区，以及邻近此两地区的海面的上空。

十七、遵守并执行本停战协定条款与规定的责任属于本停战协定的签署人及其继任的司令官。敌对双方司令官须分别在其指挥下的军队中采取一切必要的措施与办法，以保证其所有部属彻底遵守本停战协定的全部规定。敌对双方司令官须相互积极合作，并与军事停战委员会及中立国监察委员会积极合作，以求得对本停战协定全部规定的文字与精神的遵守。

十八、军事停战委员会与中立国监察委员会及其各自所属小组的工作费用由敌对双方平均负担。

乙、军事停战委员会

（一）组成

十九、成立军事停战委员会。

二十、军事停战委员会由十名高级军官组成，其中五名由朝鲜人民军最高司令官与中国人民志愿军司令员共同指派，五名由联合国军总司令指派。委员十人中，双方各三人应属将级；其余双方各二人可为少将、准将、上校或其同级者。

二十一、军事停战委员会委员得依其需要使用参谋助理人员。

二十二、军事停战委员会配备必要的行政人员以设立秘书处，负责协助该委员会执行记录、文书、通译及该委员会所指定的其他职司。双方各在秘书处指派秘书长一人、助理秘书长一人及秘书处所需的文牍与专门技术人员。记录以朝文、中文与英文为之，三种文字同样有效。

二十三、

子、军事停战委员会于开始时配备十个联合观察小组以为协助；小组数目可经军事停战委员会中双方首席委员协议予以减少。

丑、每一联合观察小组由四至六名校级军官组成，其中半数由朝鲜人民军最高司令官与中国人民志愿军司令员共同指派，半数由联合国军总司令指派。联合观察小组工作所需的附属人员如司机、文牍、译员等由双方供给之。

（二）职司与权力

二十四、军事停战委员会的总任务为监督本停战协定的实施及协商处理任何违反本停战协定的事件。

二十五、军事停战委员会：

子、设总部于板门店（北纬三七度五七分二九秒，东经一二六度四〇分〇〇秒）附近。军事停战委员会得经该委员会中双方首席委员的协议移设其总部于非军事区内的另一地点。

丑、作为联合机构进行工作，不设主席。

寅、采用其本身随时认为必要的办事细则。

卯、监督本停战协定中关于非军事区与汉江口各规定的执行。

辰、指导联合观察小组的工作。

巳、协商处理任何违反本停战协定的事件。

午、将自中立国监察委员会所收到的一切关于违反本停战协定事件的调查报告及一切其他报告与会议记录立即转交敌对双方司令官。

未、对后述设立的战俘遣返委员会与协助失所平民返乡委员会的工作给予总的督导。

申、担任敌对双方司令官间传递信息的中介；但上述规定不得解释为排除双方司令官采用其愿意使用的任何其他方法相互传递信息。

酉、制发其工作人员及其联合观察小组的证明文件与徽记，以及在执行其任务时所使用的一切车辆、飞机与船只的识别标志。

二十六、联合观察小组的任务为协助军事停战委员会监督本停战协定中关于非军事区与汉江口各规定的执行。

二十七、军事停战委员会或其中任何一方首席委员有权派遣联合观察小组调查据报发生于非军事区或汉江口的违反本停战协定的事件；但该委员会中任何一方首席委员在任何时候不得派遣尚未为军事停战委员会派出的联合观察小组的半数以上。

二十八、军事停战委员会或其中任何一方首席委员有权请求中立国监察委员会至非军事区以外据报发生违反本停战协定事件的地点进行特别观察与视察。

二十九、军事停战委员会确定违反本停战协定的事件业已发生时，须立即将该违反协定事件报告敌对双方司令官。

三十、军事停战委员会确定某项违反本停战协定的事件业已获得满意纠正时，须向敌对双方司令官提出报告。

（三）通则

三十一、军事停战委员会每日开会。双方首席委员得协议不超过七天的休会；但任何一方首席委员得以二十四小时以前的通知终止此项休会。

三十二、军事停战委员会一切会议记录的副本应在每次会议后尽速送交敌对双方司令官。

三十三、联合观察小组向军事停战委员会提出该委员会所要求的定期报告，并指出此等小组所认为必需或该委员会所要求的特别报告。

三十四、军事停战委员会保存本停战协定所规定的报告及会议记录的双份档案。该委员会有权保存为进行其工作所必需的其他报告、记录等的双份档案。该委员会最后解散时，将上述档案分交双方各一份。

三十五、军事停战委员会得向敌对双方司令官提出对于本停战协定的修正或增补的建议。此等修改建议一般地应以保证更有效的停战为目的。

丙、中立国监察委员会

（一）组成

三十六、成立中立国监察委员会。

三十七、中立国监察委员会由四名高级军官组成，其中两名由朝鲜人民军最高司令官与中国人民志愿军司令员所共同提名的中立国，即波兰与捷克斯洛伐克指派，两名由联合国军总司令所提名的中立国，即瑞典与瑞士指派。本停战协定所用“中立国”一词的定义为未有战斗部队参加在朝鲜的敌对行为的国家。被指派参加该委员会的委员得自指派国家的武装部队中派出。每一委员须指定一候补委员，以出席该正式委员因任何理由而不能出席的会议。此等候补委员须与其正式委员属于同一国籍。一方所提名的中立国委员出席的人数与另一方所提名的中立国委员出席的人数相等时，中立国监察委员会即得采取行动。

三十八、中立国监察委员会的委员得依其需要使用由各该中立国所供给的参谋助理人员。此等参谋助理人员得被指派为该委员会的候补委员。

三十九、中立国监察委员会所必需的行政人员须请由中立国供给，以设立秘书处，负责协助该委员会执行必要的记录、文书、通译及该委员会所指定的其他职司。

四十、

子、中立国监察委员会于开始时配备二十个中立国视察小组以为协助；小组数目可经军事停战委员会中双方首席委员协议予以减少。中立国视察小组仅向中立国监察委员会负责，向其报告并受其指导。

丑、每一中立国视察小组由不少于四名的军官组成，该项军官以校级为宜，其中半数出自朝鲜人民军最高司令官与中国人民志愿军司令员所共同提名的中立国，半数出自联合国军总司令所提名的中立国。被指派参加中立国视察小组的组员得自指派国家的武装部队中派出。为便于各小组执行其职司，得视情况需要设立由不少于两名组员组成的分组，该两组员中一名出自朝鲜人民军最高司令官与中国人民志愿军司令员所共同提名的中立国，一名出自联合国军总司令所提名的中立国。附属人员如司机、文牍、译员、通讯人员，以及各小组为执行其任务所需的装具，由各方司令官按照需要在非军事区及本方军事控制地区内供给之。中立国监察委员会得自行配备并供给中立国视察小组其所能有的上述人员与装具；但此等人员须为组成中立国监察委员会的中立国本国人员。

（二）职司与权力

四十一、中立国监察委员会的任务为执行本停战协定第十三款寅项、第十三款卯项及第二十八款所规定的监督、观察、视察与调查的职司，并将此等监督、观察、视察与调查的结果报告军事停战委员会。

四十二、中立国监察委员会：

子、设总部于军事停战委员会总部附近。

丑、采用其本身随时认为必要的办事细则。

寅、经由其委员及其中立国视察小组在本停战协定第四十三款所开列的口岸进行本停战协定第十三款寅项与第十三款卯项所规定的监督与视察，及在据报发生违反本停战协定事件的地点进行本停战协定第二十八款所规定的特别观察与视察。中立国视察小组对作战飞机、装甲车辆、武器与弹药的视察须使小组确能保证并无增援的作战飞机、装甲车辆、武器与弹药进入朝鲜；但此项规定不得解释为授权视察或检查任何作战飞机、装甲车辆、武器或弹药的任何机密设计或特点。

卯、指导并监督中立国视察小组的工作。

辰、在朝鲜人民军最高司令官与中国人民志愿军司令员的军事控制地区内本停战协定第四十三款所开列的口岸派驻五个中立国视察小组；在联合国军总司令的军事控制地区内本停战协定第四十三款所开列的口岸派驻五个中立国视察小组；于开始时另设十个机动中立国视察小组为后备，驻在中立国监察委员会总部附近，其数目可经军事停战委员会中双方首席委员协议予以减少。机动中立国视察小组中应军事停战委员会中任何一方首席委员之请求而派出者在任何时候不得超过其半数。

巳、在前项规定的范围内，不迟延地进行对据报违反本停战协定事件的调查，包括军事停战委员会或该委员会中任何一方首席委员所请求进行的对据报违反本停战协定事件的调查。

午、制发其工作人员及其中立国视察小组的证明文件与徽记，以及在执行其任务时所使用的一切车辆、飞机与船只的识别标志。

四十三、中立国视察小组派驻下列各口岸：

朝鲜人民军与中国人民志愿军军事控制地区

新义州（北纬四〇度〇六分，东经一二四度二四分）

清 津（北纬四一度四六分，东经一二九度四九分）

兴 南（北纬三九度五〇分，东经一二七度三七分）

满 浦（北纬四一度〇九分，东经一二六度一八分）

新安州（北纬三九度三六分，东经一二五度三六分）

联合国军军事控制地区

仁 川（北纬三七度二八分，东经一二六度三八分）

大 邱（北纬三五度五二分，东经一二八度三六分）

釜 山（北纬三五度〇六分，东经一二九度〇二分）

江 陵（北纬三七度四五分，东经一二八度五四分）

群 山（北纬三五度五九分，东经一二六度四三分）

（三）通则

四十四、中立国监察委员会每日开会。中立国监察委员会的委员得协议不超过七天的休会；但任何委员得以二十四小时以前的通知终止此项休会。

四十五、中立国监察委员会一切会议记录的副本应在每次会议后尽速送交军事停战委员会。记录以朝文、中文与英文为之。

四十六、中立国视察小组须就其监督、观察、视察与调查的结果向中立国监察委员会提出该委员会所要求的定期报告，并提出此等小组所认为必需或该委员会所要求的特别报告。报告由小组全体提出，但该组的个别组员一人或数人亦得提出之；个别组员一人或数人提出的报告仅视为参考报告。

四十七、中立国监察委员会应将中立国视察小组所提出的报告的副本，依其收到的报告所使用的文字，不迟延地送交军事停战委员会。此等报告不得以翻译或审定的手续加以延搁。中立国监察委员会应按实际可能尽早审定此等报告，并将其判语尽先送交军事停战委员会。在收到中立国监察委员会的有关审定以前，军事停战委员会不得对任何此种报告采取最后行动。军事停战委员会中任何一方首席委员提出请求时，中立国监察委员会的委员及其小组的组员即须列席军事停战委员会，以说明任何提出的报告。

四十八、中立国监察委员会保存本停战协定所规定的报告及会议记录的双份档案。该委员会有权保存为进行其工作所必需的其他报告、记录等的双份档案。该委员会最后解散时，将上述档案分交双方各一份。

四十九、中立国监察委员会得向军事停战委员会提出对于本停战协定的修正或增补的建议。此等修改建议一般地应以保证更有效的停战为目的。

五十、中立国监察委员会或该委员会的任何委员有权与军事停战委员会任何委员通讯联络。

第三条　关于战俘的安排

五十一、本停战协定生效时各方所收容的全部战俘的释放与遣返须按照本停战协定签字前双方所协议的下列规定执行之。

子、在本停战协定生效后六十天内，各方应将其收容下的一切坚持遣返的战俘分批直接遣返，交给他们被俘时所属的一方，不得加以任何阻难。

遣返应依照本条的各项有关规定予以完成。为了加速此等人员的遣返过程，各方应在停战协定签字以前，交换应予直接遣返的人员的按国籍分类的总数。送交对方的每一批战俘应附带按国籍编制的名单，其中包括姓名、级别（如有）和拘留编号或军号。

丑、各方应将未予直接遣返的其余战俘，从其军事控制与收容下释放出来统交中立国遣返委员会，按照本停战协定附件“中立国遣返委员会的职权范围”各条的规定予以处理。

寅、为避免因并用三种文字可能产生的误解，兹规定为本停战协定之用，一方将战俘交与对方的行动在朝文中称为“송환”，在中文中称为“遣返”，在英文中称为“REPATRIATION”，不论该战俘的国籍或居住地为何。

五十二、各方保证不将任何因本停战协定之生效而被释放与遣返的战俘用于朝鲜冲突中的战争行动。

五十三、凡一切坚持遣返的病伤战俘须予优先遣返。在可能范围内应有被俘的医务人员与病伤战俘同时遣返，以便在途中提供医疗与照顾。

五十四、本停战协定第五十一款子项所规定的全部战俘的遣返须在本停战协定生效后六十天的期限内完成。在此期限内各方负责在可能范围内尽早完成其收容下的上述战俘的遣返。

五十五、定板门店为双方交接战俘的地点。必要时战俘遣返委员会可在非军事区内增设其他战俘交接地点（或若干交接地点）。

五十六、

子、成立战俘遣返委员会。该委员会由六名校级军官组成，其中三名由朝鲜人民军最高司令官与中国人民志愿军司令员共同指派，三名由联合国军总司令指派。该委员会在军事停战委员会总的督导下，负责协调双方有关遣返战俘的具体计划，并监督双方实施本停战协定中有关遣返战俘的一切规定。该委员会的任务为：协调战俘自双方战俘营到达战俘交接地点（或若干交接地点）的时间；必要时制订有关病伤战俘的运送及福利所需的特殊安排；调配本停战协定第五十七款所设立的联合红十字会小组协助遣返战俘的工作；监督本停战协定第五十三款与第五十四款所规定的实际遣返战俘的安排的实施；必要时选定增设的战俘交接地点（或若干交接地点）；安排战俘交接地点（或若干交接地点）的安全事宜；以及执行为遣返战俘所需的其他有关职司。

丑、战俘遣返委员会对与其任务有关的任何事项不能达成协议时，须立即将此等事项提交军事停战委员会决定之。战俘遣返委员会在军事停战委员会总部附近设置其总部。

寅、战俘遣返委员会于遣返战俘计划完成时即由军事停战委员会解散之。

五十七、

子、在本停战协定生效后，即成立由朝鲜民主主义人民共和国红十字会代表与中华人民共和国红十字会代表为一方，以及向联合国军提供其军队的各国的红十字会代表为另一方，所组成的联合红十字会小组。此等联合红十字会小组以战俘福利所需求的人道主义的服务协助双方执行本停战协定中有关遣返第五十一款子项所指的一切坚持遣返的战俘的规定。为完成此任务，联合红十字会小组在战俘交接地点（或若干交接地点）对双方交接战俘工作进行协助，并访问双方战俘营以进行慰问及携入与分发慰问战俘及为战俘福利之用的馈赠品。联合红十字会小组并得对从战俘营至战俘交接地点途中的战俘提供服务。

丑、联合红十字会小组应按下列规定组成：

（一）一组由各方的本国红十字会各出代表十名，双方共二十名组成，在战俘交接地点（或若干交接地点）协助双方交接战俘。该小组的主席由双方红十字会代表按日轮流担任。该小组的工作与服务由战俘遣返委员会调配之。

（二）一组由各方的本国红十字会各出代表三十名，双方共六十名组成，访问朝鲜人民军与中国人民志愿军管理下的战俘营，并得对从战俘营至战俘交接地点途中的战俘提供服务。朝鲜民主主义人民共和国红十字会或中华人民共和国红十字会的代表担任该小组的主席。

（三）一组由各方的本国红十字会各出代表三十名，双方共六十名组成，访问联合国军管理下的战俘营，并得对从战俘营至战俘交接地点途中的战俘提供服务。以军队提供联合国军的一国的红十字会的代表担任该小组的主席。

（四）为便利每一联合红十字会小组执行其任务，在情况需要时，得成立至少由小组组员二人所组成的分组，分组中各方须有同等数目的代表。

（五）各方司令官供给在其军事控制地区内工作的联合红十字会小组以附属人员如司机、文牍与译员，以及各小组为执行其任务所需的装具。

（六）任何联合红十字会小组的人数，经该小组中双方代表协议后，得予增加或减少，但须经战俘遣返委员会认可。

寅、联合红十字会小组执行其职司时，各方司令官须与之充分合作，并负责在其军事控制地区内保证联合红十字会小组人员的安全。各方司令官给予在其军事控制地区内工作的小组以其所需要的后勤、行政与通讯的便利。

卯、联合红十字会小组于本停战协定第五十一款子项所规定的一切坚持遣返的战俘的遣返计划完成时即行解散。

五十八、

子、各方司令官应在可能范围内尽速，但不得迟于本停战协定生效后十天，供给对方司令官以下列有关战俘的材料：

（一）关于最近一次交换的资料截止日期后逃亡的战俘的完整资料。

（二）在实际可能办到的范围内，关于在被收容期间死亡的战俘姓名、国籍、级别暨其他识别资料，以及死亡日期、原因与埋葬地点的材料。

丑、如在上述规定的补充材料截止日期以后有任何逃亡的或死亡的战俘，收容一方须按照本条第五十八款子项的规定将有关资料经由战俘遣返委员会供给对方。此等资料每十天提供一次，直至战俘交接计划完成时为止。

寅、在战俘交接计划完成后回到原收容一方的任何逃亡战俘须送交军事停战委员会处置。

五十九、

子、所有在一九五〇年六月二十四日居住于本停战协定所确定的军事分界线以北，而在本停战协定生效时系在联合国军总司令军事控制地区内的平民，凡愿返乡者，由联合国军总司令准许并协助其返回军事分界线以北地区；所有在一九五〇年六月二十四日居住于本停战协定所确定的军事分界线以南，而在本停战协定生效时系在朝鲜人民军最高司令官与中国人民志愿军司令员军事控制地区内的平民，凡愿返乡者，由朝鲜人民军最高司令官与中国人民志愿军司令员准许并协助其返回军事分界线以南地区。各方司令官负责在其军事控制地区内广为宣布本项规定的内容，并责令适当的民政当局对所有此类愿意返乡的平民给予必要的指导与协助。

丑、在本停战协定生效时，在朝鲜人民军最高司令官与中国人民志愿军司令员军事控制地区内的一切外籍平民，凡愿前往联合国军总司令军事控制地区者，须准许并协助其前往联合国军总司令军事控制的地区。在本停战协定生效时，在联合国军总司令军事控制地区内的一切外籍平民，凡愿前往朝鲜人民军最高司令官与中国人民志愿军司令员军事控制地区者，须准许并协助其前往朝鲜人民军最高司令官与中国人民志愿军司令员军事控制的地区。各方司令官负责在其军事控制地区内广为宣布本项规定的内容，并责令适当的民政当局对所有此类愿意前往对方司令官军事控制地区的外籍平民给予必要的指导与协助。

寅、双方协助本条第五十九款子项中所规定的平民返乡及本条第五十九款丑项中所规定的平民移动的措施，应于本停战协定生效后尽速开始。

卯、（一）成立协助失所平民返乡委员会。该委员会由四名校级军官组成，其中二名由朝鲜人民军最高司令官与中国人民志愿军司令员共同指派，二名由联合国军总司令指派。该委员会在军事停战委员会总的督导下，负责协调双方有关协助上述平民返乡的具体计划，并监督双方实施本停战协定中有关上述平民返乡的一切规定。该委员会的任务为：进行必要的安排，包括运输的安排，以加速并协调上述平民的移动；选定上述平民越过军事分界线的越界地点（或若干越界地点）；安排越界地点（或若干越界地点）的安全事宜；以及执行为完成上述平民返乡所需的其他职司。

（二）协助失所平民返乡委员会对与其任务有关的任何事项不能达成协

议时，须立即将此等事项提交军事停战委员会决定之。协助失所平民返乡委员会在军事停战委员会总部附近设置其总部。

（三）协助失所平民返乡委员会于完成其任务时即由军事停战委员会解散之。

第四条　向双方有关政府的建议

六十、为保证朝鲜问题的和平解决，双方军事司令官兹向双方有关各国政府建议在停战协定签字并生效后的三个月内，分派代表召开双方高一级的政治会议，协商从朝鲜撤退一切外国军队及和平解决朝鲜问题等问题。

第五条　附则

六十一、对本停战协定的修正与增补必须经敌对双方司令官相互协议。

六十二、本停战协定各条款，在未为双方共同接受的修正与增补，或未为双方政治级和平解决的适当协定中的规定所明确代替以前，继续有效。

六十三、除第十二款外，本停战协定的一切规定于一九五三年七月二十七日二十二时生效。

一九五三年七月二十七日十时以朝文、中文与英文三种文字订于朝鲜板门店，各文本同样有效。

朝鲜人民军最高司令官、朝鲜民主主义人民共和国元帅 金日成（签字）

中国人民志愿军司令员 彭德怀（签字）

联合国军总司令、美国陆军上将 马克·克拉克（签字）

出席者：

朝鲜人民军与中国人民志愿军代表团首席代表、朝鲜人民军大将 南日（签字）

联合国军代表团首席代表、美国陆军中将 威廉·凯·海立胜（签字）

《朝鲜停战协定》签字仪式

*

布朗诉托皮卡教育委员会案[①]

Brown v. Board of Education of Topeka

琳达·布朗1942年2月20日生于美国堪萨斯州托皮卡市。尽管距她家4个街区就有一所小学，但这所学校是白人学校，禁止有色人种入学。作为黑人儿童的她不得不步行1.5公里穿过一条铁路，然后再乘公共汽车到一所有色人种小学读书。

1950年9月，琳达的父亲奥利弗·布朗向托皮卡市教育委员会提出把上三年级的琳达转学到家附近的白人学校遭拒。1951年3月22日，美国全国有色人种促进会帮助琳达等20名黑人学童向堪萨斯联邦地区法院发起集体诉讼，要求托皮卡教育委员会停止公共教育系统的种族隔离制度，允许黑人儿童就近入学，因为种族隔离侵犯了《美国宪法第十四条修正案》保障的公民受平等法律保护的权利。由于该起诉书中的原告按家长姓名的字母顺序排序，奥利弗·布朗排在第一位，该集体诉讼案件便被命名为“布朗诉托皮卡教育委员会案”。

1951年8月3日，联邦地区法院依据联邦最高法院对1896年“普莱希诉弗格森案”[②]的判决“隔离但平等”原则对该案做出判决，因为该判例未被联邦最高法院推翻，仍具有法律效力，认为托皮卡市教育委员会的种族

① 本判例收录于《美国联邦最高法院判例汇编》第347卷第483页（1954年）。

② *Plessy v. Ferguson*，见《美国联邦最高法院判例汇编》第163卷第537页（1896年）。

隔离措施并未违反《美国宪法第十四条修正案》[①]，不支持原告的诉讼请求。但该判决也同时强调，隔离会影响有色人种儿童的心智发展，剥夺他们本应享有的一些合法权益。

布朗败诉后于1952年6月9日上诉到联邦最高法院。该案和1803年的“马伯里诉麦迪逊案”一样,成了违宪审查案。原告认为“隔离必然不平等”，所以“隔离违宪”；而联邦下级法院则根据联邦最高法院过去的判例，认为“隔离但平等”,所以“隔离不违宪”。“隔离”会不会造成不平等从而违反《美国宪法第十四条修正案》，需要联邦最高法院再次终审判决，这就意味着是不是要推翻自己过去的判例。由于当时还有另外4个和该案性质一样的案件上诉到联邦最高法院,因此,联邦最高法院的判决是对5个案件的合并判决。

联邦最高法院1952年12月9日第一次开庭，1953年12月8日第二次开庭。该案的原告律师和被告律师都是美国顶尖的律师和社会活动家。原告律师是黑人律师瑟古德·马歇尔，他后来成了联邦最高法院大法官。被告律师是约翰·威廉·戴维斯，他是1924年的民主党总统候选人，并曾任联邦参议员、美国驻英国大使和美国总检察长，在联邦最高法院担任辩护律师140次，该案是他最后一次在联邦最高法院辩护。

1954年5月17日，联邦最高法院以9:0的表决结果判决种族隔离违宪。5月19日,《华盛顿邮报》对该判决评论称：“无论是在国内还是在国外，这一判决使人们对民主制度的信念获得再生。”

“布朗诉托皮卡教育委员会案”的胜诉对社会的影响不只在教育方面，在这之后,美国黑人提起关于种族隔离的众多案件中,大多依据本判例胜诉。在以马丁·路德·金为代表的民权运动领袖推动下，美国废除了诸多歧视性法规，催生了《1964年民权法案》，让“人人生而平等”由宪法条文成为现实生活。

2004年5月，“布朗诉托皮卡教育委员会案”国家历史遗址落成，布什

① 《美国宪法第十四条修正案》第一款规定“任何州在其管辖范围内不得拒绝给予任何人平等的法律保护”。

总统在落成典礼上称该案是“一个使美国永远更美好的判决”。

联邦最高法院首席大法官厄尔·沃伦发布的“布朗诉托皮卡教育委员会案”判决书如下：

这几个案件来自堪萨斯州、南卡罗来纳州、弗吉尼亚州和特拉华州。尽管它们基于不同的事实，各地的情况也不尽相同，但它们都属于同一法律问题，因此，本法院有理由对这几个案子合并审理判决。

在每个案件里，未成年黑人基于非隔离原则要进入他们住所所在的社区公立学校读书，通过他们的法定代理人寻求法律救济。在每个案件中，由于相关州法律要求种族隔离或允许种族隔离，他们均被白人学校拒绝入学。原告指控种族隔离政策剥夺了《美国宪法第十四条修正案》保障的公民受平等法律保护的权利。除特拉华州的案件外，其他案件都由3个法官组成的联邦地区法院驳回了原告的救济请求，依据是本法院对“普莱希诉弗格森案”判决中提出的“隔离但平等”原则①。在“隔离但平等”原则下，只有为各种族提供同样的物质设施才能实现对各种族的平等对待，尽管这些物质设施分离配置。在特拉华州的案件中，特拉华州最高法院虽然也坚持了这一原则，但却判决白人学校应该接受原告入学，因为白人学校的教学设施比黑人学校的更优越。

各案原告主张，实行种族隔离的公立学校本身就不“平等”，当然不可能让其做到“平等”，由此，他们被剥夺了受平等法律保护的权利。由于案件所提出的问题至关重要，本法院决定行使管辖权。1952年进行了第一次法庭辩论②，后来，针对本法院所提出的几个特定问题进行了第二次法庭辩论。

第二次法庭辩论主要围绕1866年《美国宪法第十四条修正案》的一些

---

① 美国司法理念有“遵循先例”原则，即法院判决尊重先前的判例。在联邦法院系统中，联邦地区法院的判决不能成为先例；联邦上诉法院的判决可成为先例，但只对本上诉管辖区有法律约束力；联邦最高法院的判决均可成为先例，在全国有法律约束力。

② 美国联邦最高法院审理的案件，法庭辩论原告和被告各有30分钟时间，如果联邦总检察长作为第三方介入解释行政部门的意见，法庭辩论时间可延长。

背景情况，包括国会对该修正案的提出，各州对该修正案的批准，当时各种族隔离州的具体做法，以及对该修正案支持方和反对方的各种观点。通过法庭辩论以及我们自己的调查，我们认为，尽管这些信息提供了一些思路，但并不足以解决我们所面临的问题，它们无法给出一个确定的结论。支持战后通过该修正案的人，毫无疑问是希望这些修正案能消除“所有出生在或归化入美国的人”的法律歧视；而反对该修正案的人，当然既反对修正案的条文，又反对其精神，希望尽量限制它们的法律效力。至于美国国会及各州立法机关的议员们当时是怎么想的，我们也无法确定。

《美国宪法第十四条修正案》在历史上对公立学校隔离问题并不确定还有一个原因，那就是当时的公立教育状况。当时的南方各州还没有建立起由税收支持的免费公共教育系统。白人儿童的教育由私人机构负责。而黑人儿童的教育几乎不存在，实际上整个黑人种族基本上都是文盲，当时的实际情况是，一些州法律禁止黑人接受教育。而今天则相反，许多黑人在艺术、科学、商贸和专业领域取得杰出的成就。虽然说《美国宪法第十四条修正案》通过时北方各州的教育比南方各州的教育发展更快，但该修正案对北方各州的影响也常常在国会辩论中被忽视。甚至北方各州当时公共教育远不及今天，那时的课程很粗浅，农村地区的学校相当简陋，许多州一年只上3个月的课，当时“义务教育”鲜为人知。所以说，《美国宪法第十四条修正案》在历史上对公共教育产生的效果甚微。

在《美国宪法第十四条修正案》生效初期的一些案件中，本法院对该修正案的解释是，禁止各州对黑人种族的歧视。“隔离但平等”原则最早出现在1896年上文提到的“普莱希诉弗格森案”的判决中，但它是针对交通的隔离，并不涉及教育。在这之后半个多世纪的时间里，美国法院在该原则制约下艰难地工作。联邦最高法院就有6个关于公共教育方面的案子涉及“隔离但平等”原则。在“卡明诉里士满县教育委员会案”[①]和“贡·卢姆诉赖斯案”[②]的判决中，这一原则本身的有效性并未受到质疑。但最近的一些案件，研

① *Cumming v. Richmond County Board of Education*，见《美国联邦最高法院判例汇编》第175卷第528页（1899年）。

② *Gong Lum v. Rice*，见《美国联邦最高法院判例汇编》第275卷第78页（1927年）。

究生教育的不平等主要体现在白人学生享有一些特殊利益，而具有相同学业资历的黑人学生则不能享受这些利益。在“密苏里州盖恩斯诉加拿大案”[①]、“斯普尔诉俄克拉荷马大学董事会案”[②]、“斯韦特诉佩因特案”[③]和“麦克劳林诉俄克拉荷马州高等教育委员会案”[④]中，均未对“隔离但平等”原则进行必要的重新审查，以给黑人原告法律救济，但在上述“斯韦特诉佩因特案”中，本法院对“普莱希诉弗格森案”判决中提出的“隔离但平等”原则是否适用于公共教育作了有保留的判决。

在当前的这几个案子里，“隔离但平等”原则是否适用于公共教育这一问题被直接提出。与“斯韦特诉佩因特案”不同，本法院通过调查认为，在校舍、课程、教师资格和工资以及其他“有形”因素方面，涉案黑人学校和白人学校已经平等化或正在平等化。所以，我们不能仅仅对这几个案件中黑人学校和白人学校的有形因素进行比较，我们必须考察隔离本身对公共教育的影响。

为解决这一问题，我们不能追溯到《美国宪法第十四条修正案》生效的1868年，也不能追溯到“普莱希诉弗格森案”判决的1896年。我们必须依照公共教育的全面发展以及它在当今美国全国人民生活中的地位来考虑这个问题。只有这样，才能确定公共教育系统的隔离是不是剥夺了原告受平等法律保护的权利。

今天，教育大概已成为州和各级地方政府最重要的政府职能。义务教育法律和巨大的教育投入表明，我们认识到了教育对我们民主社会的重要性。就像在军队服役一样，教育是我们应尽的最基本的公民义务，它可以塑造好公民。今天，教育作为一种主要工具，它激发儿童培养价值观念，为

---

① *Missouri ex rel. Gaines v. Canada*，*Canada*是姓，全名是Cy Woodson Canada，是密苏里大学的学籍注册主任，见《美国联邦最高法院判例汇编》第305卷第337页（1938年）。

② *Sipuel v. Board of Regents of the University of Oklahoma*，见《美国联邦最高法院判例汇编》第332卷第631页（1948年）。

③ *Sweatt v. Painter*，见《美国联邦最高法院判例汇编》第339卷第629页（1950年）。

④ *McLaurin v. Oklahoma State Regents for Higher Education*，见《美国联邦最高法院判例汇编》第339卷第637页（1950年）。

以后的专业训练做好准备，并帮助他们不时地调整自己以适应所在的环境。如今，任何一个儿童如果被剥夺了接受教育的机会，就很难期望他的一生会是成功的。各州必须平等地为本州人民提供这种教育机会，让所有人享有平等的教育条件，这是公民的一项基本权利。

我们再回到上面提出的问题上来：在公共教育系统仅仅依据种族对儿童实施隔离，尽管物质设施和其他“有形”因素可能是平等的，这是否剥夺了少数族群儿童平等的受教育机会？我们的答案是肯定的。

在对上文提到的“斯韦特诉佩因特案”的判决中，本法院认为一个实施隔离的黑人法学院不能为黑人提供平等的受教育机会，主要依据“那些不能客观度量但让一所法学院伟大的特质”。上文提到的“麦克劳林诉俄克拉荷马州高等教育委员会案”，本法院要求白人研究生院录取黑人学生，必须为其提供与其他学生平等的待遇，判决也是依据无形因素，即“他的学习、进行讨论和与其他学生交流观点的能力，总之，就是学习专业知识的能力”。

上述认识更适用于小学和中学。仅仅依据种族就把年龄和条件相仿的学生分开，这会让被隔离的少数族裔学生在那一社区产生自卑感，从而影响到他们的心智发展，而这种影响是不可逆转的。关于堪萨斯州的案子，也就是“布朗诉托皮卡教育委员会案”，虽然法院依据判例原则不得不驳回黑人原告的诉讼请求，但也很好地阐述了在公共教育系统实施种族隔离政策给儿童造成的受教育机会的影响：

> “在公立学校对白人儿童和有色人种儿童实施隔离，会对有色人种儿童造成伤害性影响，在法律对这种隔离给予认可的情况下，这种伤害更大，因为种族隔离制度通常被理解成黑人族群低人一等。自卑感会影响到儿童的学习热情。所以，法律认可的种族隔离制度有碍黑人儿童在教育和心理上的发展，并剥夺了他们在种族融合教育系统里本应享有的一些权益。”

不管在审理“普莱希诉弗格森案”时心理学知识发展程度如何，当今心理学权威完全支持这一判决。故此，推翻“普莱希诉弗格森案”判决中任何与本判决相违背的表述。

我们得出的结论是，公共教育系统里的“隔离但平等”原则是站不住脚的。隔离教育设施具有内在的不平等。所以，我们认定本案原告以及其他与本案类似的抗议种族隔离的人被剥夺了《美国宪法第十四条修正案》保障的受平等法律保护的权利。据此我们判定，种族隔离违反了《美国宪法第十四条修正案》正当程序条款。

因为这是集体诉讼案件，因而该判决具有广泛适用性；又因为各地情况差异巨大，本判决充分考虑了各案件中提出的问题的复杂性。第二次法庭辩论时，我们认定恰当的救济必须服从于公共教育系统的种族隔离是否符合宪法这个首要问题。我们现在宣布：种族隔离违反平等法律保护。

在审理这些案件的过程中，本法院为给当事人有效的帮助，这些案件将被列入诉讼案件列表，并要求各方当事人进一步辩论第二次法庭辩论时本法院提出的第 4 个和第 5 个问题①，也再次邀请合众国总检察长参与法庭辩论②。同时，要求或允许在公共教育系统实施种族隔离的各州检察长在 1954 年 9 月 15 日前可以以“法院之友”③身份出庭，并在 1954 年 10 月 1 日前提出意见书。

以上是联邦最高法院的判决。

---

① 这两个问题是：

“4.假定公共教育系统的种族隔离违反了《美国宪法第十四条修正案》，

（a）是不是需要判决立即允许黑人儿童在学区内自愿选择学校入学？或

（b）是不是本法院行使其公正的权力，允许在公共教育系统实施种族隔离的州逐步取消这种隔离制度？

5.假定根据第4个问题的（a）和（b），并假定本法院行使其公正的权力做出了第4个问题（b）的判决，那么

（a）本法院应该对这些案件做出详细判决吗？

（b）如果应该做出详细判决，对每个案件的判决应该明确哪些问题？

（c）本法院应该任命一名特别专家对做出这些详细判决进行听证吗？

（d）本法院应该把这些案件发回到初审法院重审吗？如果应该，本法院应该给初审法院下达怎样的一般原则？初审法院在做出详细判决过程中应遵循怎样的诉讼程序？

② 美国1870年的《法院组织法》设立司法部，总检察长是司法部首长，代表联邦政府参与联邦最高法院的诉讼。

③ “法院之友”被广泛应用于英美习惯法，原告、被告和法院都可以邀请认为能对案件提供有价值信息的人出庭，任何人也可未经邀请自愿充当“法院之友”，协助案件审理，向法院提交意见书。

审理“布朗诉托皮卡教育委员会案”的9名大法官

艾森豪威尔总统告别演讲[①]

President Eisenhower's Farewell Address

首先，我要表达我对电台和电视广播网这些年来给我机会向全国发布报告和咨文，特别感谢它们今天晚上给我机会向你们发表告别演说。

再过3天，在我为我们国家服务半个世纪之后，我将卸下总统一职，总统职权将通过传统、庄严的仪式由我的继任者接替。今天晚上，我是来和大家告别的，并和你们，我的同胞们，一起分享最后的几点想法。我和其他任何一位美国公民一样，我祝愿新任总统和他的同僚们取得巨大成功！我祈祷上帝，在未来的几年里保佑所有人安康、富足。

一

美国人民期望他们的总统和国会在重大决策上达成基本共识，一个明智的解决方案将会更好地设计出美国的未来。我个人和国会的关系是从薄弱的基础上建立起来的。多年前，一位参议员提名我到西点军校。后来，在第二次世界大战期间和战后，这种关系就变得密切起来。最后，在过去8年里，我和国会的关系发展成互相依赖的程度。正由于这种亲密的关系，国会和政府在许多重大问题上能够密切合作，摒弃党派之争，很好地为国家利益服务，使美国的事业向前健康发展。所以，从我个人角度看，在即将结束我与国会的官方关系时，我对国会抱有感激之情，因为我们共同努力取得

① 这是美国总统德怀特·艾森豪威尔1961年1月17日在白宫发表的总统告别演讲。

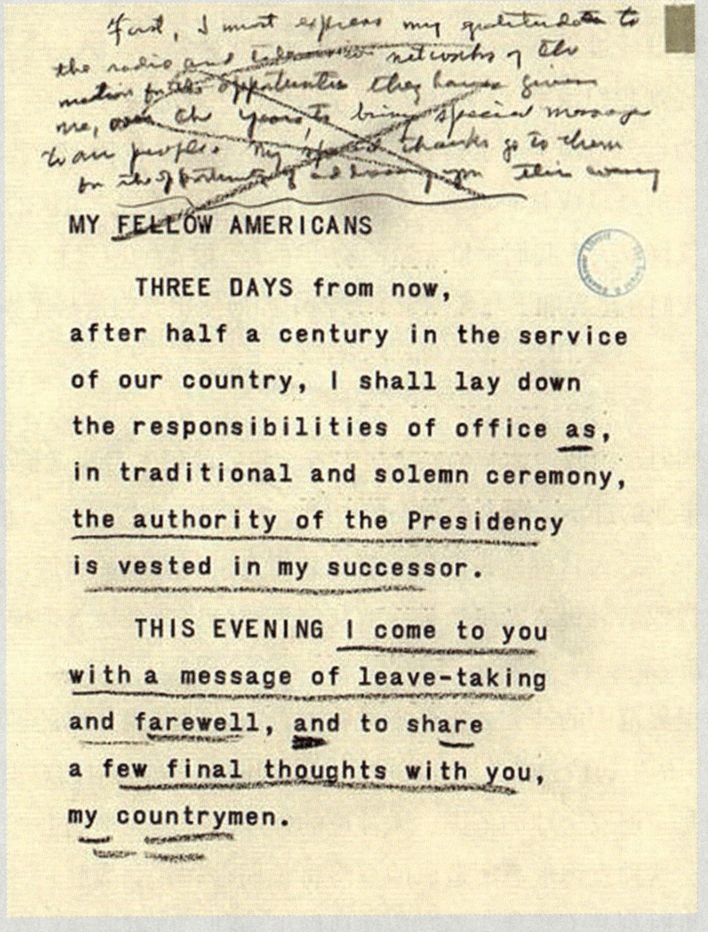
MY FELLOW AMERICANS

THREE DAYS from now,
after half a century in the service
of our country, I shall lay down
the responsibilities of office as,
in traditional and solemn ceremony,
the authority of the Presidency
is vested in my successor.

THIS EVENING I come to you
with a message of leave-taking
and farewell, and to share
a few final thoughts with you,
my countrymen.

《艾森豪威尔总统告别演讲》原稿第一页

了很多成就。

二

本世纪已经过去了60年，其间，大国之间爆发了4次大战，其中的3场大战牵连到我们国家。尽管这些战争给美国人民带来了灾难，但美国今天还是成为世界上最强大、最有影响力和生产力最高的国家。我们有理由为我们取得的卓越成就而自豪，但我们要清醒地认识到，美国的威望和领导地位不仅仅取决于我们举世无双的物质进步、财富的积累和军事的强大，也取决于我们在世界和平与人类发展进程中如何使用我们这些优势力量。

三

从美国对自由政府体制的探索历程看，我们的根本目标就是维护和平，促进人类事业的进步，在人民和民族中间扩大自由、树立尊严、倡导廉正。没有这样一个远大目标，我们就不能称其为自由和虔诚的民族。如果由于我们的傲慢或缺乏包容奉献精神导致我们失败，那就会极大地损害我们的国内外利益。

目前世界范围的冲突一直严重威胁着奔向这些高尚目标的进程，这就需要我们用毕生的精力来关注此类问题。我们面对一种敌对的意识形态，其基本特征是：遍及全球的范围、无神论的性质、残酷无情的心态、阴险狡猾的手段。这种意识形态所造成的危险将长期存在，要战胜它，不仅需要我们在危机时刻毫不犹豫、满腔热忱地做出牺牲，更需要我们在长期而复杂的斗争中，为了自由而忠贞不渝、任劳任怨、勇担重任的崇高精神。只有这样，我们才能战胜挑衅，在我们选定的路线上，朝着永久和平与人类幸福的远大目标勇往直前！

在前进的道路上，危机将继续存在。不管这种危机发生在国内还是国外，不管它的严重程度如何，我们都会自然而然地想到：只有不惜任何代价、采取毅然决然的措施才能战胜各种困难。我们要在国防中更新装备，改善那些不切实际的农业项目，大力发展基础和应用学科的研究。除此之外，还有其他措施，每种措施都很有成功的希望，都可以被我们视为实现我们既定目标的有效途径。不管采取何种措施，我们都要考虑到保持全局战略的平衡，这包括全国性投资计划之间的平衡，私有经济与公有经济发展的平衡，投资与预期回报的平衡，急需与非急需任务之间的平衡，国家需求与公民个人职责之间的平衡，现时行动与国家未来福利之间的平衡。英明决策要求平衡和发展，不具备这样的判断力就会导致国家各项事业发展的失衡和停滞。

历史经验证明，人民和政府总体上来说认识到了这些事实，在威胁和紧要关头能够正确处理这些关系。但是，威胁以新的形式和新的程度接连不断地向我们袭来，我仅在此列举一二。

四

军事装备是维护和平的决定因素。我们的军队必须战无不胜，时刻做好处置突发事件的准备，使任何预谋侵犯我们的敌人胆敢贸然行动必自取灭亡。我们今天的军事体制与和平时期我的前任，甚至和二战或朝鲜战争期间英勇战斗的军人们所了解的情况大相径庭。

美国在最近一次世界冲突之前没有自己的军事工业。美国的犁铧制造商在非常时期根据国家要求制造刀剑。现在，我们再这样临阵磨枪已不能确保国防安全，我们不得不创建一个规模宏大的永久性军事工业。除此之外，我们的国防机构直接征募了350万男女军人，我们每年的国防开支超过了所有美国公司的净收入。

一个庞大的军事组织与一个大规模的军事工业相结合，这在美国史无前例。在每个城市、每个州议会、每个联邦政府机构都能感受到这种结合带来的全面影响，包括经济的、政治的以及精神的。在我们认识到这种发展的必要性的同时，我们也绝不应忽视这种结合给我们的努力、资源、生活甚至是社会结构方面带来的一些严峻问题。在政府管理中，我们必须警惕军事工业联合体造成的不必要的影响，不管这种影响是否出于主观意愿。权力滥用的恶性膨胀将长期存在下去。我们决不能让军事工业联合体的影响力危害到我们的自由或民主进程。我们决不能对此掉以轻心，要依靠美国公民的智慧，让这个庞大的军事工业和国防军事机构与我们和平的手段及目标相吻合，使安全和自由同时得到发展。

近几十年来，和军事工业的迅猛发展态势一样，技术革命突飞猛进，并推动了军事工业的彻底变革。在这场技术革命中，研究工作的重要性已经凸显出来，并向正规化、一体化和高投入的方向发展。由联邦政府实施、管理和指导的科研份额正稳步增加。

今天，在自己车间敲敲打打的个人发明家，与在实验室和试验场的科技人员力量相比相形见绌。同样，从历史上就是自由思想和科学发现源泉的自由大学，在科研的主导下经历了一场革命，其部分原因是巨额科研经费的投入，一份政府合同取代了充满智慧的好奇心，在那里，一块块古老的黑板被一台台电子计算机所代替。国家学者受联邦政府雇佣政策、计划分配、拨款等约束的现象业已存在，我们必须对此引起高度重视。在我们尊重科研和探索的同时，必须警惕由科技精英掌控公共政策的危险。

国家管理者的任务就是，在我们民主制度的原则内建立、平衡、整合各种力量，朝我们自由社会的最高目标前进。

五

保持平衡的另一个因素是时间要素。既然我们要着眼于社会的未来，你们和我以及我们的政府，必须避免只考虑眼前利益的各种动机，不要为了我们自己的安逸和便利而巧取豪夺明天的宝贵资源。我们不能以子孙后代的物质财富作抵押，否则就会使他们不但丧失了物质遗产，也会丧失政治和精神遗产。我们要让民主代代相传，而不要让它成为债鬼。

六

展望历史发展的未来，美国深知，必须避免把我们这个越来越小的世界变成一个充满恐惧和仇恨的社会，相反它应该成为一个互相信任、互相尊重、令人自豪的联盟。这个联盟必须是平等国家的联盟，最弱小的国家一定会带着和我们一样的自信心来到会议桌旁，受到我们道德、经济和军事力量的保护。尽管那样的会议桌上刻满了历史的坎坷，但我们决不能将它抛弃，用惨不忍睹的战场取而代之。

在互相尊重和信任的基础上实行裁军，是一项持久的任务。我们必须共同学会不靠武力，而靠智慧和高尚的动机来弥合分歧。裁军紧迫性显而易见，我承认，我是怀着一种失望的心情卸下我的总统职责的。我亲历战争恐怖，目睹战争创伤，深知另一场战争会彻底毁灭经过数千年漫长而又艰难的旅程建立的人类文明。我多么希望我们看见永久和平的曙光。

值得庆幸的是，我们避免了战争，我们在奔向我们终极目标的征途上取得了十足的进步。但是，我们仍然任重道远，还有许多工作需要我们去做。作为一名普通的美国公民，我将为推动世界和平尽我的微薄之力。

七

所以，当我作为你们的总统最后一次向你们道声晚安的时候，我感谢你们在战争时期与和平时期给我这么多的机会为公众服务。我相信，你们会认为我做了些对美国大有裨益的工作；我也相信，对我过去为公众服务期间存在的不足你们会找到改进的方法。

同胞们，我们要坚定信念。在上帝的恩典下，所有的国家必将达到公正的和平目标。我们要始终不渝地坚持我们的大政方针，要对我们国家的实力充满信心。同时，我们要保持谦逊的态度，为实现国家的伟大目标做出贡献。

对全世界人民来说，我再次向你们传达美国的虔诚和永恒的愿望。我为所有信仰、所有种族的人祈祷，愿他们伟大人类的需求得以满足，愿那些与和平失之交臂的人最终能尽享其乐，愿那些渴望自由的人能够体验自由带来的欢愉。那些已享有自由的人将会明白，自由也肩负着众多的责任；那些对他人疾苦漠不关心的人将学会对人慈悲；贫穷、疾病、愚昧的灾难将从地球上消失；随着时间的推移，互敬互爱的力量将确保让所有的人们生活在和平之中。

德怀特·艾森豪威尔总统

在星期五的中午，我就要成为一名普通公民了，我为之而自豪，我期待着这一时刻的到来。

谢谢你们，晚安。

*

肯尼迪总统就职演讲[①]

President Kennedy's Inaugural Address

今天我们集会，并不是庆祝一次政党的胜利，而是庆祝自由的胜利，它既象征着结束，也象征着开始；既意味着继续，也意味着变革。我已在你们和全能的上帝面前进行了庄严的宣誓，这些誓言就是我们祖先在 174 年前拟定的。[②]

当今世界今非昔比，人们手中所掌握的力量足以消灭人类一切形式的贫困和生命。然而，我们祖先顽强斗争所捍卫的革命信念在世界各地仍悬而未决，这个信念就是：人权并非来自政府的施舍，而是来自上帝恩赐。

今天，我们不能忘记，我们是第一次革命的继承人。我在此时此地要告诉我们的朋友，同时也告诉我们的敌人：这支革命的火炬已传给美国的新一代，他们出生在本世纪，经历过战争炮火的洗礼，在艰苦残酷的和平环境下锻炼成长，为我们先辈的优良传统而自豪，不愿目睹或容忍剥夺人

① 1961年1月20日，约翰·肯尼迪（1917—1963）在总统就职典礼仪式上发表了这篇著名演讲。肯尼迪在1960年11月就开始准备这篇演讲稿，并征求了不少朋友的意见，但整篇演讲稿由肯尼迪亲手写就。该篇演讲简短、清晰、有力，避免了政治说教，被认为是美国最优秀的总统就职演讲。肯尼迪总统在演讲中说："为了确保让自由存在下去并取得胜利，我们将付出任何代价、忍受任何重负、面对任何困难、支持任何朋友、反对任何敌人。"（We shall pay any price, bear any burden, meet any hardship, support any friend, oppose any foe to assure the survival and success of liberty.）他呼吁人民要与人类共同的敌人 "暴政、贫穷、疾病、战争本身" （tyranny, poverty, disease, and war itself）作战。

② 《美国宪法》规定，总统在履行职责前须作如下宣誓或声明："我庄严宣誓（声明）：我要忠实履行合众国总统职务，竭尽全力，遵守、维护和捍卫合众国宪法。"

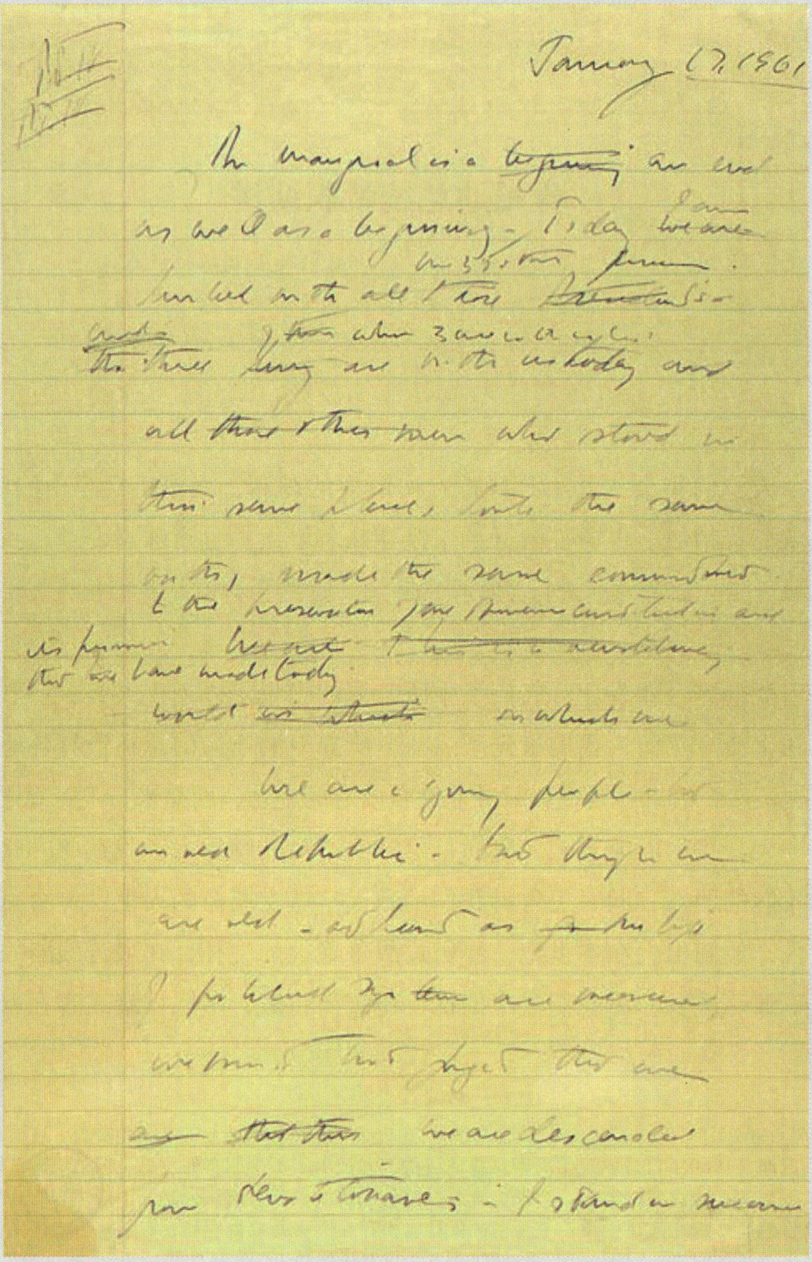
January 17, 1961

《肯尼迪总统就职演讲》手稿

权的行为。过去，我国对这些人权承担起义务；今天，我们将一如既往地在美国和全世界对此承担起义务。

我们要让所有的国家知道，不管它们希望我们好还是诅咒我们坏，为了确保让自由存在下去并取得胜利，我们将付出任何代价、忍受任何重负、面对任何困难、支持任何朋友、反对任何敌人。

这就是我们的诺言。而且这还不够，对那些和我们拥有共同文化和精神源泉的老盟友，我们发誓对他们以诚相待，在诸多艰苦的事业中合作。合作，就没有办不到的事情；分裂，则一事无成。我们在各行其是、一盘散沙的情况下是不敢应对强大挑战的。

我们向那些刚进入自由社会的国家保证：我们绝不让暴政取代刚刚被消灭的殖民统治。我们并不是总希望它们支持我们的观点，而是希望它们能坚决维护它们自己的自由。要知道，在过去，那些愚蠢地认为骑在老虎背上就会拥有绝对权力的人结果成了老虎的腹中餐。

我们向世界住在茅舍和乡村中挣扎在贫困线上的人们保证：不管需要多久，我们都要尽最大努力帮助他们自助。这不是因为共产党会那样做，也不是因为我们看到了他们手中的选票，这完全是正义要求那样做的。如果一个自由社会不能帮助众多穷人，那它也就不能保全少数富人。

我们向与我国南部比邻的各姐妹共和国保证：要把我们的美好诺言转化为美好的行动，在新建立的进步联盟中帮助自由的人民和自由的政府摆脱贫困的枷锁。我们不能让这种满怀希望的和平革命成为敌对势力的猎物，要让所有的邻邦知道，我们将与他们手挽手、肩并肩，共同抵御对美洲任何地区的侵略或颠覆，让其他国家都知道，美洲的事务由美洲人民自己管理。

现在，战争工具的发展远远超过和平工具的发展，我们对联合国寄予最后、最美好的希望，我们重申对它的支持：防止把联合国变成恶言谩骂的讲坛，加强对新兴国家和弱小国家的保护，扩大其行使权力的领域。

最后，对于那些想与我们为敌的国家，我们所要提供的不是诺言而是要求：在科学所引发的邪恶破坏力量有意无意地毁灭全人类之前，双方要重新寻求和平的道路。

我们不能以软弱来诱发他们贪婪的欲望。因为只有当我们的核力量保持绝对优势时，我们才能确信永远不会使用核力量。然而，这两个强大的国家集团谁也不能从当前所选择的道路上得到安心，双方都因现代武器的花费而不堪重负，双方都对毁灭性原子武器的不断发展而感到恐惧，想通过核武竞赛来改变核均衡。

所以，我们要重新开始。双方都应记住，谦恭并非懦弱，诚意需要事实的验证。我们不要因为畏惧而谈判，我们也不畏惧谈判！

双方要探究能使我们团结的问题，而不是枉费心机去寻找使我们分裂的问题；要制定严肃详细的关于武器核查和军备控制的计划，让那些足以毁灭其他国家的武器置于所有国家的绝对控制之下；双方要谋求利用科学的神奇，而不是科学的恐怖，要联合探索太空、征服沙漠、消除疾病、开发深海、促进艺术和商业贸易的繁荣。双方要携手在地球的各个角落执行以赛亚的训令——“解下轭上的索，使被欺压的得自由。”[①]

如果合作的滩头堡能够遏制无谓的猜疑，那么，就让双方共同做一次新的努力。不是追求新的军备均衡，而是建立一个新的法治世界，在这个法治世界里，强者公正，弱者安全，和平持久。

所有这一切不会在最初的一百天内实现，不会在最初的一千天内实现，不会在本届政府任期内实现，甚至在我们的有生之年也难以实现。但是，让我们从现在就开始吧！

同胞们，我们的事业最后成功与否主要取决于你们，而不是我。建国以来，每一代美国人都曾响应召唤，以实际行动验证了对祖国的忠诚，为了此召唤，美国年轻人在世界各地英勇献身。

现在，号角再次召唤我们。这次不是召唤我们肩负武器，尽管我们需要武器；不是召唤我们去作战，尽管我们严阵以待；而是召唤我们为迎接黎明的到来而肩负长期斗争的重任。我们日复一日，年复一年，“在指望中

---

① 引自《圣经·旧约·以赛亚书》第58章第6节。

约翰·肯尼迪总统宣誓就任美国第35任总统

要喜乐;在患难中要忍耐。”[①] 这是一场对抗人类共同的敌人——暴政、贫穷、疾病、战争——的斗争。

为了反击这些敌人，确保全人类享有更富裕的生活，我们能否结成一个遍及东西南北的全球大联盟？你们愿意加入到这一历史性的努力中来吗？

在悠久的世界历史中，只有很少几代人肩负起这种在自由面临破灭危险的紧急关头捍卫自由的重任。我决不会临阵脱逃，我要肩负起这一重任。我不相信我们中间有人愿意跟别人或别的时代的人交换角色。我们在这一努力中奉献出的精力、信念与忠诚将照亮我们国家以及所有为这个国家服务的人们，它放射出来的光芒也必将照亮全世界！

正因为如此，我的美国同胞们：不要问你的国家能为你做什么，而要问你能为你的国家做什么。全世界的公民们：不要问美国能为你们做什么，而要问我们在一起能为人类的自由做什么。

最后，不管你们是美国公民还是世界其他国家的公民，我们都要求你们鼓足勇气、勇于牺牲，请你们用我们要求你们的同样高的标准来要求我们。我们的唯一真正的回报是问心无愧，历史是我们行为的最后裁判。我们祈求上帝的辅佑，但我们知道，在这个世界上，上帝的工作就是我们自己的工作，让我们引导我们所挚爱的国家前进吧！

---

① 引自《圣经·新约·罗马书》第12章第12节。

*

组建和平队 ①

Establishment of the Peace Corps

由国务院组建和管理和平队

我，合众国总统，根据 1954 年《相互安全法案》（见《法律汇编》68 卷 832 页）及其修正案（见《美国法典》第 22 卷 1750 章及以下部分）颁发以下行政命令：

第一条

组建和平队。国务卿应在国务院设立一机构，该机构名称为“和平队”。和平队由一名总队长领导。

和平队Logo

第二条

和平队的职责是：（a）和平队美国人组成，为外国提供培训和服务，在对世界其他国家或地区新的援助项目中，协同或帮助美国与联合国及其他

① 这是肯尼迪总统1961年3月1日发布的第10924号总统令。和平队志愿人员大部分是刚走出校门的青年，去欠发达国家的中学做教学工作，协助卫生教育工作和做有关农业问题咨询工作。和平队从1961年3月1日建立到2015年，共有22万名美国志愿者为140个国家提供了服务。2015年和平队有6818名志愿者，平均年龄28岁，其中男性占37%，女性占63%，单身占94%，已婚占6%。在各领域服务的和平队志愿者人数所占比例如下：教育38%，卫生保健24%，环境12%，社区经济发展9%，青年发展9%，农业5%，和平队综合服务3%。在各地区服务的和平队志愿者人数比例如下：非洲45%，拉丁美洲23%，东欧和中亚10%，亚洲（不含中亚）12%，加勒比4%，太平洋各岛国3%。

肯尼迪总统接见和平队志愿者

国际组织现有的经济援助项目。

（b）国务卿应根据1954年《相互安全法案》以总统的名义委任给他的这些职责委任给和平队总队长，作为修订，或依国务卿的名义委任，因为国务卿要确保和平队目标的实现。

第三条

和平队的预算。由国务院为和平队提供预算，该笔款项依照修订的1954年《相互安全法案》根据和平队履行职能效果情况拨付给国务卿。

第四条

关于总统行政令第10893号。本命令并不意味着取代或抵触1960年11月8日颁布的第10893号总统行政令；本命令作为对第10893号总统令的修订，本命令或依照本命令的任何委派，除非有另外规定，都是对第10893号总统行政令或依照该总统令任何委派的补充。

约翰·K·肯尼迪

白宫

1961年3月1日

*

部分禁止核试验条约[①]

Partial Nuclear Test Ban Treaty

美利坚合众国、大不列颠及北爱尔兰联合王国、苏维埃社会主义共和国联盟三国政府，下文称“原缔约国”，宣布它们的主要目的是按照联合国的宗旨尽速达成一项在严格的国际监督下的全面、彻底的裁军协议，这项协议将制止军备竞赛和消除刺激生产和试验核武器在内的各种武器的因素，谋求永远不继续一切核武器试验爆炸，决心继续为此目的进行谈判，并希望使人类环境不再被放射性物质污染，协议如下：

第一条

1. 缔约各国保证在其管辖或控制下的下列任何地方禁止、防止并且不进行任何核武器试验爆炸或任何其他核爆炸：

（a）在大气层；在它的范围以外，包括外层空间；或水下，包括领海

① 自美国1945年8月在日本投放原子弹以来，进行核武器试验产生的核辐射等核污染问题引起全世界的极大关注。1955年5月，联合国裁军委员会下的“五国委员会”（美国、英国、加拿大、法国和苏联）开始谈判制定一个禁止核武器试验的国际条约。在这以后，联合国大会通过了十几个关于禁止核武器试验的决议案，敦促尽快达成由国际组织监督的禁止核武器试验的国际条约。由于当时的东西方冷战思维加上诸多技术问题，该条约谈判了8年才出笼，于1963年8月5日在苏联首都莫斯科签署，到1963年10月10日获得美英苏三国立法机构的全部批准开始永久生效，并对世界所有国家开放签字，但要在华盛顿、伦敦和莫斯科保存的文本上同时都要签字。中国至今尚未在《部分禁止核试验条约》上签字。

由于该条约仅禁止在大气层、外层空间和水下进行核武器试验，并未禁止在地下进行核武器试验。1996年9月10日，联合国大会通过了《全面禁止核试验条约》。但由于《全面禁止核试验条约》该条约在附件二所列的44国全部签署并批准后180天生效，但这44国中至今仍有没有签字或批准的国家，所以，该条约尚未生效。中国1996年9月24日在《全面禁止核试验条约》上签字，但至本书出版时未获人大批准。

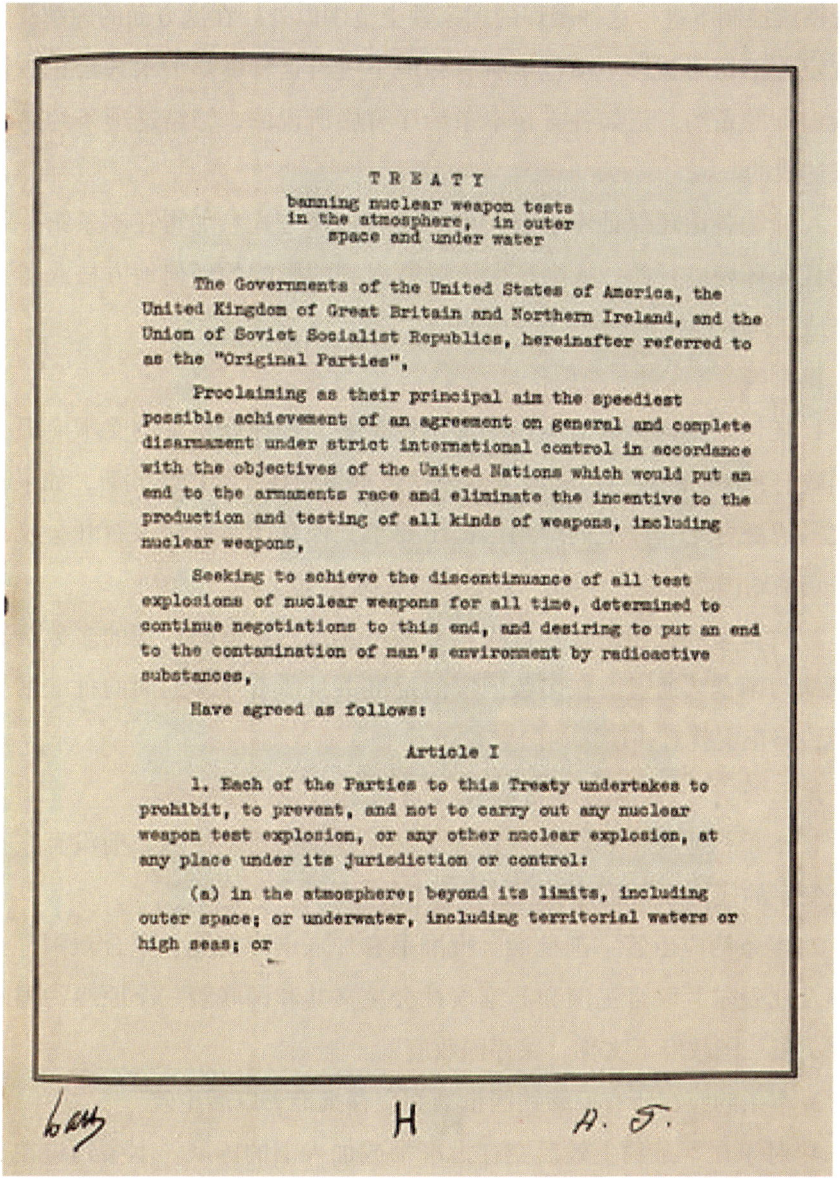

T R E A T Y

banning nuclear weapon tests
in the atmosphere, in outer
space and under water

The Governments of the United States of America, the United Kingdom of Great Britain and Northern Ireland, and the Union of Soviet Socialist Republics, hereinafter referred to as the "Original Parties",

Proclaiming as their principal aim the speediest possible achievement of an agreement on general and complete disarmament under strict international control in accordance with the objectives of the United Nations which would put an end to the armaments race and eliminate the incentive to the production and testing of all kinds of weapons, including nuclear weapons,

Seeking to achieve the discontinuance of all test explosions of nuclear weapons for all time, determined to continue negotiations to this end, and desiring to put an end to the contamination of man's environment by radioactive substances,

Have agreed as follows:

Article I

1. Each of the Parties to this Treaty undertakes to prohibit, to prevent, and not to carry out any nuclear weapon test explosion, or any other nuclear explosion, at any place under its jurisdiction or control:

(a) in the atmosphere; beyond its limits, including outer space; or underwater, including territorial waters or high seas; or

《部分禁止核试验条约》第一页

或公海；或者

（b）在任何其他环境中，如果这种爆炸所产生的放射性尘埃出现于在其管辖或控制下进行这种爆炸的国家领土范围以外。在这方面的谅解是，本项规定并不妨碍签订一项包括所有在地下进行这种爆炸的永久禁止一切核试验爆炸的条约，正如各方在本条约序言中所说的，缔结这项条约是它们谋求达成的。

2. 缔约各国还保证不引起、鼓励或以任何方式参加将在本条第一款所述的任何环境进行的，或会产生该款所提到的影响的任何地方核武器试验爆炸或任何其他核试验。

第二条

1. 任何缔约国可以对本条约提出修正案。任何修正案的文本应提交保存国政府，保存国政府应将该文本分发给本条约各缔约国。此后，如果有三分之一或三分之一以上的缔约国提出要求，保存国政府应该召开会议，邀请一切缔约国参加这个会议，来考虑这一修正案。

2. 对本条约提出的任何修正案必须由本条约所有缔约国的多数票通过且原缔约国全票通过。在多数国家的批准书且所有原缔约国的批准书交存以后，修正案就对一切缔约国生效。

第三条

1. 本条约应向一切国家开放签字。在本条第三款生效之前没有在本条约上签字的任何国家随时可以加入本条约。

2. 本条约应由签字国批准。批准书和加入书应交美利坚合众国、大不列颠及北爱尔兰联合王国和苏维埃社会主义共和国联盟三个原缔约国政府保存，该三国政府下文称“保存国政府”。

3. 本条约应在所有原缔约国批准并交存批准书以后生效。

4. 对于在本条约生效后交存批准书或加入书的国家，本条约应在交存批准书或加入书之日起生效。

5. 保存国政府应迅速将各个签字日期、交存本条约各项批准书和加入书的日期、条约生效日期以及收到关于举行会议的任何要求或其他通知的日期通知所有签字国和参加国。

6. 本条约应由保存国政府遵照联合国宪章第一〇二条予以登记。

第四条

本条约无限期有效。

各缔约国如断定与本条约内容有关的非常事件危及本国的最高利益，有权退出条约，以行使其国家主权。它应在三个月之前将其退约一事通知所有的缔约国。

第五条

本条约应存放在保存国政府的档案中，本条约的英文本和俄文本有同等效力。本条约经正式核证无误的副本应由保存国政府送交给各签字国和加入国政府。

下列经正式授权的代表在本条约上签字，以兹证明。

一九六三年八月五日订立于莫斯科，本条约共三份。

美利坚合众国政府代表：迪安·腊斯克①

大不列颠及北爱尔兰联合王国政府代表：道格拉斯－霍姆爵士②

苏维埃社会主义共和国联盟政府代表：安德烈·葛罗米柯③

---

① David Dean Rusk，1909—1994，签署该条约时任美国国务卿。

② Sir Douglas-Home，1903—1995，签署该条约时任英国外交大臣。

③ Andre Gromyko，1909—1989，签署该条约时任苏联外交部长。

附录：

“美国里程碑式历史文献 100 篇”排名

（黑体为本书收录文献）

001. **独立宣言 Declaration of Independence** (1776)
002. **美国宪法 Constitution of the United States of America** (1787)
003. **权利法案 Bill of Rights** (1791)
004. **购买路易斯安那条约 Louisiana Purchase Treaty** (1803)
005. **解放奴隶宣言 Emancipation Proclamation** (1863)
006. **美国宪法第十九条修正案19th Amendment to the U.S. Constitution** (1920)
007. **美国宪法第十三条修正案13th Amendment to the U.S. Constitution** (1865)
008. **葛底斯堡演讲 Gettysburg Address** (1863)
009. 民权法案 Civil Rights Act (1964)
010. **社会保障法案 Social Security Act** (1935)
011. **门罗主义 Monroe Doctrine** (1823)
012. **布朗诉托皮卡教育委员会案Brown v. Board of Education of Topeka** (1954)
013. **美国宪法第十四条修正案14th Amendment to the U.S. Constitution** (1868)
014. **马伯里诉麦迪逊案 Marbury v. Madison** (1803)
015. 联邦条款 Articles of Confederation (1777)

016. 宅基地法案 Homestead Act (1862)

017. 美国宪法第十五条修正案15th Amendment to the U.S. Constitution (1870)

018. 马歇尔计划 Marshall Plan (1948)

019. 投票权法案 Voting Rights Act (1965)

020. 联邦主义者文集第十号和第五十一号The Federalist: No. 10 & No. 51 (1787–1788年)

021. 联合国宪章 United Nations Charter (1945)

022. 最终和平条约 Definitive Treaty of Peace (1783)

023. 电灯泡发明专利申请 Patent Application for the Light Bulb (1880)

024. 谢尔曼反垄断法案 Sherman Anti-Trust Act (1890)

025. 华盛顿总统告别演讲President Washington's Farewell Address (1796)

026. 国家州际和国防公路法案National Interstate and Defense Highways Act (1956)

027. 美国宪法第十六条修正案16th Amendment to the U.S. Constitution (1913)

028. 肯尼迪总统就职演讲 President Kennedy's Inaugural Address (1961)

029. 要求国会向日本宣战的演讲Joint Address to Congress Leading to a Declaration of War Against Japan (1941)

030. 曼哈顿计划笔记 Manhattan Project Notebook (1942)

031. 林肯总统连任就职演讲President Lincoln's Second Inaugural Address (1865)

032. 弗吉尼亚方案 Virginia Plan (1787 年)

033. 社会保障法案修正案 Social Security Act Amendments (1965)

034. 购买阿拉斯加条约 Alaska Purchase Treaty (1868)

035. 李方案 Lee Resolution (1776)

036. 瓜达卢佩伊达戈条约 Treaty of Guadalupe Hidalgo (1848)

037. 退伍军人福利法案 Servicemen's Readjustment Act (1944)
038. 西北地域法令 Northwest Ordinance (1787)
039. 联邦司法法案 Federal Judiciary Act (1789)
040. 基廷欧文童工法案 Keating-Owen Child Labor Act (1916)
041. 德雷德・斯科特诉桑福德案 Dred Scott v. Sanford (1857)
042. 德国军事投降书 Act of Military Surrender (1945)
043. 建立黄石国家公园法案Act Establishing Yellowstone National Park (1872)
044. 华盛顿首任总统就职演讲President Washington's First Inaugural Speech (1789)
045. 太平洋铁路法案 Pacific Railway Act (1862)
046. 日本投降书 Instrument of Surrender (1945)
047. 美国宪法第十七条修正案17th Amendment to the U.S. Constitution (1913)
048. 威尔逊总统的十四点计划 President Wilson's 14 Points (1918)
049. 杰斐逊总统给国会的密信Jefferson's Secret Message to Congress (1803)
050. 与法国结盟条约 Treaty of Alliance with France (1778)
051. 建立田纳西峡谷管理局法案 Tennessee Valley Authority Act (1933)
052. 美国承认以色列新闻发布Press Release Announcing U.S. Recognition of Israel (1948)
053. 杜鲁门主义 Truman Doctrine (1947)
054. 轧棉机发明专利 Patent for the Cotton Gin (1794)
055. 密苏里妥协案 Missouri Compromise (1820)
056. 四大自由 Four Freedoms (1941)
057. 国家劳工关系法案 National Labor Relations Act (1935)
058. 西奥多・罗斯福总统的"门罗主义"Theodore Roosevelt's Corollary to the Monroe Doctrine (1905)

059. 普莱西诉弗格森案 Plessy v. Ferguson (1896)
060. 废除军队中隔离的总统令Executive Order 9981: Desegregation of the Armed Forces (1948)
061. 租借法案 Lend-Lease Act (1941)
062. 部分禁止核试验条约 Partial Nuclear Test Ban Treaty (1963)
063. 要求国会向德国宣战的演讲Joint Address to Congress Leading to a Declaration of War Against Germany (1917)
064. 艾森豪威尔将军D日命令General Eisenhower's Order of D-Da (1944)
065. 古巴导弹航空照片 Aerial Photograph of Missiles in Cuba (1962)
066. 杰克逊总统给国会关于印第安迁移的信President Jackson's Message to Congress on Indian Removal (1830)
067. 北弗吉尼亚军队投降协议Surrender of the Army of Northern Virginia (1865)
068. 外侨与煽动叛乱法案 Alien and Sedition Acts (1798)
069. 麦卡洛克诉马里兰州案 McCulloch v. Maryland (1819)
070. 莫里尔法案 Morrill Act (1862)
071. 美国国徽设计原稿Original Design of the Great Seal of the United States (1782)
072. 州际贸易法案 Interstate Commerce Act (1887)
073. 罗斯福总统新政第二阶段广播讲话President Roosevelt's Radio Address Unveiling the Second Half of the New Deal (1936)
074. 美国兼并夏威夷的国会决议Joint Resolution to Provide for Annexing the Hawaiian Islands to the United States (1898)
075. 堪萨斯－内布拉斯加法案 Kansas-Nebraska Act (1854)
076. 华盛顿大游行计划Official Program for the March on Washington (1963)
077. 1850 年妥协案 Compromise of 1850 (1850)

078. 废除中心高中种族隔离的总统令Executive Order 10730: Desegregation of Central High School (1957)

079. 宇航员约翰·格莱恩与地面控制中心的通话记录 Transcript of John Glenn's Official Communication with the Command Center (1962)

080. 萨姆特要塞投降电文Telegram Announcing the Surrender of Fort Sumter (1861)

081. 根特条约 Treaty of Ghent (1814)

082. 齐默曼电报 Zimmermann Telegram (1917)

083. 艾森豪威尔总统告别演讲President Eisenhower's Farewell Address (1961)

084. 东京湾决议案 Tonkin Gulf Resolution (1964)

085. 排华法案 Chinese Exclusion Act (1882)

086. 组建和平队 Establishment of the Peace Corps (1961)

087. 参议院决议案第301号：谴责约瑟夫·麦卡锡参议员Senate Resolution 301: Censure of Senator Joseph McCarthy (1954)

088. 吉本斯诉奥登案 Gibbons v. Ogden (1824)

089. 韦德—戴维斯法案 Wade-Davis Bill (1864)

090. 道斯法案 Dawes Act (1887)

091. 危险的日本侨民搬迁内地的总统令Executive Order 9066: Resulting in the Relocation of Japanese (1942)

092. 彭德尔顿法案 Pendleton Act (1883)

093. 禁止国防工业中的歧视的总统令Executive Order 8802: Prohibition of Discrimination in the Defense Industry (1941)

094. 全国工业复兴法案 National Industrial Recovery Act (1933)

095. 建立美国有色人种军队的战争部将军令War Department General Order 143: Creation of the U.S. Colored Troops (1863)

096. 拉勒米堡条约 Treaty of Fort Laramie (1868)

097. 博尔德峡谷工程法案 Boulder Canyon Project Act (1928)

098. 普拉特修正案 Platt Amendment (1903)

099. 朝鲜停战协定 Korean Armistice Agreement (1953)

100. 德·洛姆的信 De L. me Letter (1898)

图书在版编目（CIP）数据

超级大国是怎样炼成的：影响美国历史走向的经典文献 / 刘植荣编译. —南昌：江西人民出版社，2016.8

ISBN 978-7-210-08637-6

Ⅰ. ①超… Ⅱ. ①刘… Ⅲ. ①历史—文献—汇编—美国 Ⅳ. ① K712.06

中国版本图书馆 CIP 数据核字 (2016) 第 175455 号

超级大国是怎样炼成的——影响美国历史走向的经典文献

刘植荣 编译

出　　版：江西人民出版社

发　　行：各地新华书店

地　　址：江西省南昌市三经路 47 号附 1 号

编辑部电话：0791-86898821

发行部电话：0791-86898815

邮　　编：330006

网　　址：www.jxpph.com

E-mail:jxpph@tom.com web@jxpph.com

2016 年 8 月第 1 版　2016 年 8 月第 1 次印刷

开　　本：787 × 1092 毫米　1/16

印　　张：22.5

字　　数：320 千字

ISBN 978-7-210-08637-6

赣版权登字—01—2016—431

定　　价：69.00 元

承 印 厂：长沙超峰印刷有限公司

赣人版图书凡属印刷、装订错误，请随时向承印厂调换